人性、股市与兴衰周期

李洪伟 著

中国财富出版社有限公司

图书在版编目（CIP）数据

人性、股市与兴衰周期 / 李洪伟著 . —北京：中国财富出版社有限公司，2024.2（2025.4 重印）

ISBN 978 – 7 – 5047 – 8116 – 1

Ⅰ.①人… Ⅱ.①李… Ⅲ.①资本市场—研究 Ⅳ.①F830.9

中国国家版本馆 CIP 数据核字（2024）第 048055 号

策划编辑	杜 亮	责任编辑	杜 亮	版权编辑	李 洋
责任印制	尚立业 苟 宁	责任校对	卓闪闪	责任发行	董 倩

出版发行	中国财富出版社有限公司		
社　　址	北京市丰台区南四环西路 188 号 5 区 20 楼	邮政编码	100070
电　　话	010 – 52227588 转 2098（发行部）	010 – 52227588 转 321（总编室）	
	010 – 52227566（24 小时读者服务）	010 – 52227588 转 305（质检部）	
网　　址	http：//www.cfpress.com.cn	排　版	宝蕾元
经　　销	新华书店	印　刷	宝蕾元仁浩（天津）印刷有限公司
书　　号	ISBN 978 – 7 – 5047 – 8116 – 1/F·3722		
开　　本	710mm×1000mm　1/16	版　次	2024 年 10 月第 1 版
印　　张	15.5	印　次	2025 年 4 月第 2 次印刷
字　　数	246 千字	定　价	66.00 元

版权所有·侵权必究·印装差错·负责调换

谁能想到：
人生的高低起伏，
企业的兴衰周期，
历史的朝代更迭，
背后都蕴藏着自然的力量！

前言

现实、虚拟与真理

本书是《股市法则与跨时空纠缠》的延续，上一本书侧重点在"术"，本书侧重点在"道"，展开对人性的探索，以求得"术"的本原和真相。

上一本书中的"术"是对K线规律的表述，K线的极端波动充分反映了人性的弱点。本书侧重的"道"就是对人性的探究，对人性中非理性行为的分析与规避。

有道无术，术尚可求；有术无道，止于术！

一、现实

人到中年之后，看透了捭阖的伎俩，感觉世上最无聊的事情就是人与人之间言不由衷的交谈，因为碰不出思想的火花，疲于应付。

大作手利弗莫尔讲过这样一个故事。

有一次，我出席了一场有陌生人参加的晚宴。有一个人刚刚坐好，就和我聊了起来，寒暄了几句轻松话后，他问道：

"我怎么才能在市场上赚到钱？"

在我年轻的时候，我会费很大的劲儿解释这里的专业性、科学性以证明这些过程并不轻松。但在最近这些年，再遇到有人问类似问题，我总是生硬地回答："对不起，不知道！"

对这些人，我很难有耐心。首先，这种问法对于一个对投资行为进行科学研究的人来说，很难理解成一种恭维，这就像外行问一位律师或医生怎么能在法律或医学上赚点儿快钱一样。

说真的，我喜欢利弗莫尔的态度，我也多次经历过这种情况。那些提问者听到股票期货就会凭直觉认为对面的人是赚快钱的投机者，他们内心会因为自己对此一无所知或半知半解而持有"理性"的怀疑，这种提问于他们而言是出于一种礼貌，其实他们的真实想法是：

"哦！炒股？很多人都尝试过，根本不可能取得成功！"

或者干脆问：

"你能告诉我买哪只股票吗？"

一直以来，人们对于未知的事物都是这个态度：要么坚决质疑，要么急功近利。因为未来存在不确定性，所以人们更在乎眼前的利益。

由于A股的牛短熊长，投资者亏损累累，人们羞于谈论"炒股"，因为"炒股"意味着失败和不务正业。一些朋友知道我研究股市已久，饭局上介绍到我时会说我是做金融的，他们不知道如何介绍才不会让别人对我心生不好的看法。

我不喜欢"炒股"这个词，"炒"字可能由炒作而来，充满随意性和赌性，隐含着浅薄和冲动，透露出盲目和无知；而股票投资应该基于科学的分析。投资者见惯了涨涨跌跌、牛熊转换和赚赚亏亏，对此习以为常，如同看待千年不变的四季交替，但就是没有认真思索一下：为什么会这样？

人类所有的商业经济活动都充满或大或小的投机性博弈，问世间哪桩生意不是低买高卖？我们的一生也是从呱呱坠地开始，希望经历岁月的磨砺，最终能在高位"卖出"。这个比喻并不十分恰当，但你要明白股票交易和商业活动并没有本质上的区别。商业活动需要商品为媒介，股票交易则是直接的情绪化博弈，由于省略了产业链之间的时空链接，极度缩小了资金与资金之间的博弈距离，股价波动的背后呈现出的是浓缩的历史、紧凑的人生、叠加的情绪、最短的路径以及丝毫不加掩饰的人性。

涨与跌、对与错、梦想与现实、狂欢与绝望，都以抽刀见血的迅捷方式展现在跳跃的K线中。

所以在股市中生存和在其他商业模式中生存并没有本质区别，只是生存方式不同而已，所以没必要对此感觉咸淡不适。

其实别人对股票投资的看法于我真的无所谓，我不需要虚荣感，因为人类在自己的箱体内交往和相处的方式，几千年来从未有过改变，我对此心知肚明。就像20世纪初英国金融家欧内斯特·卡塞尔爵士所说："当我年轻的时候，人们叫我赌徒；后来我的生意做大，他们称我为投机者；而现在我被尊称为银行家。但其实我一直在做同样的事情。"人类也一直在做同样的事情——对各种先行行为先是漠视、逡巡、畏惧，而后质疑、妒忌、盲从，从猿进化成人，除了改变了生活方式，人类并不比之前更高尚，有时候甚至比之不如。所以我们要选择适合自己的生活方式，不要太在乎芸芸众生的看法。电影《彩绘心天地》中有句台词很棒："有些人就是看不惯你与众不同！"那又如何？

心披硬壳，只有自己知道哪儿最柔软。应该把最柔软的地方留给最丰富的想象和创造力，留给美好、快乐、良知和探索，而不是留给无趣、猥琐、虚伪和做作。

二、虚拟

爱因斯坦晚年曾回忆说："我想我当时开始思考，一定有什么东西深深地隐藏在自然现象的后面。人们对物体的下落、刮风、下雨、月亮不会掉下来，以及生物和非生物之间的区别等，都不感到惊奇，因为这些事物司空见惯，人们也就见怪不怪了。"

相比人际交往，我更加喜欢神奇的大自然，对于一集自然节目，我会反复观看，思索神奇的生物世界，然后又会陷入沉思：

人类脱离了原来的箱体，成为一个全新的高智慧物种，难道目的仍然是生存与繁衍？如果是，那么这种突破又有何意义？

回头千年是现实，未来无限很虚拟。

从现在的时空节点回望历史，几千年的征途中，所有的认知上轨，无论是人性的、科学的还是制度的，都仿佛一层薄纸，一捅就破，我们会感叹过去的人类在某些历史阶段是如此愚钝，那么容易捅破的东西却阻挡了其千百年。而从现在的时空节点向前看，未来的一切又都处于迷茫之中，云山雾罩，看不清方向。

如果不能加速认知上的突破，终有一天我们也会活成被后人笑话的过去，因为将时空节点延展一千年，再回过头来看这一阶段，一切又变得清晰而明确，到处是唾手可得的机会和成果，时空中充满了无数的突破点。

那么，如何穿越时空的迷雾，看透未来的方向？

历史的演化究竟遵循何种确定性法则？

人类的时空之旅要达到什么目的？

人类文明史已经几千年，为什么到现在我们还在问人类往何处去？

<u>生物体经过漫长演化，进化出人类这一高智慧物种，既然脱离了原来的低等动物箱体，那么生存与繁衍就绝对不再是人类进化之旅的唯一目的。</u>

<u>对此，人类显然还没有更清醒的认知，否则我们不会频繁发问人类往何处去。</u>

立足现实让人短视，虚拟的未来又让人焦虑。自古以来，人类擅长向下一代传授过去的经验，因为对未来一无所知，认知的极限挡住了我们的视野，人性的弱点禁锢了我们的思维。

从上一本书中，你会知道我的本意仅仅是论证 K 线遵循的叠加态周期转换规律，谁知道一路走来，竟然在潜意识的引领下越走越远，并且有了意外而且惊人的发现：股市[①]是金钱直接对弈的地方，人们为此狂热，但是在对弈

---

① 本书中股市概念包括期市、债券、外汇等波动性投资市场。

的背后，却隐藏着神奇的自然规律！

三、真理

如果这个世界存在绝对真理，那么这个真理并不因反对和驳斥而生，也不需要去证明，因为它就在那儿，人人都能感知到，就像宇宙天体的运行。

真理没有方向之别，没有对错之分，真理包含对立和统一，矛盾是真理的组成部分，是真理的两极，就像光明和黑暗构成美妙的一天，善和恶构成真实的人性，冷和热推动大气循环。

真理没有情感，并不惩恶扬善，善和恶只是人类无法拒绝的叠加方向。真理没有生命，所以不会死亡。

本书中，我将系统性地揭示一个神秘的真相——被自然世界隐藏的叠加态周期转换理论。人类创造的辉煌文明，包括但不限于人性、科技、经济、历史等领域，莫不处于叠加态周期转换之中。

你会领略量能放大效应的神奇，这个被自然隐藏的机关，掌控了情绪周期、经济周期、政治周期以及历史周期律。几千年来，人类因之而进化，又因之而盘旋。

你会发现，大国的盛衰既不是经济史，也不是军事史，而是一部永不停歇的量能波动史。

你会震惊，人生的起伏、企业的兴衰、经济危机、战争危机的背后潜藏着自然的掌控力量。人性中存在着可怕的潜意识缺陷，在繁荣的顶点使个体或群体意识处于迷幻状态而做出必然的愚蠢行为，自毁长城，甚至自掘坟墓。

你会自省，在某些阶段，基于现实做出的决策恰恰是错误的；群体会潜意识地选择谬误，会选择阻力最小的方向，而不是正确的方向并且一往无前。但我明白，试图唤醒所有人是一种梦想。

最后你会发现，尽管人类试图改造自然，但始终没有脱离自然量能的掌控，在自然之手下，人类不过就是一个稍显叛逆的孙行者。

因为涉及太多细分领域，这本书的结构可能是离散的，但逻辑是一贯的，每一个片段都有继续深入思考研究的价值。

对叠加态概念的特别说明

为了避免概念混淆,对于"叠加"和"叠加态"两个概念,需要特别说明如下。

(1)本书中的"叠加"不是单纯的重叠概念,不是"1+1=2",不是摞书本或者叠衣服,自然也不是传统经济学理论中的"三期叠加"或者"五期叠加"中的"叠加",不是机械的加法。

(2)本书所述的叠加态周期转换理论中的"叠加态"也不同于量子理论中的叠加态概念。量子理论中的叠加态(也称态叠加)是指多种状态同时存在的不确定性。本书中的"叠加态"指的是两列波或多列波传递的量能在相遇时发生的"相干叠加",是指物理学波的干涉中,在存在干涉项的情况下出现的叠加现象,也称为"建设性干涉"。这种叠加现象是自然界中最常见的物理现象之一,比如水波、绳波、光波在波动过程中都会发生相干叠加现象。

目录

第一章　人性与波动 / 001

一、认知和规避人性弱点，探究非理性行为的根源 / 003

二、谁蒙蔽了你的理性？
——"大脑的正确导致行为的错误"在投资市场中的
诡异表现 / 062

三、不同级别的情绪叠加周期形成不同级别的五浪时空结构 / 073

四、最需要清醒的时候反而糊涂 / 087

五、重要时刻，潜意识往往是理性的敌人 / 089

第二章　股市那点事 / 093

一、谁在利用叠加条件？谁在巧借"省力空间"？
——有意识或潜意识的获利者 / 096

二、股神巴菲特公司的股价也要遵循五浪时空结构运行 / 118

三、"省力空间"是虚拟的，也真实存在 / 122

第三章　危机与历史的真相——潜意识中的时空之旅 / 129

一、波动世界与基本矛盾 / 131

二、经济泡沫可以预测吗？/ 138

三、经济危机的本质和预测 / 151

四、兴衰交替的历史真相 / 188

五、用五浪时空结构法则全方位构建危机监测体系 / 199

第四章 通向自由和繁荣的阶梯 / 207

一、天才如何形成？

——理性叠加周期中的开创性 / 209

二、量能放大效应是创新的源泉 / 219

附录 / 230

后记 一生就是永恒 / 231

致谢 / 234

第一章

人性与波动

人性并非永远不会变,只是进化得太慢!
刚开始从事证券投资时,
以为应该研究技术,后来发现还要研究金融;
研究金融后,发现还应该研究经济;
研究经济后,发现还应该研究政治;
研究政治后,发现还应该研究历史;
研究历史后,发现还应该研究哲学;
研究哲学后,发现更应该寻找规律;
寻找到规律后,发现隐藏于其后的是人性的弱点;
洞察了人性的弱点之后,却发现自己无路可逃!

—— 佚名

一、认知和规避人性弱点，探究非理性行为的根源

（一）叠加态与情绪化

1. 人性在认识自身和自然中进化

几千年来，人类对世界的改变大都是思维的产物，而所有人类参与改变的事物，都会深深打上人性的烙印，无论是政治、经济，还是文学、艺术。

我们经常听说：人性不会改变。人性左右了人类的行为方式，几千年来似乎确实没有改变。历史中的多数时间里，人类和其他动物一样为了生存而忙碌，导致没有很多时间思考，等到有了思考的时间，思考的往往是如何做才能生存得比别人更好。

其实，人类并没有像自己以为的那样了解自己，否则就不会在一些能够得到经验教训的地方一错再错。

人类是宇宙时空中能量汇聚的精灵，可能成为绝对理性思维的拥有者，但总是走得磕磕绊绊，因为被进化过于缓慢的人性挡住了目光。人性是自私的，多数时候，人们基于自私的本性来区分理性和非理性，这种狭隘的辩证思维禁锢了人们的思想，阻碍了人们的脚步。

我们通常认为自己很理性，其实就认知和浪费生命而言，我们大多数时候都处于未觉醒的非理性之中。我们目光短浅，太过现实，以觊觎同类、凌驾于别人之上为快乐，善于继承知识但不接受教训，浪费了最宝贵的理性思

维能力，将太阳给予我们的宝贵能量置于错误的释放方向，在情绪化的内耗中虚度光阴。

就整个人类历史而言，真正处于理性的阶段其实很短，在以狩猎采集为主的原始社会中，人类基本处于动物性的本能生存阶段；进入了奴隶社会，出现文字之后，随着载于文字的思想的传播，人类进入对自身和自然的理性摸索阶段，像中国春秋战国时期的诸子百家时期、西方的文艺复兴与启蒙运动时期——正是这些历史时期对人性的分析和认识、对自然的思考和整理，阶段性引领和改变着人们的思考和生活方式。

在西方，作为这些理性摸索阶段的集大成者，像柏拉图、笛卡儿、牛顿、麦克斯韦、爱因斯坦——这些寥若晨星的智者组成的理性智慧群体，引领和改变了人类对自然规律的认知和生活方式。

直到现在，我们依然在享受这些基于理性探索的思维红利。

相比人类在自然规律上的科学探索成果，人类在人性弱点的理性探索方面则远远落在了后面，科学飞速发展，人性原地转圈，导致虽然人类的生活方式发生巨变，但是人类处理群体矛盾的方式和方法仍然停留在蒙昧的非理性阶段。

人性的弱点，导致我们在繁荣和萧条中交替，在割裂与修复中蹉跎，我们频繁制造伟大与苦难，在群体内耗中乐此不疲。在广袤无垠的宇宙时空中，人类的敌手其实只有自己。

几千年来，人类因为群体而分裂，因为分裂而对抗，又因为对抗而困苦，如此反复，这背后是非理性的循环，是人性的弱点难以突破的死结。就整个人类而言，人类大脑的思考方式仍处于从生存本能阶段向有限理性阶段进化的漫长过程之中，距离多数理性和习惯理性阶段还有很远很远。

审视一下人类自己吧！我们走了多少弯路？干了多少不可饶恕的蠢事？

如果不能加快对人性的认知及弱点的规避，那么人类对自然规律的认知升级最终会升级群体对抗的手段——把拳头换成刀剑，把刀剑换成枪炮，把枪炮换成导弹，再把导弹升级为核弹。

如果对自然规律的认知不能持续升级，那么生存资源的排他性利用也永远无法支持人类对人性弱点的规避。生存资源的拓展依赖对自然规律的认知升级，以"能量"为核心要素的生存资源是宇宙间可以无限开发的物质，但如果科学的认知停滞不前，那么对现有生存资源的争夺就会激发群体对抗的"人性之恶"。

英国著名历史学家阿诺德·约瑟夫·汤因比曾指出，在过去的500年中，技术和经济高速发展，但是人类并没有在精神上和政治上取得同样的发展，而是存在诸多严重的问题。现在，人类已经有力量终结人类历史甚至全部生命。走到悬崖边的人类必须迅速觉醒、调整方向，才不至于跌落万丈深渊。人类需要从根本上改变自己的目标、思想和行为，这是人类继续存在不可或缺的条件。

因为意识不到自身的愚蠢，我们通常会认为自己很正确。

面对人性的觉醒，就像试图解开不知道答案的难题，我们反复出错；不是人类不想改变，而是不知道如何做才是正确的。

对于人类整体而言，摆脱这种战争频发、兴衰交替的历史周期律的理性之光，一定要建立在携手认知自然规律和规避人性弱点的双重基础之上。

人类的未来掌握在自己手中，我们首先要清醒地认识到人类及其人性一直处于漫长的进化之中，但是对人性弱点的规律性认知有助于快速缩短进化的历程。

<u>人性不是永远不会变，只是进化得太慢！</u>

人类的光明未来，完全取决于进化过程中对非理性的规避和对真理的探索。

2. 人性中的非理性行为

什么是非理性行为？它因何而存在？对此，西方的哲学家进行过激烈的辩论，从休谟、笛卡儿、斯宾诺莎、黑格尔、叔本华、尼采到福柯等，他们试图从各个方面定义其表象，但是都没有指出非理性的形成规律。

一般来说，理性是指从理智上控制行为的能力，而非理性是指不能从理智上控制行为的表现。对于个体来说，理性行为是指有利于自身利益的行为，非理性行为是指有悖于自身利益的行为。在人类的行为中，还存在着既有悖于自身利益又有悖于他人利益的极端非理性行为，它表现为狭隘、偏执、冲动、不由分说和无法理喻，极端非理性行为看起来占比不大，却具有巨大的破坏性，随处可见的冲动行为说明了一切。

非理性行为明显背离理性，但似乎层出不穷。比如人们会在狂怒的时候打碎值钱的东西，明知道惹怒别人的同时也会伤害自己却难以自抑。

这种冲动行为突出地表现在生活中的方方面面，在资本市场中，在经济波动中，在战争行为中，在兴衰周期中，它扭曲市场价格，制造经济危机，引发极端杀戮，演绎历史循环，它让我们亲手毁掉自己辛苦构建的一切，然后悔之无及。

为什么人们在生活中经常处于易于冲动的非理性状态而后悔不迭？到底是谁控制了我们的情绪，左右了我们的行为？

"我刚才是不是疯了？"

"唉！我本可以做得更好！"

"天哪！我怎么能这样？如果能再来一次……"

"对不起，我不是非要说这些伤人的话，我只是控制不住！"

失控后的人们捶胸顿足，为刚刚冲动的话语和行为而后悔，为没有深思熟虑和轻率而苦恼，为在同一个地方连续犯错而痛苦，然而时光不会倒流，已发生的覆水难收，无论如何补救，有些错误终究会在记忆中留下伤痕。

仔细想想，非理性的情绪化消耗了我们过多的精力，毁掉了太多东西，它让我们走了太多弯路，浪费了宝贵的生命时光。它充斥于生活和历史中的所有阶段，在极端时制造无法逆转的伤害行为。

很多时候，我们固执己见甚至明知故犯，却终其一生找不到非要这么做的根源，对此，我们每个人都深有体会。

很显然，如果能认知非理性的形成规律，我们就可以过上更顺畅的一生。

现在让我们踏上对事实与真相的探索之旅，毫无疑问，这种人性缺陷与人类的大脑密切相关。

3. 脑电波的受激波动形成思想、意识和情绪

能量是宇宙生生不息的真相,生命也是能量的一种载体。

人类大脑在能量上的消耗巨大,大脑的重量只占人体体重的约2%,却要消耗高达20%~25%的身体能量。

科学研究发现,大脑每天消耗的巨大能量与大脑神经元不断制造的生物电活动有关。脑电波就属于大脑的生物电现象,生物电现象是生命活动的基本特征之一,各种生物均有电活动的表现,大到鲸鱼,小到细菌,都有或强或弱的生物电。其实,英文中细胞(cell)一词也有电池的含义,无数的细胞就相当于一节节微型的小电池,它们是生物电的源泉。

人脑中有许多的神经细胞在活动着,呈现出电器性的变动。也就是说,有电器性的摆动存在。这种摆动呈现在科学仪器上,看起来就和波一样。我们称之为脑波,也就是脑电波。

我们的大脑无时无刻不在产生脑电波。1924年,德国精神病学家贝格尔(H. Berger)记录到了人脑的脑电波,此后出现了脑电图。脑电图是通过精密的电子仪器,将脑部的自发性生物电位放大记录而获得的图形。这是一些自发的有节律的神经电活动,根据不同的频率,大致可划分为四个波段:

δ波,频率为每秒1~3次,当人在婴儿期或智力发育不成熟时、成年人在极度疲劳或昏睡状态下,可出现这种波。

θ波,频率为每秒4~7次,成年人在受到挫折或抑郁时,这种波极为显著。

α波,频率为每秒8~13次,它是正常人脑电波的基本节律,如果没有外加的刺激,其频率是相当恒定的。人在清醒、安静并闭眼时该节律最为明显,睁开眼睛或接受其他刺激时,α波即刻消失。

β波,频率为每秒14~30次,当精神紧张和情绪激动或亢奋时会出现此波。

很显然,脑电波在不同的受激因素的干扰下,其波动频率和波幅不相同,那么脑电波的不同波动状态就会产生不同的外在表达,这种表达就是思想、意

识和情绪。脑电波以波的形式存在，思想、意识和情绪当然也以波的形式存在。

具备量能的思想、意识和情绪是大脑物质能量转化形成的一种电波能，是脑电波的不同波动状态的外在表达。

4. 情绪化是特定脑电波剧烈波动状态的外在表达

毋庸多言，在生活中的某些时刻，我们每个人都曾经感受过突然涌出的难以管控的情绪、无法抑制的怒火，在那一瞬间，我们的理性和平静瞬间坍塌，回首这些时刻，留下的都是极端的或者痛苦的记忆，这是非理性行为的开端，这是人性中的至暗时刻。

在此我们不去探究大脑中具体哪个功能区或者哪种波制造了情绪，我们只需要知道情绪是某种脑电波在受激因素的干扰下的波动反应，并且基于外在受激因素扰动的强烈程度产生相应的外在表现。

外在受激因素不同，情绪波浪的大小也不一样，大小不同的情绪波浪携带的量能不同，比如我们听到一些信息后可能会"有点儿生气"，也可能会"怒气冲冲""怒火万丈"，可能会"心情很好"，也可能会"兴高采烈""得意忘形"，这是我们在现实生活中的切身体会。所以情绪的波动是特定脑电波波动状态的外在表达，情绪化是脑电波剧烈波动状态的外在表达。

因为人们无法改变自身的生理结构，所以无法避免情绪化的存在。大脑会遵循潜意识处理海量信息，然后通过不同的情绪和决定表现出来：比如人们会被一件事感动得热泪盈眶，又会对另一件事咬牙切齿。

一切被我们称为美好和伟大的事物都是扰动人类情绪波浪的高手。

大脑接受外在信息后产生波动反应，这种波动反应本质上制造了人类的情绪波动，理性与非理性就是这种情绪波动的外在表达方式。相同的生理结构让人类大脑的脑电波具有相同的波动方式，因此人类具有相同的潜意识本能。所以尽管随着文明的演进，人类改变了很多，但我们表达快乐与愤怒的方式与3000年前相比可能没有什么不同。

那么，大脑如何处理信息扰动？为什么我们经常会表现出极端情绪化并且做出失控和反智的非理性行为呢？我们如何控制和避免自己的情绪化？

（二）量能放大效应是非理性行为的根源

情绪是人对客观事物的态度体验和相应的行为反应，是脑电波的外在表达方式。外部环境产生受激因素，脑电波基于受激因素的扰动处于起起伏伏的波浪运动状态，基于脑电波的表达而形成的情绪就会处于波动状态，并且其运动符合波的干涉和叠加规律。

生活中，不同的外部刺激会产生不同的叠加效应。

经常受到赞美、鼓励、表扬和认同会让个人产生快乐、积极的叠加情绪。比如，一个公司的职员在单位被领导认同、被同事赞许、待遇优厚，这些正面的情绪扰动会使其产生强烈的积极情绪；反之，如果他被领导批评、同事冷淡、收入减少，这些负面的情绪扰动就会使其产生强烈的消极情绪。

连续负面的外部刺激产生负面叠加效应。人们会说："我忍了你好久了！""我再也受不了了！"

生活中，激烈的矛盾和冲突等现象是个人和群体情绪被数次扰动后产生的负面叠加效应。历史上，战争、冲突等大事件是国家或大群体情绪被数次扰动后产生的负面叠加效应。

1. 叠加态的特性：破坏性、失控性与量能放大效应

在对人性中的极端非理性行为穷根究底之前，我们先来认识波的叠加现象。

我在上一本书[①]中详细讲述过波的叠加态，现在我们十分有必要再来认识一下。这不是简单的知识重复，实际上，这里面隐藏的东西远远超出我们的想象。人们通常会忽视最简单的事物，往往只看得见表象，而这些司空见惯的表象只是隐藏于其背后的真理闪耀出的光芒。

大道至简，真理其实无时无刻不在我们身边，具有普适的有效性。你也

---

① 《股市法则与跨时空纠缠——左侧唤醒与右侧纠缠循环》，中国财富出版社，2023年3月出版。

许不会想到，波的一些被无视的特性竟然如此神奇地影响着我们的一生。

波是一种携带量能在介质中穿行的扰动，比如绳波、声波、水波、冲击波、电磁波，还有夏天的热浪和冬天的寒流。波沿着传播方向传递能量，波的叠加本质上是量能的叠加。波的叠加效应是物理现象，是自然界中的常见现象。

波的线性叠加现象存在两种基本场景：一种是两列波相向而行，相遇后产生叠加，类似两辆车迎面相撞；另一种是两列波同向而行，后面的波量速大于前波，追赶上前波后产生叠加，类似车辆追尾。在现实的学习过程中，对前一种叠加场景的研究较多，对后一种叠加场景的研究较少，但事实上，后一种叠加现象发生得更多。

波产生叠加时的量能放大效应十分惊人。叠加波传递的量能有多惊人？举个现实中的例子。

海面上存在一种偶发概率的巨浪——疯狗浪，1995年元旦，疯狗浪袭击了挪威北海的Draupner石油装置。该平台配备了指向下方的激光设备，记录显示，一个高26米的海浪突兀地耸立在海面上，而大多数海浪高度是11.8米，这是一个被高分辨率快照捕捉到的海上巨兽。确凿的证据把海洋神话变成了事实。此后，研究人员确定，仅在20世纪下半叶，疯狗浪或许就带走了22艘货船，夺走了500多条生命。2004年，保险公司和研究人员已经认识到，公海上许多原因不明的沉船事件都是由疯狗浪造成的。科学研究显示，这种能够掀翻巨轮的高达约30米的"疯狗浪"就是多重叠加浪。

挪威石油平台的传感器对疯狗浪的第一次记录显示，传感器记录到了一个以72.4千米时速撞击到平台的高达25.9米的巨浪。[①]

"疯狗浪"的叠加量能如此之大，原因就在于叠加状态中存在惊人的放大效应，下面我们会详细谈到这些。

在人们的生活中，非理性行为同样源于叠加态中的量能放大效应。

---

① 参考中国科学院物理研究所微信公众号2020年3月17日发布的文章《海上杀手："疯狗浪"是怎么"浪"的?》。

非理性的情绪化源于负面情绪波浪的同向线性叠加，负面叠加效应的顶点通常会制造出极端冲动的非理性行为。一旦陷入情绪的叠加状态，有意识的理性就会减弱甚至消失，大脑的潜意识本能接管了一切。

我们通过演示来说明。比如在真空中有一根很长的绳子，先抖动绳子的一端制造一个小波浪，小波浪就会沿着绳子向另一端传播，这时再用力抖动绳子制造出一个大波浪，大波浪就会沿着绳子和之前的小波浪同向传播（见图1-1），并最终追赶上小波浪形成叠加浪。

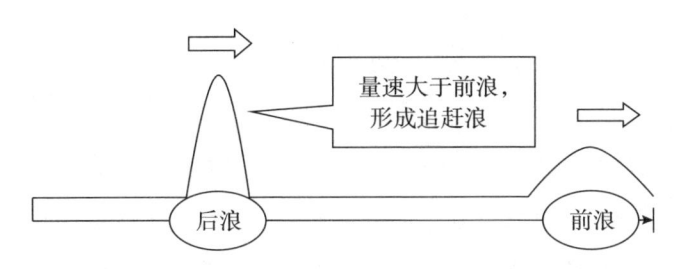

图1-1 制造叠加条件，沿时间之轴传播的两列波浪

如图1-2所示，沿时间之轴，按照时间先后顺序制造先小后大的波浪，即后浪量速大于前浪，那么后浪就会追上前浪并且不可避免地形成叠加态，叠加态的高点必然超越左侧最大浪的高点。如果后续沿传播方向不断制造更大的波浪，时空右侧就会产生更大的叠加态。

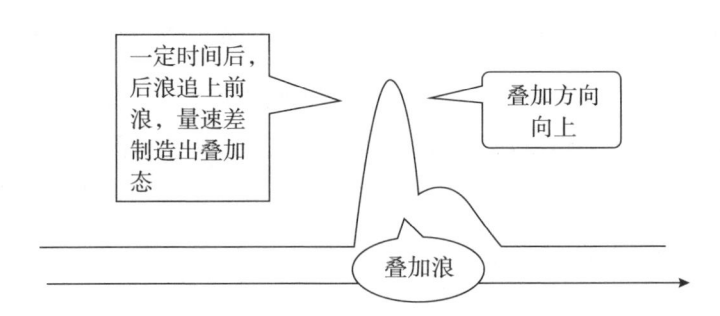

图1-2 沿时间之轴形成叠加态

整个叠加过程结束后，根据波的叠加特性可以获知：

第一，一旦叠加的过程开始，到达顶点才能回落。

第二，到达顶点必然回落。

第三，一个完整的叠加周期具有时空上的叠加结构，叠加结构由左侧的叠加条件和右侧的叠加态组成。

第四，<u>波的叠加态具备自然形成的特性，即只要具备物理上的叠加条件，叠加态就会自然形成</u>。

以上是关于波的叠加现象中的四条公设。公设，就是在目前的认知水平下不证自明的道理，本书所述的叠加态理论体系就建立在这四条公设之上。特别是第四条，最为重要，却恰恰一直被人们忽略。

(1)"超能力"

接下来，让我们沿着四条公设继续下去。

现在，你用尽最大力气抖动绳子，制造出最大的追赶浪，无论它与前面哪个浪叠加形成叠加态，叠加态的高点总会比"最大追赶浪"的高点高出一截（这是因为叠加过程中存在量能放大效应，后面将有充分的证明）。

那么，这种物理学上司空见惯的叠加态就存在一个被人们忽略的、没有得到应有重视的极其重要的特性：

<u>叠加态超越了我们的最大能力，它能使我们做到单次付出最大努力做不到的事情，或者说，它能突破我们的能力极值。</u>

这就是量能叠加产生的"超能力"现象，这种"超能力"源于叠加过程中的量能放大效应。下面我们通俗一点来进一步解释叠加态的"超能力"现象。

假设存在一个需要用100千克力才能击穿的有一定高度的上轨，但是你能付出的最大力量是90千克力，那么即使你付出最大努力也无法击穿它。但是如果你能制造出虚拟的叠加条件，比如第一波（称为一浪）40千克力，第二波（称为三浪）80千克力（见图1-3），这在你的能力范围之内，你完全可以做到。这样三浪量速大于一浪，根据波的叠加原理，三浪追上一浪后会形成叠加态。因为振幅线性叠加，高度增加，叠加浪的波强与振幅的平方成正比，这样叠加浪的波强就远大于100千克力，上轨就会被轻松击穿（见图1-4）。

从另一个角度看，当叠加态形成后，你仅凭个人之力已经无法控制它，因为你能付出的压制力量是90千克力，它已经超出了你的最大掌控能力。

第一章 人性与波动

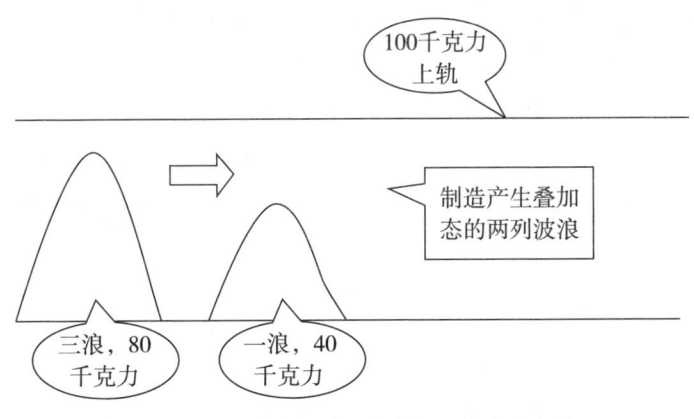

图 1-3 三浪虽然贴近上轨但无法击穿上轨

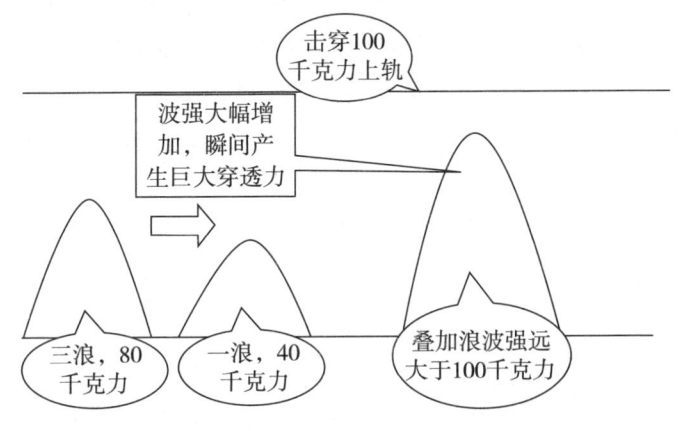

图 1-4 制造出叠加条件后会自然形成叠加浪，叠加浪可以轻松击穿上轨

所以，当叠加态的量能达到"超能力"的时候，既具有突破性又具有失控性，人类难以捉摸的情绪就是最好的证明，每个人的一生中都曾经感受过突然失控的情绪，感受过崩溃时的无法自控。

虽然波的叠加现象十分常见，但人们没有对其特性给予足够的重视。叠加态的"超能力"是生命进化的内生动力，是漫长的地质周期中生物进化的动能。进化是内生性的，只有突破自我才能进化。生命体吸收能量，一点点累积，一点点叠加，然后在叠加态的量能放大中突破进化。

(2)"省力空间"

继续前面抖动绳子制造叠加波浪的实验。

我们把先抖出的小波浪称为一浪，把随后抖出的大波浪称为三浪。现在我们把时空无限拉长，假设此时有一些二维生命体生活在一浪、三浪的顶部，恰好此时三浪追赶上一浪，叠加过程开始，其中一些生命体突然感到一股向上的力带来的眩晕感，就像乘高速电梯一样，这是因为三浪与一浪在叠加时产生了向上的动能。这些生命体什么也没有做，是的，它们只是在恰当的时候出现在恰当的位置，但是时空高度已经毫不费力地大幅提升，达到了新的坐标高度——叠加态的顶点。

这就像雷军说的，风来了，站在风口上的猪也能飞上天。正是移动互联的风口让小米获得了成功，而每一个风口浪尖都只有在量能的叠加态中才能形成，这种叠加态可以量化，可以追踪，可以利用数据图表使之显性。

叠加过程带来了生命体时空坐标位置的变化，从原来的位置到新的位置，叠加方向上放大的量能制造了空间拉伸，在这个空间里顺应叠加方向运动十分省力，这个变化空间叫作"省力空间"，"省力空间"具有电梯效应。

突然增加的量能制造出形成突破的"省力空间"，"省力空间"指出了事物运动的最小阻力方向，"省力空间"中事物的运动方向顺应波的叠加方向，所以"省力空间"也是"引力空间"。

（3）自然形成

在上面的演示实验中我们发现，三浪与一浪形成后，叠加波浪就具有了自然形成的特性。外力只是抖动绳子制造出两个符合条件的波浪，叠加波浪却是自然形成的，而且无论最初制造叠加条件的外力是人为的、风吹的，还是冲击波造成的，或者是其他任何量能所为，只要符合叠加条件，叠加态都会自然形成。所以叠加态的形成过程虽与制造叠加条件的外力有间接关系，但在旁观者看来并没有直接关系，而且从任何方面来说，叠加浪都是完全不同于一浪和三浪的物理状态，表现为顺应叠加方向突然大幅增加波强。

对于旁观者来说，叠加条件强制造出"省力空间"，抬升了质点高度，改变了生命体的时空坐标位置，对于那些二维生命体来说，一定会感觉到引力的存在，但一定不会意识到这是源于遥远的叠加条件形成的叠加态带来的外在变化，所以叠加态能够自然形成而且往往难以被察觉。但是要观察和测量一个完整的叠加态周期，却必须从寻找最左侧的初始叠加条件开始，就像所有大事件都事出有因一样。

叠加态的自然形成特性极为重要，它构成了人类的潜意识主体，形成了人性中的潜意识缺陷，深刻影响着人们理解事物的角度、深度和广度，并掌控着经济、历史的走向以及我们每一个人的人生。

2. 关于波在叠加态中存在量能放大效应的证明

（1）来自物理学的证明

波的能量来自波源，能量流动的方向就是波传播的方向。能量传播的速度就是波速，为了描述波的能量传播，常引入能流密度的概念。根据波强计算公式，单位时间内通过介质中某面积的能量称为通过该面积的能流。通过与波动传播方向垂直的单位面积的平均能流称为平均能流密度或波的强度，用 I 表示。

一般来说，振幅、频率、相位等都不相同的几列波在某一点叠加时，情形是很复杂的。下面只讨论一种最简单而又最重要的情形，即两列频率相同、振动方向相同、相位相同或相位差恒定的简谐波的叠加。满足这些条件的两列波在空间任何一点相遇时，该点的两个分振动也有恒定相位差。但是在空间不同的点，有不同的恒定相位差。因而在空间某些点，振动始终加强，而在另一些点，振动始终减弱或完全抵消，这种现象称为干涉现象。能产生干涉现象的波称为相干波，相应的波源称为相干波源。

设有两列相干波在空间某点相遇，叠加后波的强度随着两列相干波在空间各点所引起的振动相位差的不同而不同，也就是说，空间各点的波的强度重新分布了，有的大幅加强（$I > I_1 + I_2$），有的大幅减弱（$I < I_1 + I_2$）。

<u>叠加态的波强与振幅的平方成正比，在特定条件下，一些位置的叠加波强甚至会增大至单列波波强的 4 倍，这就是量能放大效应。</u>

（2）来自光波的证明

无论是哪种波，只要具备叠加条件，都会出现叠加态。比如两列光波的叠加，在光波的干涉中，当干涉项存在时，叠加态同样具备量能放大效应。

两列光波形成的叠加态中，叠加波强的最大值在极端条件下等于单列波波强的4倍。

但是对于试图解释自然规律的新发现来说，仅仅靠以上的证据来证明量能放大效应还不够，除了宏观世界的演示和经验总结，似乎还需要微观世界的证据以证明其普适性，好在找到这些证据并不难，只需要在历史的正确中仔细翻找，对此，量子力学发展过程中著名的双缝实验提供了充分的证明。

(3) 来自《费曼物理学讲义》的证明

理查德·费曼是美籍犹太裔物理学家，美国国家科学院院士，诺贝尔物理学奖获得者，他的著作《费曼物理学讲义》广为人知。

书中列举了三个不同的场景来说明量子理论中的不确定性。第一个是用子弹做双缝实验，结果显示没有出现干涉效应；第二个是宏观状态下水波的双缝实验，实验中出现了明显的波的干涉效应；第三个是微观状态下不设置干扰项的电子双缝实验，同水波一样出现了波的干涉效应。在后两个实验场景中，波通过双缝后形成叠加态时出现了相同的量能放大效应。

如图1-5所示，一列水波通过1和2两个缝隙后，形成两列波，然后在吸收壁上出现了干涉现象，干涉中存在量能放大效应。

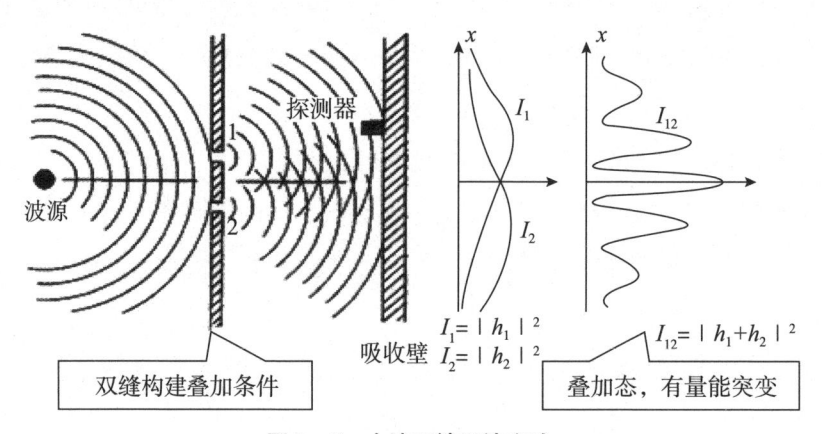

图1-5　水波双缝干涉实验

资料来源：《费曼讲物理入门》，R. P. 费曼著，秦克诚译，湖南科学技术出版社出版。有改动。

如图 1-6 所示，电子枪发射的电子波通过 1 和 2 两个缝隙后，在屏幕上出现了干涉现象，证明量子的波动性，因为干涉现象是波的特性。

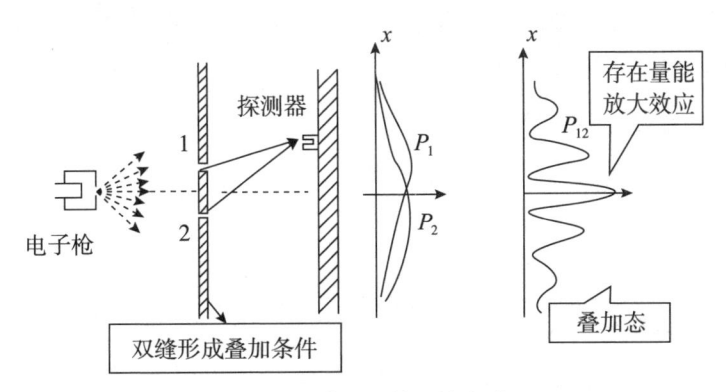

图 1-6　电子双缝干涉实验

实验发现，用水波和电子做双缝实验时，探测器探测到的量能数据证实都发生了干涉现象，并且在叠加态中出现了强度极大值。理想条件下，叠加态中波强的最大值会达到单列波强的 4 倍，这同前面的光波叠加结论一样，是十分惊人的数据。严谨的科学实验证明了叠加态中存在量能放大效应，这种量能放大效应并不违反能量守恒定律，只是在特定的叠加条件下量能高度集中于狭窄的时空之中。

物理学家的着眼点并不在量能放大效应上，使他们迷惑的是为什么电子双缝实验出现了干涉效应，而且和水波双缝实验的结果相同，但是又无法观察，这样就无法确定粒子的准确位置，以至于最后只能用不确定的概率描述来表示。双缝实验证明了量子的波动性以及量子理论中的不确定性。

费曼得出了这样的结论：电子作为粒子总是以颗粒的形式到达屏幕，而这些颗粒的概率分布则像波的强度分布。正是在这个意义上，电子的行为有时像粒子，有时像波。这就是量子力学中的波粒二象性。

但是，量子物理学家还是找到了双缝实验可以解释的视界，那就是费曼所言的"量子力学的第一原理"：如果一个事件可能以几种方式实现，则该事件的概率振幅就是各种方式单独实现时的概率振幅之和，于是出现了干涉。

在物理理论中引入概率概念在哲学上有重要的意义。它意味着：在已知给定条件下，不可能精确地预知结果，只能预言某些可能的结果的概率。也就是说，不能给出唯一的肯定结果，只能用统计方法给出结论。对此，在哥本哈根学派中，包括玻恩、海森堡等量子力学大师，都坚持波函数的概率或统计解释①。

最后，费曼总结：

第一，理想实验中一个事件的概率由一个叫作概率振幅的复数 ψ 的绝对值的平方给出。

$$P = |\psi|^2$$

其中：P——概率；

ψ——概率振幅。

第二，当一个事件可能以不同的方式发生时，这个事件的概率振幅是分别实现的每种方式的概率振幅之和。这时有干涉发生（有量能放大效应）。

$$\psi = \psi_1 + \psi_2$$

$$P = |\psi_1 + \psi_2|^2$$

或许这样理解费曼的意思会更加准确：如果一个事件有可能以干涉的方式出现，那么它出现的概率振幅就是各个干涉因素的概率振幅之和，它出现的概率就等于各个干涉因素的概率振幅之和绝对值的平方。

第三，如果做一个能够确定以哪种方式实际发生的实验，那么这个事件的概率是每种方式的概率之和。这时干涉现象消失。

$$P = P_1 + P_2$$

<u>这解释了量子运动的不可观察性。</u>

<u>与物理学家不同，我的着眼点是寻找一些可以实际利用的东西，在伟大的双缝实验中，当我认真整理并回溯实验过程，发现了被忽视的无价珍宝——"确定性"或者说"最大概率"及其形成结构。</u>

双缝实验至少证明了如下的"确定性"：

第一，一旦通过某种技术条件确认了 ψ_1 和 ψ_2，就确认了未来存在叠加态

---

① 参考张三慧编著的《大学物理学（第三版）（下册）C7 版》，清华大学出版社 2015 年出版。

波浪，那么就确认了叠加态事件的发生概率，相当于$|\psi_1+\psi_2|^2$。

第二，确认叠加态的同时等于确认了叠加周期的极端，因为这里面存在量能放大效应（也是费曼所言的干涉效应），最大可以达到单一叠加条件的4倍。

如图1-7所示，如果把观察点设为现在，那么就会把过去的叠加条件与未来的叠加态分隔开。

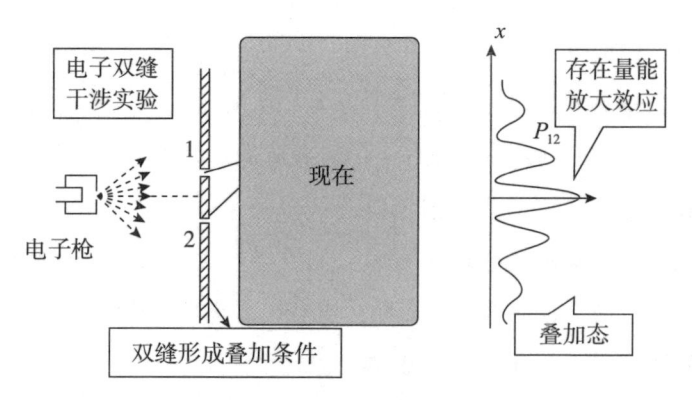

图1-7 双缝实验中的"现在"

假设我们将双缝实验的过程拉长，在电子枪发射出的电子波通过双缝但还未到达吸收屏幕的时空间隔中设置一个分析点，命名为"现在"，很显然，电子枪发出的波此时已经通过双缝，正在向屏幕运动，这是已经发生的情景，可以命名为"过去"。现在我们能做什么？根据之前的实验经验，此时我们可以预测什么？我们完全可以根据已经发生的事情预测未来的叠加态事件，以及叠加态中的量能放大效应。

也就是说，当过去的事件符合叠加条件，我们就可以预测未来的叠加态。叠加条件就像几分钟前针对目标发射的精确制导导弹，如果不被拦截，我们就能预测接下来会发生什么。

<u>通俗点说，比如在长的经济叠加周期中，如果我们能通过正确的技术分析确定谁是符合要求的叠加条件ψ_1和ψ_2，我们就可以预判未来的叠加态波浪</u>，这样，未来就通过最大概率$|\psi_1+\psi_2|^2$向我们招手并显示其确定性，我们就可以预判繁荣和萧条，预测顶部和底部。

<u>这就意味着，从最大概率的意义上来说，掌握了叠加条件及叠加态的形</u>

成规律，就掌握了未来的事件发生的最大概率，就像量子科学家能计算出粒子出现在某个位置的最大概率。

对此，量子物理学家玻恩也有同样的解释。以光波衍射为例，玻恩注意到，在经典物理学中，光的强度正比于振幅的平方，然而在量子力学中，强度正比于在空间的某个区域中找到光子的概率。如果光的强度是原来的4倍（光束是原来的4倍亮），那么我们在某一个特定区域中找到光子的概率就是原来的4倍。因此可以将一个粒子在某一点的波函数的平方看成是在这个地方找到粒子的概率。哪里波函数的平方大，在那里找到粒子的概率就高；哪里波函数的平方小，在那里找到粒子的概率就低[1]。

玻恩还注意到，波函数出现负值的区域——相当于波谷——具有与正值相同的意义，因为对波函数取平方时，负值会变成正值。这说明波谷中同样存在量能放大效应，证明叠加态周期转换存在方向对立的极端。

量子理论表面上看起来晦涩难懂，但其实距离生活很近。我曾经这样对朋友解释叠加态中的最大概率：

假如你上一周因为一些家庭琐事惹恼了老婆，收到警告，这一周又因为和朋友一起喝酒而忘记了结婚纪念日，每一年你的老婆对此事都极为重视，这两件事构成了叠加条件ψ_1和ψ_2，这样一来她就会潜意识地处于叠加态当中，情绪失控的可能性处于最大概率$|\psi_1+\psi_2|^2$，失控的程度取决于量能放大效应的强度（干涉项），最大可以达到你单次惹她生气愤怒值的4倍。很显然，平常1倍的愤怒值你都难以招架，实在难以想象4倍的愤怒值是什么样子，现在她就等着你回去释放量能。你醉醺醺地走在回家的路上，猛然清醒过来，意识到已经犯下大错，不好的事情几乎是必然发生的，你即将会面对无法收拾的局面。

之所以说最大概率，是因为还存在一种最小概率，无限接近于零，就是恰恰相反，你的老婆一点儿没有生气，反而嘘寒问暖，那么叠加态法则失效

---

[1] 参考《伽利略的手指》，彼得·阿特金斯著，许耀刚、刘政、陈竹译，湖南科学技术出版社2007年出版。

了吗？没有，这往往意味着你将来会面临更大的麻烦，因为叠加量能终有一天会集中清算。

<u>所以尽管事件尚未发生，我们也能根据叠加条件提前确定叠加态，确定了叠加态就等于确定了最大概率，同时确定了量能放大效应和事物运动的"省力空间"。</u>

现在，回到双缝实验，我们把分别通过双缝后的两列波动设为叠加条件一（一浪）和叠加条件三（三浪），相当于前文的 ψ_1 和 ψ_2（这样命名是为了呼应前文的叠加态周期结构），那么两列波发生干涉后就会形成叠加态波浪五（五浪），叠加态中存在不同程度的量能放大效应。这样不用费多大的劲就会得出一个反映叠加态周期的基本结构（对此后文还有详述），如图1-8所示。

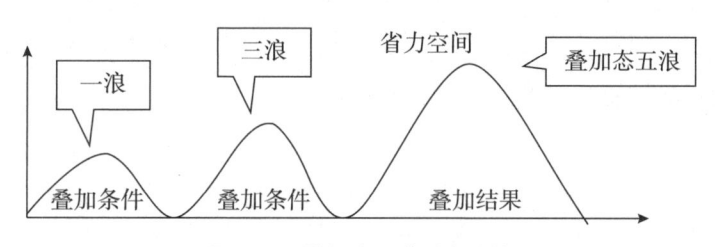

图1-8 叠加态五浪时空结构

这样，根据双缝实验的过程，<u>我们就可以像数学家推理方程一样提炼出叠加态周期的基本结构，这个基本结构的重大意义，它并不只是反映在微观领域，而是掌控着自然和人类社会的波动规律。</u>而且在任一个独立的（或者孤立的）量能体系中，所有的周期浪形，无论相隔时<u>空长短，都始终遵循并终将完成叠加态周期的基本结构——五浪时空结构</u>。这个最大的叠加态周期结构由无数次级叠加态周期结构组成，层层向下分割，直到分割到不可分割，每一个次级结构都遵循同样的规律。

（4）用光凝聚最短的瞬间——来自2023年诺贝尔物理学奖的证明

2023年诺贝尔物理学奖被授予皮埃尔·阿戈斯蒂尼、费伦茨·克劳斯和安妮·吕利耶。这三位科学家展示了产生极短光脉冲——阿秒光脉冲的实验方法，为人类探索电子世界提供了新的工具。他们从激光与气体中原子的相互作用中发现了一种新的效应并证明这种效应可以用来产生更短的阿秒光脉冲（电子运动的时间尺度是阿秒）。

产生阿秒光脉冲的原理如下：

光的能量与波长有关，越短波长的光能量越强。高次谐波的能量相当于紫外线，其波长比人眼可见的光短。一系列不同的具有特定波长的高次谐波互相作用，形成叠加条件。当这些波的波峰重合时，光会变得更强；而当波峰与另一个周期的波谷重合时，光会变弱（光波的叠加效应）。在适当的情况下，高次谐波互相重合，产生了一系列紫外光脉冲，每个脉冲持续几百阿秒。

阿秒光脉冲很短是因为叠加态会瞬间坍缩。阿秒光脉冲证明叠加态周期转换同样发生在微观世界，这里面的叠加态周期结构同我们在现实中演示的绳波结构一样，由叠加条件和叠加态构成，而且再一次证明了在这个充满波动的世界中，只要具备符合要求的叠加条件，就会形成叠加态，叠加态中存在无可置疑的量能放大效应（见图1-9）。

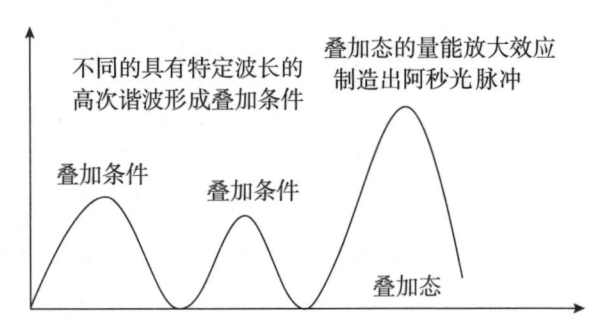

图1-9 从阿秒光脉冲实验中提炼的叠加态周期结构

（5）对确定性（最大概率）的拓展利用

前面说过，在证明量子理论不确定性的伟大的双缝实验中，竟然潜藏着至少两个可以利用的确定性（最大概率），根据以上所得我们很容易得出如下观点。

第一，无论是宏观世界还是微观世界发生的波动，在具备符合要求的叠加条件的时候，都会自然形成叠加态（如前文所讲，实验者只是制造出了叠加条件，干涉现象由叠加条件自然形成）。

第二，无论是微观世界还是宏观世界，波的叠加态中都存在确定的量能放大效应，而且放大比例的公式相同。

第三，无论是水波还是电子波，其时空周期（也可称为干涉周期）都存在相同的叠加态结构——五浪时空结构①。

那么，继续推导下去，基于此，对于不同领域的叠加现象，就自然存在如下可以利用的确定性：

经过精确的技术分析，<u>如果时空左侧（过去）已经发生的波动事件形成符合要求的叠加条件，就可以预测时空右侧（未来）存在最大概率的叠加态事件。</u>

天哪！这还不够惊人吗？我们能够在充满不确定性的世界上寻找到确定性。如果质疑这种说法不够严谨，那么也可以用最大概率来理解。就像费曼先生总结的：如果一个事件可以以不同的方式发生，这个事件出现的概率是每种方式的概率振幅之和绝对值的平方。这时有干涉发生（有量能放大效应）。

$$P = |\psi_1 + \psi_2|^2$$

也就是说，当时空左侧具备符合要求的叠加条件时（这种叠加条件建立在所有波动基础之上，可以是股市的、经济的、政治的、情绪的，包括一切自然与人类的行为模式），发生预期中的叠加态事件的概率振幅是叠加条件的概率振幅之和绝对值的平方，最大概率可以达到单一叠加条件的 4 倍，这样我们就可以根据已经发生的（过去的）叠加条件来确定"省力空间"，预判叠加态以及其中的量能放大效应，同时根据量能放大效应预判叠加态的极端性。

3. 叠加周期的基本结构

我们从第一环节的绳波演示中不用费太大力气就能精确地得出叠加周期的基本结构——五浪时空结构，和之后在双缝实验中提炼的结构相同，这时

---

① 关于五浪时空结构的概念，请参考《股市法则与跨时空纠缠》一书。

你会发现：这个结构跟你经常在很多图表中看到的某些部分一样。

叠加周期的基本结构展示了基本的因果链条——左侧的叠加条件与右侧的叠加结果。

在五浪时空结构中，三浪的量速大于一浪是形成叠加态的必要条件。比如在绳波实验中，如果后面波浪的量速等于或者小于前面波浪的量速，那么后浪就永远追不上前浪，叠加态就不会形成。再举一个例子，比如一个人一而再、再而三地犯错误，而且性质越来越恶劣，那么人们就会对他感到忍无可忍并给予惩罚；如果他虽然常犯错误，但错误越来越小，人们会觉得他变好了。前者，愈演愈烈的错误形成情绪叠加条件，人们从感到忍无可忍到出手惩罚是必然的情绪叠加结果，事件的开始和终结形成完整的情绪叠加周期。而后者就不会形成执行惩罚的叠加条件，反而形成了事态在变好的叠加条件。所以后浪量速大于前浪量速是叠加态形成的前提条件（见图1-10）。

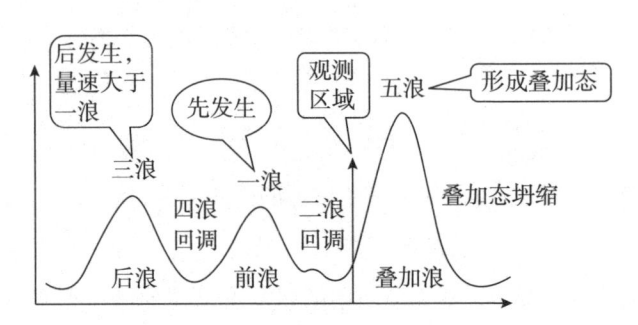

图1-10　叠加条件是因，叠加态是果

叠加态的最高点就是极值点，极值点出现后开始周期转换，然后再次构建线性叠加周期。反映叠加态周期转换的最基本结构是正五浪结构和负五浪结构，正五浪结构和负五浪结构的叠加方向相反，但叠加原理相同。

图1-11反映了最基本的叠加态周期转换。我们可以称左侧为正叠加周期，由叠加条件（一浪、三浪）和叠加态（五浪）构成。正叠加周期可以形容为上升的、积极的、快乐的、光明的、繁荣的。右侧可以称为负叠加周期，由方向相反的叠加条件（负一浪、负三浪）和叠加态（负五浪）构成。负叠加周期可以理解为下跌的、消极的、愤怒的、黑暗的、衰落的。在正叠加周期中，一浪和三浪携带的量能在叠加态（五浪）中放大，五浪顶部出现极端

高点，然后叠加态坍缩，量能向负叠加周期转换；在负叠加周期中，负一浪和负三浪携带的量能在叠加态（负五浪）中放大，负五浪底部出现极端低点，然后量能再次向正叠加周期转换。叠加态周期转换反映了量能从无序到有序、从有序到极端、从极端到坍缩的过程，犹如寒暑交替，兴衰循环。

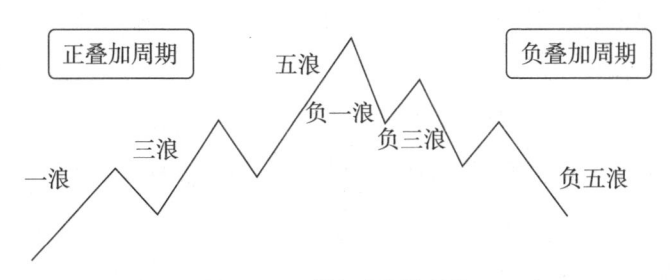

图 1-11　叠加态周期转换

正五浪时空结构和负五浪时空结构显性地表现在各种表达事物运动的图表中，例如股市、期市、外汇、债券、房地产价格走势图等，同时隐性地表现在人类参与的其他情绪叠加周期中。

因为叠加态波浪中存在确定的量能放大效应，当量能放大效应处于最大值时，就会形成量能突变，催生出极端的突破浪，这样我们就可以根据精确的数据曲线进行技术分析，提前做出应对预案。而这种量能放大效应导致的极端现象在现实生活中表现为极端自然现象、经济危机、历史周期现象等，成为看不见的隐变量。

量能放大效应弯曲了时空，形成事物运动的"省力空间"，也可以称为"引力空间"。对此也可以理解为量能放大效应顺应叠加方向确定了事物运动的最小阻力方向。

这种归纳和演绎意义重大，继续下去，会顿生醍醐灌顶之感。因为这意味着我们要换一种视角来重新理解时空的演化，融合虚拟与现实，压缩宏观和微观，认识过去、现在与未来，当过去发生的事件形成了叠加条件，并符合技术要求时，我们就能预判未来，预判未来将出现的最大概率的叠加态事件，这个事件可能是现实的，也可能是虚拟的，可能是宏观的，也可能是微观的，包括我们的思维想法，只要它发生过波动，就够资格成为叠加条件。

我们明白了，无论何种波，水波、光波、电子波、电磁波甚至推及人类的情绪波浪、经济波浪、历史波浪（当然包括股票的K线波浪），它们共同的特性是只要符合条件，就会形成叠加态，而且叠加态的形成过程中都存在不同程度的量能放大效应。不同的是这些波浪的波速不同，快的如光波，慢的如人类历史的波浪。

当然，费曼也指出，同双缝实验表现的一样，当有意识的观察者存在，叠加态就会消失。如果做一个能够确定以哪种方式实际发生的实验，那么这个事件发生的概率是每种方式的概率之和。这时干涉现象消失。

$$P = P_1 + P_2$$

<u>也就是说，当群体意识到未来大概率会形成叠加态事件时，叠加态就会消失，因为大家都会有意识地反向操作，以从中获利。</u>是的，理论上确实是这样，但是大自然安插了另一个巧妙的机关——人性的潜意识缺陷（后文将详述潜意识的形成）。叠加态的自然形成特性使我们在特定条件下的行为不受意志掌控，比如我们看到一些煽情的电影情节或电视节目时，眼泪总会不由自主地流下来，即使你拼命控制，还是控制不住，这是因为情绪在扰动下已经悄然形成叠加态，这时候大脑就只会顺应叠加方向做出释放叠加量能的流泪行为。

所以人性的潜意识缺陷注定人类会为叠加态周期所控，当然也不排除极少数人能很好地控制自己，保持绝对清醒。人类自身也是由原子组成的，逃脱不了波动的基础对立性，因此即使认知到规律，自身也会为叠加态规律所控，特别是遇到不均衡的外在量能扰动时。

正是量能波动的不均衡性，造成叠加周期的不均衡性，所以经济和历史不会像人的体温一样维持在一个温度范围，而总是在叠加周期末端呈现出"高烧"和"低温"，这就是世间万物遵循叠加态周期转换的真相。因为人性的潜意识缺陷，认知到规律或许不会让你完全做到行为正确，但至少让你知道为什么当初会犯下大错。

至少目前为止，我们仍然可以看到叠加态法则在掌控着万物。即使我弄明白了这个道理，并在处理关键问题时加倍小心，还是明显感到一不小心就会为其所控。

4. 叠加条件的时空重置原理

从基本的叠加态周期结构中我们看到，叠加条件不是单一的，根据单一的波浪无法判断出事物的发展方向，对此古人有过精妙的总结。明朝程允升在《幼学琼林》中说：孤阴则不生，独阳则不长。意思是说单凭一方面的因素或条件促成不了事物的生长或出现。

根据叠加态的形成规律我们知道，单一的波浪只是叠加条件之一，只有出现完全符合叠加条件的三浪，才能预判事物的发展方向。古人云"虽有智慧，不如乘势"，什么是"势"？具备叠加条件后，右侧时空中必然存在的叠加态波浪就是"势"，大势所趋，势不可当。

因为科学水平的差异，古人并不能制定出反映事物发展演化的数据图表来研判信息，现在，这些数据图表在各个领域十分常见，但是目前常规的图表绘制方式导致我们在分析与理解上存在谬误。

事实上，图表中的叠加条件应该根据发生的先后顺序从右至左排列，但常规的图表上，叠加条件的排列顺序发生了改变。叠加条件简单地按照时间顺序从左至右排列，比如图 1-12 是按照 1980 年、1990 年、2000 年的时间顺序绘制的，就像我们看到的其他领域的大多数图表一样。

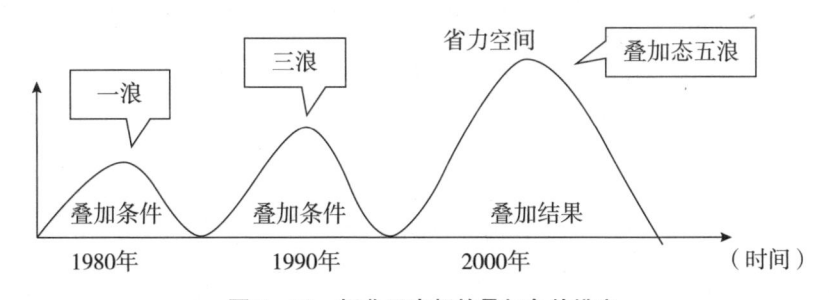

图 1-12　扭曲了真相的叠加条件排序

但真实的逻辑顺序应该是 1980 年的事件（一浪）先发生，应该像先射出的箭一样排在右侧，也就是图 1-12 中三浪的位置，而 1990 年的事件（三浪）后发生，就像随后射出的箭，应该排列在图 1-12 中一浪的位置，这样叠加条件就一目了然，如图 1-13 所示。也就是说，常规的图中叠加条件按照从过去到现在的时间顺序从左至右排列，事件波浪的时空位置实际被调换。

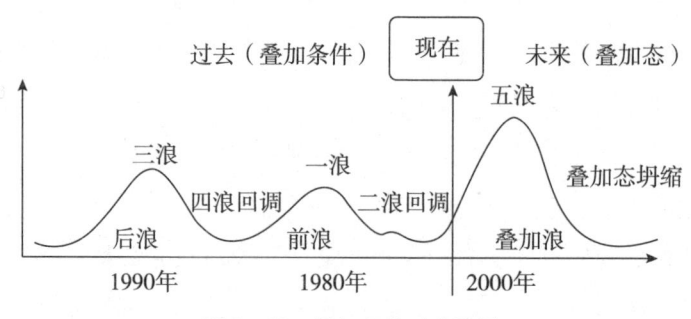

图 1-13　叠加条件时空重置

图 1-13 中，1990 年的波浪（后浪）在左，1980 年的波浪（前浪）在右，1990 年的波浪高点高于 1980 年的波浪高点，形成对前浪的追赶浪，构成叠加条件，那么现在的我们就可以预测时空右侧（未来）必然存在叠加态波浪。

我们在理解叠加态周期结构的图时应该对叠加条件的位置进行时空重置：三浪在左，一浪在右。如果三浪量速大于一浪，形成完美的叠加条件，自然状态下三浪就会追赶上一浪，那么我们就可以预测未来的叠加态事件——五浪必然出现。如果三浪的量速小于一浪，就不构成叠加条件，就不能判定时空右侧存在叠加态。

比如在股市中，我们看到的叠加态周期结构如图 1-14 所示。图中叠加浪——五浪出现量能放大效应。

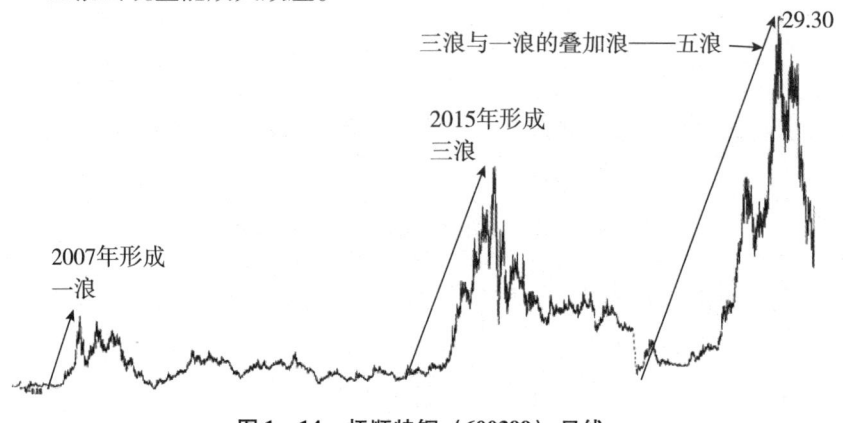

图 1-14　抚顺特钢（600399）日线

对叠加条件的位置进行时空重置，得到图 1-15。这样左侧的叠加条件就一目了然，可以预判右侧必然存在叠加态。

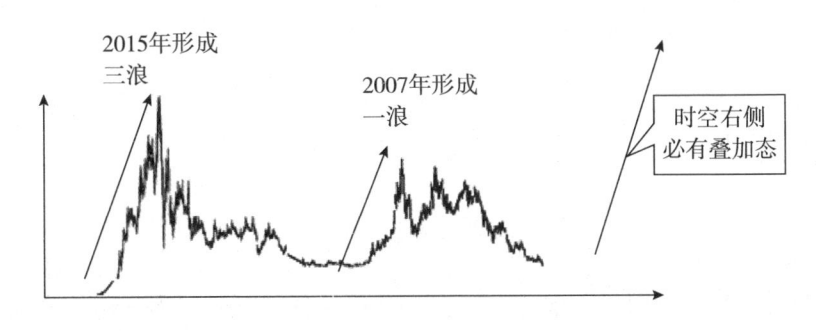

图 1-15 时空重置后的 K 线图

所以对于图表上的曲线，观察者要对叠加条件进行逻辑上的时空置换，才能理解事物波动的叠加态周期转换本质。可见，人类被有些习惯性行为遮蔽了自己的双眼。

完整的叠加态周期结构包含叠加条件和叠加态，而从常规思维来看，这个完整的叠加态周期结构中似乎包含三个传统意义上的周期，所以欲求真相必须打破常规，动态地理解叠加态周期结构。

<u>因为在不同时空背景下推动量能发生不规则变化，叠加条件就会随之变化，形成的叠加态也各不相同，因此叠加态周期结构或长或短，没有统一的时间量度。而且叠加态周期结构没有对称性，也没有常规思维下的周期性。这也是传统经济学理论中断定经济波动无规律可循的主要原因之一。</u>

5. 方向相反的负五浪时空结构

如果我们用正五浪时空结构来描述事物处于上升周期的运动规律，那么，与正五浪时空结构对应，就必然存在负五浪时空结构，用来描述事物处于衰落周期的运动规律。

图 1-16 是反映叠加态周期转换的基本结构——正五浪时空结构和负五浪时空结构，二者叠加方向相反，叠加原理相同。

当然，图中的一浪、三浪（包括负一浪和负三浪）仍然按照传统的习惯

基本的叠加态周期转换

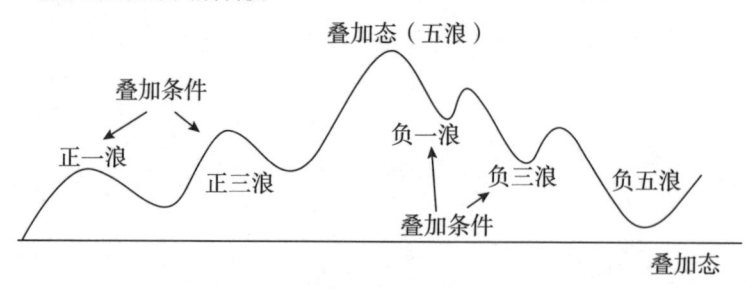

图1-16 正五浪时空结构和负五浪时空结构

来排列，但我们要用时空重置的逻辑来分析理解。不要认为这样的排列方式一无是处，后来我发现，在判断泡沫的严重程度时，这样排列是有其可取之处的，便于判断情绪掌控极值（后文详述）。

与正五浪时空结构相同，负五浪时空结构的叠加态中一样会出现量能放大效应，这种量能放大效应营造出截然相反的非理性氛围。如果说正五浪时空结构的叠加态营造出疯狂和极度乐观，那么负五浪时空结构的叠加态就会营造出灰心失望和极度悲观，这种特征在经济周期和历史周期中最为典型。

<u>叠加态周期转换反映了量能从无序到有序、从有序到极端、从极端到坍缩的过程，犹如寒暑交替，兴衰循环。</u>

人们观察和分析图表，总会把过去的数据曲线看成静止不动的，这是思维的误区。比如我们自拍一张照片，只是那一瞬间被记录下来，但现实中的我们每时每刻都在变老，我们的生命曲线在不停波动前行。对于数据图表，你早已司空见惯，但就像你身边的同事，你们可能认识很多年，甚至工作日天天相见，但你并不一定真正了解他的内心。

你可以想到过去发生的重大事件会在某种情况下与现在的事件叠加，从而引发未来的质变；你能轻易地理解一个人愤怒到了极点就会对诱发愤怒的人做出出格的行为；你也知道过去的事情会影响现在，就像童年的创伤会影响一生。但是你可能从没有人性化地理解数据图表，没有想到遥远的过去的数据曲线结合不久前的数据曲线几乎能确定不远的未来。

<u>要知道，过去就像大洋上的轮船，远去并不代表消失！</u>

历史和经济的波浪同样如此，只有张开思维的翅膀才会理解真相：这些发生在过去的波浪好像远离了视线，走进岁月深处，即将被忘记，其实它们只是远离了我们，并没有失去功能，就像十几年前发射的，一直在遥远的外太空工作的空间探测器。

再比如，我们在日记中记录了一件使我们深受伤害的事情，文字就像图表数据一样留下了痕迹，很快它就成为过去，但是我们心里知道，它一直留在潜意识里微幅波动从来没有消失，一旦遇到现实的唤醒和刺激，就会冒出来让我们再次经历锥心之痛。我们记录的波动一直在跟随介质前行，因为它们的波动量能并没有消失，除非作为叠加条件的使命彻底完成，量能才会经过叠加态转移到新的叠加条件之中。

量能没有消失的重要记忆就像一个火药桶，总有一天会被再次点燃。

因为现实中的视界受限，再加上习惯于相信亲眼所见，所以我们对于被时间和空间隔开的波动缺少动态理解。

我们必须突破传统认知，学习用动态思维分析历史数据曲线，它们是有机的、鲜活的、含义丰富的、影响未来的。

<u>数据曲线会忠实地记录繁荣和萧条、疯狂和崩溃，这些事件潜藏在历史的记忆深处，就像远离视线的大浪，当它被后来更大的波浪叠加，就会再次爆发，在非凡的量能放大效应中又一次走向极端。</u>

理解了这些，利用叠加态法则遵循的五浪时空结构，我们可以记录、追踪、研判、预测叠加条件的生成以及未来必将出现的叠加态，像一个置身事外的理性的旁观者，很显然，这具有非常重要的现实意义。

6. 无处不在的叠加态周期结构

（1）以新冠疫情的叠加周期为例

当我们发现某一个事件节点之前叠加条件已经形成，那么就能预测接下来的叠加态——比如新冠疫情中的感染高峰，同时根据感染高峰的独立结构预测周期的大坍缩。这样就能未雨绸缪，制定应对措施。

如图 1-17 所示，左侧的感染波浪形成叠加条件，在此基础上可以预判右侧的叠加态以及量能放大效应，当然也能预判叠加态之后的大坍缩。

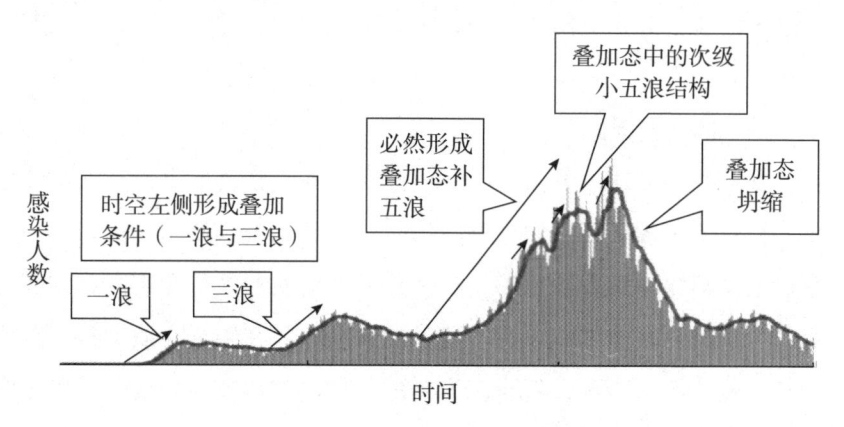

图 1-17　某国新冠疫情发展曲线

细致分析图 1-17 中感染人数最多的叠加浪（五浪），你会发现叠加态中的细分结构仍然遵循五浪基本结构，就像大叠加周期中隐藏着小叠加周期，其实事实就是这样，最大的系统性叠加周期由子系统、孙系统等细分周期构成，甚至可以无限细分下去，就像海上的巨浪，由无数不同位置的大小波浪逐级叠加而成。

其利用价值是：当我们发现了左侧的叠加条件（一浪和三浪），就可以预测右侧必然存在叠加态（五浪，感染高峰），这样就可以提前做好应对预案，储备口罩、疫苗、药品和医疗资源。

（2）以市场的价格运动为例

当我们找出符合要求的最大叠加条件，就能预判时空右侧的最大叠加态，而且因为叠加态中的量能放大效应，我们可以确定叠加态的高点会高于左侧的最大叠加条件（通常是三浪），这样就能在三浪的回调低点锁定赢利空间（当然，如果市场都能意识到这一点，叠加态就会延展，直到多数人不再相信，叠加态就会再现）。

图 1-18 是 30 多年以来日本任天堂公司的股价走势，图中可见左侧形成叠加条件（一浪和三浪），根据时空重置原理，2007 年前后形成的三浪应该在左侧，1990 年前后形成的一浪应该在右侧，这样三浪相对于一浪形成追赶

浪。那么假设观察者站在2015年前后（设为现在），就可以预测未来的叠加态波浪。虽然不能就此确定叠加态波浪必然出现在2016—2023年，但是可以提前确定股价运动的最小阻力方向，锁定未来的获利空间。类似的例子我在第一本书中列举了很多。

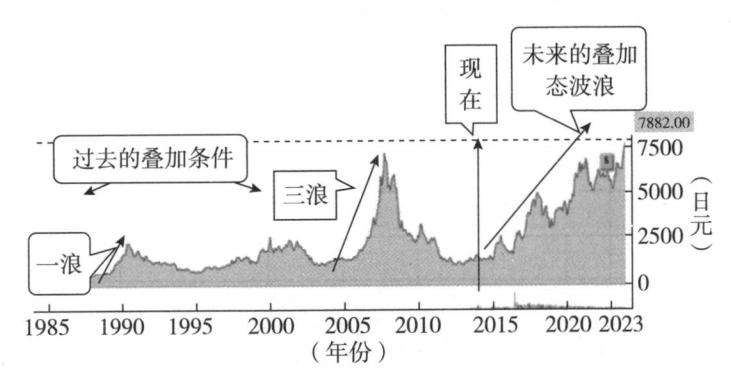

图1-18 任天堂股价波动

叠加浪运行于三浪和一浪制造的"省力空间"之中，在K线以及各类图表中反映不同领域中的情绪叠加周期，不同叠加周期中阶段性出现的"省力空间"体现了叠加态的自然形成特性。那么你会问：掌握了五浪时空结构，做股票投资岂不简单？是的，本质上就是如此简单，但是人性的弱点会让你明明知道正确的选择却偏偏不那么做。一是很少有人能够忍受跨越十几年甚至几十年的叠加周期，二是涨涨跌跌的情绪扰动会让人选择错误的方向。所以继续下去你还会发现，叠加态周期转换法则里面潜藏的人性弱点是如此之荒唐。

（3）伤心阿根廷

以经济的波动周期为例，无论对于局域性细分产业的波动还是全局性的波动，我们都可以根据叠加条件预判叠加态，并且预测叠加态之后的坍缩危机，甚至将其细分为结构性危机和系统性危机，这对企业经营发展和政府监测全局至关重要。

阿根廷是一个资源丰富的国家，凭借着优越的地理条件，阿根廷出口农产品，赚得盆满钵满。20世纪初，阿根廷人均GDP排名全球前列，高于法国等国，那个时候，人们流行说"你富得像个阿根廷人"。但是好景不长，阿根廷成为一个通胀问题频发的国家。下面借用阿根廷历史上的通胀危机曲线来说明叠加态周期结构的潜意识必然性。

以图1-19为例，当时空左侧的曲线形成叠加条件（一浪和三浪）时，就可以在2018年之前预判右侧将要出现的叠加态波浪——必然超过三浪的大通胀。把历史时空拉长，你会发现图1-19只不过是阿根廷通胀大周期中的一个小周期。

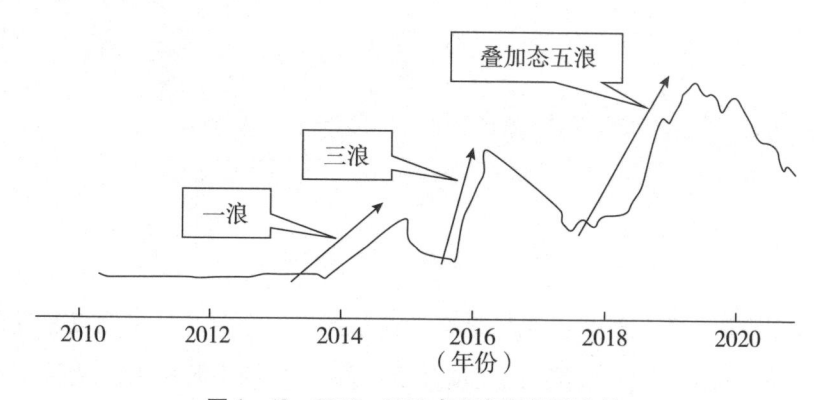

图1-19　2010—2020年阿根廷通胀走势

图片来源：TRADING ECONOMICS。

再往历史深处寻觅，1989年，阿根廷出现了严重的通货膨胀和社会动荡，陷入债务违约。

如图1-20所示，这一次通胀周期从市场构建叠加条件到形成叠加态，横跨近20年，而且叠加态波浪中的量能放大效应超出极值，通胀严重失控，这一点从曲线轻松超越一浪、三浪控制极值连线可以看出。

第二次世界大战以来，阿根廷遭遇了数次恶性通货膨胀。历史已经远去，但是还在影响现在，如上面两幅图所示，时空左侧的叠加条件形成右侧的"省力空间"，决定了叠加态的形成，因为"省力空间"意味着这是阻力最小的运动方向，就像我们骑自行车喜欢下坡一样，最终可能在疯狂的加速度中失控。

阿根廷的症结何在？在于还没有结束第二次世界大战以来构建的以通胀

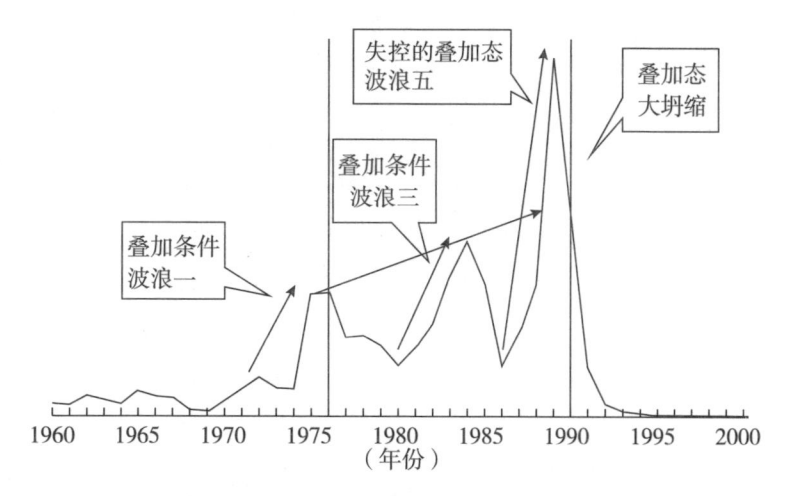

[图略]

图1-20　20世纪80年代前后阿根廷大通胀的叠加态周期结构

为主要波动的叠加态周期，只有巨大的叠加态坍缩之后，一切推倒重来，重新构建正确的叠加态周期结构，才能涅槃重生。

由此可见，无论周期是大是小，只要时空左侧存在错误的叠加条件，那么时空右侧的"惩罚行为"避无可避。这是决定论吗？一定程度上是的，因为这是由自然的力量决定的。这是因果论吗？是，又不是，是潜意识上的因果论，也是利用有意识的觉醒思维可以控制、化解量能放大效应的因果论。

美国经济学家安瓦尔·谢克在《资本主义：竞争、冲突与危机》一书中也讲述了阿根廷通胀危机的案例，并罗列了上图，但是并没有意识到波动周期的曲线运动存在叠加态结构，当然也没有根据叠加态法则来分析研究。谢克对经济的内在规律有一种直觉表述，他说，作为结果的系统性秩序是在持续的无序中通过持续的无序产生的，后者是固有的机制。试图在理论上将有序和无序分开，或者甚至仅仅强调一方比另一方重要，都没有看到其内在统一性，因而也看不到赋予这个系统以深刻模式的那些力量。然而，有序不代表最优，无序也不等同于失序。在无序中并通过无序产生的有序是一个整体，它是一种无视预期及偏好的无意识的客观力量。无论一个人是否喜欢这个结果，这恰恰是这套系统活力的根源。当然，辨识给定条件下有序和无序借以运作的特殊机制是必要的。在我看来，古典方法的伟大之处在于能用一系列数量很少的关键性原理解释大量纷繁复杂的现象。这些现象就像引力中心一样，使现实结果始终出现在它们不断变动的引力中心的周围。这就是这个体系的"动荡调节"模式，其典型表现形式为"模式循环"。

我理解谢克的直觉，就像感觉到了模糊的影像，但是不能够确定精准的答案。经济体系遵循何种精确的"模式循环"并如何进行"动荡调节"？和其他研究经济周期的经济学家一样，谢克并没有找到答案，他没有发现层层嵌套的经济周期中无处不蕴含着大自然的量能放大效应，在由时空左侧的最大叠加条件构建的系统性叠加周期的末端，非理性繁荣如同节日里绽放在夜空的烟花，令人目眩神迷，而巨大的危机紧随其后。

对于"引力中心"的概念，谢克参考了索罗斯的观点，索罗斯基于自反性理论提出了三个一般性论点：预期影响实际结果，实际结果能影响基本面，而预期又受实际结果与基本面之间差异的影响，最终结果是一个实际变量围绕其引力值不断震荡的过程。谢克这样写道：

> 由于预期会影响基本面，"引力中心"是路径依赖的。因此，未来不过是过去的随机反映，整个系统是非遍历性的。被延长的非均衡过程的存在使效率市场假说无效，而基本面对实际结果的依赖性也使理性预期的观念失效。最后，重要的是要认识到，尽管预期可以影响实际结果，但它们不能简单地创造一个现实，以证明预期是正确的。相反，"引力中心"会持续发挥调节实际结果的作用，而这正是繁荣最终会让位于萧条的原因。

谢克和索罗斯认为市场存在阶段性变化的"引力中心"，它处于相对均衡位置，吸引着非均衡的运动从萧条走向繁荣，又从繁荣复归萧条。

很显然，对于市场波动，"引力中心"是存在的，但谢克和索罗斯所表述的"引力中心"的位置是错误的，它并不在繁荣和萧条的均衡处，而是出现在叠加态周期转换的两极。

如前文所述，在正负两个方向的长叠加周期中，叠加态中的量能放大效应制造出"省力空间"，或称为"引力空间"，它指出了市场运动的最小阻力方向，这个区间扭曲了时空，制造出情绪叠加态，让大脑做出不同程度的不可逆行为，催生出非理性繁荣和非理性萧条两种极端现象，并在叠加量能释放之后相互转换。对于极端位置人们的非理性行为，加尔布雷思①有一句话说得好："这是成千上万人自由选择和决定的产物。"

所以，市场就像一块长方形磁铁，重心在中间位置，但是吸引力的极值却在磁铁的两极。

量能放大效应是危机的根源，也是创新的源泉，对此，前后文都有具体描述。正确认知叠加态法则，规避潜意识缺陷，扬其长避其短，显得迫切而又重要。

7. 情绪叠加周期的必然结局——非理性

完整的叠加周期反映了量能从无序到有序、从有序到极端的运动过程，古人云"物极必反"，这个"极"就是量能的极端，极端只有在叠加态中因为量能放大而形成。叠加态的量能坍缩后，量能开始向反方向叠加周期转换，因此称"物极必反"。

我们的大脑在负面受激因素的扰动下，负面情绪波的叠加过程就是非理性的形成过程，叠加态的最高点就是非理性情绪的最高点。

就像两个人吵架，言语不断升级，大脑接收到的一波波信息就像绳索抖出的大小不同的波浪，然后负面情绪开始线性叠加，随之传递的能量也在叠加中放大，在超出极限的一瞬间，一方控制不住万丈怒火，开始大打出手，双方相互制造伤害。

所以非理性行为的本质是情绪波的同向叠加效应，非理性的情绪化是情绪波叠加态的外在表现，非理性行为是叠加量能的宣泄方式。

这种量能的叠加态很容易让我们联想起水的沸腾现象。随着加热的进程，热能集聚，水温超过了100℃，水就无法保持液态，进入变为气态的量能释放状态，这种状态的改变也是性质的改变。所以，尽管每一次情绪叠加的高点都会产生情绪化，但并不是每一次情绪化都会产生失控行为，生气与失控之

---

① 约翰·肯尼思·加尔布雷思，美国经济学家，著有《1929年大崩盘》。

间存在距离。只有当叠加态的量能放大到超出大脑的控制范围时，失控行为才会发生，此时，处于"超能力"的叠加态就具备了破坏性。

大自然追求经济性，所有行为都遵循最小作用量原理，我们的大脑也会在最经济的量能环境中保持平静而理性的工作，这和我们的体温恒定在36.5℃附近是一个道理。<u>只要出现情绪干扰，情绪波传递的量能增加，大脑就会潜意识地释放这些超出常态的量能。</u>

任何信息都可能扰动情绪，大脑会及时对情绪波挟裹的量能加以处理，所以我们在听到快乐消息时会喜形于色，在忍俊不禁时会哈哈大笑，在心酸悲痛时会痛哭流涕，在生气时会发火摔东西，在争吵时会提高分贝数。这些表象的背后是大脑在通过行为释放超常态量能，属于大脑的潜意识本能。

我们在突然面对重大场合而且必须发言时可能会紧张激动、结结巴巴语无伦次，跟我们平静时的表现大相径庭，那是因为我们没有有效控制住情绪。我们在知道将要当众发言时就有紧张情绪，在现场表达时紧张情绪开始叠加，情绪波传递的巨大量能让大脑无暇他顾，只能通过面红耳赤和紧张发抖释放超出常态的量能，释放之后，量能回归常态，大脑才会重新恢复理性和平静。大脑没有错，错在我们无意中接受了情绪的肆意扰动。

以上是生活中我们每个人都会经历的不同级别的叠加态，其叠加的量能也许只是稍稍超出常量，大脑就会通过行为表现释放，那么，当情绪的叠加态达到"超能力"状态时，大脑会怎么做呢？

当叠加态的量能放大达到"超能力"状态，超出了大脑的控制范围，大脑就会感觉到危险，此时大脑会放下一切，优先为巨大量能寻找出口，因为释放量能的任务压倒一切，所以就会出现极度失控的非理性行为。叠加量能的释放就像钱塘江奔涌的潮水叠加在防波堤上溅起巨浪。

当情绪波浪制造出叠加态，并且叠加态的量能超出自身的掌控极值后，大脑基于自我保护的本能，会不顾一切地释放量能。也就是说，大脑释放超常态量能的保护行为压倒一切。而且叠加的量能超出大脑的掌控极值越多，释放的过程就越长，破坏性也就越大。量能释放回归常态之后，大脑才会恢复理性和平静。

人们常说冲动是魔鬼，魔鬼却难以驱除，它深深隐藏在人性的弱点深处，只要叠加条件具备，它就会冲出来制造伤害。所以人性不是无界之地，极值边界一旦逾越，行为就会失去理性的控制。

生活中的极端非理性行为就是叠加态量能达到"超能力"后大脑释放量能的必然路径。负面的情绪叠加态制造消极和愤怒，正面的情绪叠加态制造兴奋和激动，方向虽不相同，但是只要超出控制极值，就会出现相同的结果——破坏性，所以人们常说怒极伤身、乐极生悲。

情绪控制极值，就是理性与非理性行为的临界点，一旦超出临界点，行为的性质就会发生质的改变。

<u>大脑的正确导致了行为的错误，这就是人性中最大的弱点。</u>

那么，如何避免叠加态的形成？

从根本上来说，这难以避免，因为具备叠加条件后，叠加态总是会在潜意识中形成。

8. 潜意识让我们看不透自己：潜意识叠加与潜意识释放

既然叠加态法则中存在可利用的确定性，如果被认知，那么右侧的确定性事件还会必然发生吗？难道人们不会利用其趋利避害吗？物理学家费曼先生也思考过类似的问题，他写道：

有那么一些占卜算命的人，就是那些自言能够预知未来的人，假设真有这个能力，就会生出自相矛盾的事情来，因为，假如我们知道某件不好的事情将要发生，那么我们肯定能够在适当的时间采取适当的措施来避免它。可是，实际上没有任何人能够告诉我们在任何合理的范围内此时此刻正在发生什么事情，因为那是不能观测的，我们可以向自己提出这样一个问题——假如有可能预知未来时空中发生的事件，这会产生什么自相矛盾的事情吗？[①]

根据叠加态法则，费曼先生的假设确实存在，我们可以根据叠加条件确

---

① 参考《费曼讲物理相对论》，R. P. 费曼著，秦克诚译，湖南科学技术出版社出版。

定时空右侧的大概率事件，而对此不利的一方获知后也确实能够采取适当的措施来避免，当然，前提是观察事件的双方都处于严格意义上的绝对理性的状态。

这能够做到吗？当然不能，因为观察者也会因为对方的反应而处于情绪的叠加态之中，那么其行为也会处于概率振幅 ψ 的绝对值的平方之中，也就是说，人们会处于顺应叠加方向的"省力空间"之中，最终必然遵循叠加态法则行事。

即使人们知道了将要发生的事件，当事件发生的概率处于极大值的时候，量能放大效应会驱使事件的主体遵循叠加态行事，做出不可逆行为，哪怕这件事是错的。有点诡异吧？当我发现这一点时同样惊出一身冷汗。接下来我们可以从人性的缺陷——潜意识中找到原因。

潜意识，心理学术语，是指人类心理活动中不能认知或没有被认知的部分。著名的瑞士心理学家卡尔·荣格说过："你的潜意识正在操纵你的人生，而你却称其为命运。"这句话简直是至理名言。

(1) 潜意识的叠加

潜意识究竟是如何形成的？对此哲学家和心理学家并没有给出令人信服的解释，大多将其归因于意识的反复刺激，这没有错，但不精准。想得到精准的答案，就要回到叠加态的自然形成特性——只要具备叠加条件，叠加态就会自然形成。

想象一下，在广袤的海洋上，叠加条件就像风暴里不停涌动的水波，只要两个或者多个波具备叠加条件，相遇叠加，就会激起大浪，甚至滔天巨浪。当大脑接二连三地接收到信息时，其中符合条件的信息扰动会像之前演示的绳波一样自然叠加，自然形成特性构成潜意识或无意识主体，因为能自然形成所以无声无息，难以察觉。比如，我们听到一个比一个更好的消息后会欣喜若狂，而听到一个比一个更糟的消息后会极度失望，我们接收信息后的不同表现就是潜意识本能，我们的反应是外在的，但与此同时，"后台"启动了一套程序——完成信息的叠加周期和指导量能释放行为。

<u>潜意识就是叠加条件自然形成叠加态和大脑优先释放超常态量能的生理</u>

<u>本能行为。我们能感觉到叠加时量能的瞬间放大，因为优先释放超常态量能属于大脑的生理本能，所以随之的行为表象具有一定的不可逆性。</u>

比如，别人再三激怒我们，大脑就会基于记忆条件对扰动信息自动叠加，叠加态放大量能。因为大脑要立即释放量能，怒火升腾，我们决意报复。前面已经证明，叠加态具有强大的量能放大效应，这就是我们有时会感到一种突如其来的情绪而无法控制的原因，对此，相信每个人都曾经感同身受。

在我们大脑中留下深刻记忆的事情都是过去的信息叠加出的极值点，比如关于童年和故乡的记忆。大脑存储无数的极值点，每个极值点包含了上一个叠加周期的所有信息，当极值点受到新的信息刺激，或者再次叠加，就催生出潜意识本能。比如，很多人突然见到蛇和老鼠都会大惊失色，随之用肌肉收缩或惊叫来释放叠加量能，记忆中的恐惧和现实中的恐惧叠加，叠加态自然形成于一瞬间，恐惧的程度反映了放大的量能。这就是心理学家常说的无意识本能或者潜意识本能，它在无声无息中掌控着我们的行为。

每一次潜意识反应都是一个完整的叠加周期，记忆中的和新的信息扰动形成叠加条件，符合要求的叠加条件自然配对形成叠加态。"叠加态自然形成—量能随之放大—大脑无条件释放多余量能"，这种行为法则牢牢掌控着我们的外在表现，所以叠加态周期结构无缝链接构成潜意识的基本链条。

每一天，我们都会接收无数新的外在信息，对某个人、某件事，大脑都会遵循叠加态法则自动处理，符合条件的自动叠加、巩固或改变旧的叠加方向，形成新的极值点，所以我们在潜意识中就有了对新信息更坚定的和更新的看法。

从我们出生开始，日复一日，大脑在不断采集各种信息，符合条件的线性信息经过叠加态周期"加工"后"存储"，这样我们就潜意识地叠加出无数的记忆极值点，这些极值点由不同的叠加条件形成，经验的或教训的、快乐的或痛苦的、正确的或错误的，形成我们的留存记忆和固有观点，左右我们对事物的认知和处理方式。

在情绪控制的极值点位置，有意识和潜意识互为两面、方向相反，比如，我们会有意识地锻炼身体，也会在潜意识的指引下纵情吃喝；会有意识地教育别人，而自己却在潜意识中犯同样的错误；医生告诫别人吸烟喝酒会伤害身体，但吸烟喝酒的医生却有很多。我们会总结错误，但也会经常再犯同样的错；理性的时候我们知道正确的方向，但是潜意识却把我们拖进习惯性行为的深渊。理性只是正确的方向认知，而潜意识中的情绪极值掌握着我们的质变"温度"，最终控制着我们的行为方向。所以我们经常说一套做一套，说的是理性的正确认知，做的却遵循着潜意识的错误引领，所以说，最大的敌人就是我们自己。

为什么会这样？因为在漫长的成长过程中，因为错误的环境因素早已形成，成为错误的和习惯性的叠加条件，比如吸烟、喝酒、熬夜、拖延等，当它们被触碰唤醒再次叠加，冗余量能只能让大脑去选择原来的释放方向，所以我们才会无数次地重复错误行为，才会形成习惯，才会知易行难。

当潜意识开始叠加的时候，量能的放大让大脑措手不及，它会指示我们的行为遵循量能的释放方向而不一定是正确的方向。当我们受到诱惑的时候，就是我们跟自己的潜意识决斗的时刻，比如是选择游戏玩乐还是静心学习，我们总是很矛盾，会产生心理斗争，如果此时诱惑力度加大，比如有朋友力劝说一起玩游戏，叠加态携带的量能增加，一旦超出控制范围，大脑就会迫使我们臣服于诱惑，虽然我们知道学习是对的，但我们还是做出了错误的选择。

所以我们经常在理性的时候反思自己，而会在潜意识中一错再错。我们明明知道东边是正确的，但却走向了西边。

对所有生命来说，最重要的极值点会潜意识地根植于基因深处，一代代遗传下去，比如生存和繁衍本能。生存和繁衍本能是所有生命的潜意识本能，所以动物会为了领地和交配权大打出手。生存和繁衍是动物生命周期转换中最重要的极值点，这个极值点历经无数代叠加，深深刻在潜意识深处，形成束缚动物一生的最高行为指引。

更多的极值点属于后天叠加而成的，成长过程中接触的信息影响了性格的形成，这些记忆极值控制了思考和行为的潜意识方向，最后形成了不同的惯性叠加方向。若潜意识中的叠加方向是正确的,那么唤醒后会继续正确;若潜意识中的叠加方向是错误的,那么唤醒后会继续错误,这就形成了性格中的好坏之分。

人们对同一个问题经常会产生不同的观点,这是因为在潜意识的情绪叠加周期中,因为经历的不同,个人大脑中存储的叠加条件不同,量能的叠加方向自然不一样,同一方向中又存在极值点的高低,所以争吵中极值点低的人会先情绪失控。

我们常说本性难移,本性就是个体或群体行为的"省力空间",在这些无所不在、方向不同的"省力空间"的作用下,我们对同一件事会潜意识地形成不同看法,这些看法左右着我们的行为方式,这种行为方式是行为表现的最小阻力方向,而且潜意识叠加的难以察觉,导致个体或群体看不到自己行为的原因。我们看别人很固执,别人看我们同样不可理喻。因为叠加方向对意识的控制,双方都认为自己很正确。

从小到大,随着极值点的增多,我们逐渐形成了一层潜意识外壳,当我们无法突破它的包裹时,我们就会被压制在意识阈值之下难以逃脱,无数次复制原地转圈的行为模式,被本性困守一生,而且别人很难理解我们的短处和不幸。

当这层感性的潜意识外壳被触碰,新的叠加态就会形成,就会一次又一次地导致大脑的正确与行为的错误。所以潜意识让我们的大脑充满偏见,反向地蒙蔽自己。这时,清醒的旁观者总是说:"这个人的老毛病又犯了。"

当我们肆无忌惮地听从自己的潜意识行事时,经常会走弯路,犯错误,因为这些情绪周期的极值点让我们远离了理性。一个平常很理性的人有时候也会表现得非常固执,会执拗地做出一些违背自身利益的事情。我们难以打开心门,潜意识的极值点构建出无形的意识枷锁,让我们的所有行为都带着过去的影子。我们偶尔会在酒精等刺激的助力下突破封锁、敞开心扉,别人会感觉我们像换了一个人,但是清醒之后又重新上锁。我们的行为模式形成了在他人心中的固有印象,身边的人对此习以为常,他们会说:"你就是这样的人。""我就知道你会这样。"

对任何事物，潜意识中的极值点决定了大脑的认知边界，一旦触及边界，潜意识就会自动唤醒，产生条件叠加的潜意识本能。大脑以释放超常态量能为优先选项的行为形成潜意识本能（或无意识本能），作为行为指针掌控着我们的人生，我们在潜意识下的行为表现构成人性。

（2）潜意识的释放

根据波的叠加原理，叠加方向就是量能的释放方向，也就是下一步行动的最小阻力方向，就像使劲把一个气球吹过极值，那么它的爆裂方向就是原来能量波的叠加方向。所以根据情绪波的叠加方向可以准确判断量能的释放方向。

孩子想得到玩具，你没有满足他，他就会哭闹，而你又不胜其烦，随着扰动的升级，此时你和孩子的情绪都在叠加，随之传递的量能也在叠加，最后，你在气急的时候发火了——在叠加态的最高点打了孩子，而孩子也在挨打后达到情绪叠加态的最高点，号啕大哭。

这个稀松平常的事件背后就是双方量能逐渐叠加和非理性释放的过程，你的叠加量能在打孩子中得到释放，孩子的叠加量能在号啕大哭中得到释放。叠加量能的释放也有其过程，所以你打完孩子后还是气呼呼的，孩子在号啕大哭之后还会抽抽噎噎一阵子。

大脑在不同的情绪量能干扰下发出的指令不同。当我们每天晚上回首一天经历的时候，总会发现几件处理欠妥的事情，而且大多数处于我们轻度情绪化的时候，因此可以说，当我们的大脑中存在超出常态的量能时，我们的考虑总不如处于平静时来得周全，所以我们常说：当局者迷，旁观者清。

大脑的行为准则就是必须释放超出常态的量能，就个体而言，大脑对冗余量能的掌控极值和释放方式构成了人性的生理基础。

在快节奏的高压生活中，经常出现的不顺心、不如意会形成负面情绪的累积和叠加，所以人们有时会无端发火、情绪崩溃，这是大脑潜意识中释放量能的方式。对此，人们大多会选择良性的量能释放方式——听听音乐，看场足球，与朋友小聚、互相倾诉，喝点儿小酒，旅游，运动，等等，这些都可以释放冗余量能形成的压力。

优秀的文学、音乐、影视作品中都善于制造跌宕起伏的情节以及出人意料的反转，因为这种手法极容易制造人们感官上的情感叠加，叠加态汇聚了受众的量能，人们又在量能的释放过程中感到快乐和享受。不能制造出情感叠加态的作品必定是平庸的作品，比如钢琴曲，如果用一个音弹到底，就算是肖邦来弹，也会被认为是噪声。

广受欢迎的足球运动更是如此，符合预期、没有起伏的比赛过程让人昏昏欲睡，因为没有形成球迷情绪的叠加态，只有战况此起彼伏、悬念迭出，特别是结局上演出人意料的大反转，这样的比赛才精彩。获胜一方的球迷就会瞬间陷入疯狂，因为情绪波的叠加态接近极值，大脑会用极度兴奋的尖叫、拥抱、流泪的方式来释放瞬间超出常态的量能，有些球迷甚至会彻夜狂欢；而惜败一方的球迷会情绪低落，甚至做出非理性的量能释放行为。

大脑必须释放超常态量能，大脑释放超常态量能的过程就是大脑变得轻松的过程。如果一个人在负面情绪叠加的过程中，叠加的量能长期得不到释放或者找不到释放的出口，那就无法恢复理性和清醒，大脑就会为超常态的量能所困，发出焦躁且混乱的信号，人就会陷入找不到方向和封闭的忧郁状态，人们常说的"想不开"就是情绪的叠加量能找不到释放出口的表现。

如果这种量能进一步叠加出超越极值的"超能力"，大脑就会因为无法释放量能而发出绝望的信号，那就等同于"能量爆炸"，导致个体做出极端行为。

9. 真正的情绪陷阱：大脑的正确导致行为的错误

大脑会顺应叠加方向集聚量能，在经过"省力空间"的加速后向叠加方向释放，大脑不会管这个方向是不是正确，反正最要紧的就是先释放能量。

电信诈骗行为为什么会屡屡得手？因为诈骗者利用了人性的弱点，他们冒充公职人员，借助公信力制造出紧张和恐慌情绪来扰动目标的情绪，并通过逐步增加事态的严重性来持续加强扰动，连续制造线性叠加条件，直到其顺应"省力空间"形成"超能力"的叠加态，这时受骗者就会彻底失去理性，乖乖接受诈骗者的摆布，听不进旁人的劝说，这是因为大脑需要立即找到释放超常态量能的方式——按照诈骗者的指示迅速解决引发担忧的问题。只有引发量能积聚的问题解决，高压量能被释放，大脑才会感到轻松。

旁观者会认为受骗者当时是不是被"精神控制"了，但当事者的大脑却认为释放掉超常态量能就是当下最大的正确，大脑正确的生理反应导致了现实中的错误行为。

由此可见，在一个完整的线性的情绪叠加周期中，扰动我们情绪的叠加条件本来是现实中的信息映像，但是在接下来自然形成的叠加态中，因为突然增加的波强，这种信息映像在叠加方向上得到了不同程度的扭曲和放大，在大脑接受的扭曲映像里，量能叠加是主因，意识错乱是表象，顺应叠加方向释放量能就成为大脑的第一行为指引。

<u>在情绪叠加到"超能力"程度后必然出现的非理性行为，才是真正的"情绪陷阱"。</u>

<u>所以，当情绪被反复扰动并产生叠加的时候，理性就会等比例消减；当叠加态超出控制极值时，理性则会彻底消失。</u>人们只有经常接受告诫，有意识地避开情绪的扰动，保持大脑的常态量能，才能做出真正理性的判断。

10. 大脑的潜意识本能影响人生

爱因斯坦在一段话中表达了他对决定人类行为的未知力量的疑惑，他说，人类比马更容易受到各种信息的影响，每个阶段都由情绪支配，结果就是大多数人都看不到统治自己的暴君究竟是谁。

符合条件的自然叠加行为构建了潜意识，潜意识挥舞着量能大棒，成为决定人类行为的关键隐变量[①]。

潜意识中的极值高点决定着我们的认知极限和行为方式，形成一个雕塑框架，把一个人塑造成具有固有行为特征的"我就是我""你就是你"——

---

① 隐性的影响发展变化的因素。

此时让你勇敢，彼时让你怯懦；此时让你痛苦，彼时让你快乐。随着认知的进化，潜意识具有伸缩性，但是无论如何挣扎，我们都无法摆脱情绪叠加周期的包裹。

经典文学影视作品是生活场景和思维意识的再现与延伸，陀思妥耶夫斯基在名著《罪与罚》中描述了穷大学生拉斯柯尔尼科夫为生计所迫，冲动杀死放高利贷的老太婆阿廖娜和她的无辜妹妹丽扎韦塔的悲剧事件，经历了一场内心痛苦的忏悔后，最终投案自首被判流放西伯利亚。拉斯柯尔尼科夫为自己冲动的非理性行为受尽了惩罚，一次失控行为毁了他的一生。现实生活中，这种现象造成的悲剧事件比比皆是，这都是拜叠加态的"超能力"所赐。

吵架中的每一次叠加态都会令人火冒三丈，但不一定会失控，比如夫妻吵架，并不是每次都会无法收拾，争吵的过程伴随着量能的释放和叠加，当事件升级，量能叠加的速度大于释放的速度，量能叠加制造的"超能力"超出一方的控制范围时，失控行为才会发生。

就像一方说："我的忍耐是有限度的！"

生活中，如果家庭和谐、父慈子孝、兄友弟恭，那么这个家庭就会处于积极情绪营造出的温和叠加态中，让人感到幸福和快乐；如果读书研习气氛浓厚，那么这个家庭的量能就会向偏向理性的方向释放，子女会更容易形成理性的叠加态，在学习和工作上取得成就。反之，如果家庭成员互相怨怼、争吵不休，把量能浪费在负面情绪的波动起伏之中，那么这样的家庭就会远离理性，甚至会毁了子女的一生，因为子女会基于记忆把这种负面情绪传递的量能积存于脑中并且负面释放。

你能给孩子大脑中制造出什么样的叠加条件，你就会得到什么样的孩子。如果你要成就一个孩子，就要润物无声地巧妙引导他进入积极的叠加态周期，要多赞许、多肯定，在糟糕的时刻帮助孩子慢慢树立信心。反之，如果言语或行为方式不当，就会无意间毁了孩子，孩子会形成负面的叠加态周期，会潜意识抗拒你，认为你说的都是错的，并且变本加厉，反方向地释放量能，这时你要明白，这种量能的堆积是因长期不当的言语行为扰动而产生，方式不当的好心好意造成了负面的结果。

因为大脑的记忆特性,叠加态集聚的量能具备跨时空传递的特点,会针对特定目标的行为持续叠加,而且目的达到之前,集聚量能不会消散。

在大仲马的《基度山伯爵》一书中,主人公唐泰斯受人陷害,在牢里度过了14年暗无天日的岁月,唐泰斯誓要报仇,寻机出狱后设计使几个仇人先后受尽折磨而死,最终报仇雪恨。情绪量能释放之后,唐泰斯认为上帝想要他做的一切都已经完成了,最后远走天涯。

这类正义的复仇题材总能引起人类情感的共鸣,因为每个人的生活中似乎都存在或大或小的爱恨情仇,容易引起观众跨时空的情感叠加,这种跨时空的情感叠加也会形成轻度的超掌控能力现象——被感动得泪流满面也是情感叠加后的能量宣泄。

在这个复仇故事中,唐泰斯之所以能够坚持下来,做出常人不能及之事,是因为强大的复仇信念、强烈的仇恨情绪制造的"超能力"叠加态支撑着他,这是一种空前巨大的量能,在等待和寻机复仇的过程中,所有遭受的苦难都会再次叠加,而且不管多长时间,这种叠加态的量能必须找到出口释放。以复仇为载体的量能释放行为就成了大脑的优先选项,此时对其他任何诱惑大脑都会不屑一顾,一切行为都只为达到复仇目的。

在元好问的小说《续夷坚志》中有一个戴十妻梁氏的故事。

戴十,以给人干活为生。一天,一名通事在豆田里牧马,戴十去赶马,触怒了通事,通事用马鞭打死了戴十。戴十的妻子梁氏抬着丈夫的尸体到营里告状。通事是高官显贵人家的家奴,主人很器重他,就拿出两头牛、一块白金,送给梁氏来替通事赎罪,而且劝说她:"你丈夫的死也是天命。你的两个孩子都还小,拿了钱可以维持生活,就是把通事杀了,对死者又有什么好处呢?"梁氏说:"我的丈夫没有罪而被害死,怎么能用利益说事呢?只要让这个家奴抵命,我们母子要饭也心甘情愿!"众人无论如何也改变不了她的主意,就对她说:"你难道要亲自杀这个人吗?"梁氏说:"有什么不敢!"于是拿起刀,准备自己去砍杀他。众人惊惧于这个妇人的胆识和气节,转而憎恨通事所为,不等命令下来,就杀死了他。梁氏捧起仇人的血喝了,领着两个孩子走了。①

在这个故事中，民妇梁氏对金银的诱惑嗤之以鼻，复仇的决心山岳难撼，只要报仇的目的达到，其叠加的巨大量能就会瞬间彻底坍塌释放，大脑对行为的束缚就此终结，人也就得到了解脱。

到这儿还没完，我们再来分析一下众人的态度转变。众人的态度变化同样是情绪叠加后大脑释放量能的表现。起初，因为通事和死者的身份差别，众人虽也憎恶通事犯法，但还是有偏袒之心，以为多赔点钱就可以轻松了结，情绪上并没有过大的波动。但梁氏如此轻视钱财和坚决报仇的举止完全出乎众人意料，众人不由得对梁氏刮目相看，心生敬畏，这就极大地扰动了众人的情绪，这时众人的情绪就开始与之前憎恶通事的情绪叠加，形成叠加态，并最终顺应了叠加量能释放的最省力方向——处死罪犯。

可以说，梁氏大义凛然的气节和表现扰动了具有陪审团性质的众人的情绪波浪，并制造出众人情感上的叠加态，最终诉求得到了众人的支持。反之，如果梁氏委曲求全，则众人的情感就不存在叠加态，罪犯就会逍遥法外。

现实生活中，在深谙情感之道的律师的打动下，陪审团经常会推翻之前十分确定的看法；在商业谈判中，如果能分析获知对方最在意最担忧的关键点，并以利害扰动对方，就会达成对己方有利的结果。这说明了一点，当一方成功制造出对方情感上的叠加态，对方就会接受他的观点，甚至被情绪叠加态的"超能力"所控，落入情绪陷阱，就相当于被完全征服。

鬼谷子在《捭阖》中言道："捭阖之道，以阴阳试之。故与阳言者，依崇高；与阴言者，依卑小。以下求小，以高求大。由此言之，无所不出，无所不入，无所不可。"对此可以理解成每个人的本性就是固有的叠加条件，根据其原来的叠加条件施以捭阖之道，见什么人说什么话，就能让对方形成叠加态，最终达到自己的目的。所以鬼谷子的高徒张仪、苏秦皆能言善辩，巧舌如簧，纵横六国。

---

① 参考《古小说选》，蒲载选注，长江文艺出版社出版。

几千年来，情绪波的叠加态参与制造了人世间所有的爱恨情仇，它让历史和人生跌宕起伏、千姿百态。生活中的非理性情绪总会轻易被别人触发，基于自私的本性，人们都会期望拿走好的东西，这就极容易损害别人的利益，为形成负面情绪的叠加态创造了条件。所以，一些极端自私、损害他人的行为也在为损害者制造招致报复的叠加态，当这种负面情绪的叠加态超出被损害者的忍耐极值，报复行为就必然发生，所以历来有"善有善报，恶有恶报，不是不报，时候未到"之说。而另一句古话"多行不义必自毙"更是恶性叠加超出极值后必遭灭亡的千年古训。

对于积极情绪和消极情绪两个相反的方向来说，过度的叠加都会产生非理性行为，所以理性处在被非理性包裹的狭窄空间之中。叠加态会形成习惯性叠加箱体，有的人动不动"火大"，暴躁易怒，有的人温文尔雅，很少生气，这是因为每个人的大脑对量能波动的掌控极值不同。掌控极值高，就能忍常人所不能忍，轻易不发火；掌控极值低，叠加态就会轻易达到"超能力"，人就会容易呈现出暴躁易怒的非理性状态。

所以，大脑对叠加量能的掌控极值深深影响着我们的性格和人生。

只要叠加态的量能突破大脑的掌控极值，就超越了个体忍耐的极限，这时个体就会做出失控的非理性行为，只是基于个体的特异性，每个人理性掌控力的极值不同而已。也就是说，当叠加态达到"超能力"的时候，任何个体都会做出程度不同的不可逆行为。

在人性的这一点上真是人人生而平等。

以上举例在生活中司空见惯，愤怒的形成过程都可以用基本的线性叠加结构来揭示，如果有足够精确的数据来实时跟踪一个人的内在情绪变化，就像描画股票运动的 K 线一样，我们甚至能精确量化这个人的情绪极值点，预测一个人的失控行为何时出现。打架斗殴、战争冲突，都是个体或群体的情绪叠加超出控制极值所致，由于潜意识的形成原理，我们可以像旁观者一样监测别人的情绪，却不能在任何时间段都有意识地监测自己。

因为叠加态的自然形成特性，当潜意识捉弄我们的时候不会打招呼，潜意识依据记忆中的固有叠加条件形成，所以我们按照自己的方式开心、失望、愤怒、失控，我们在潜意识的指挥下过着程式化的一生。

如果我们能打开大脑，修改记忆中错误的极值点，改变叠加条件，那么我们就修改了潜意识本能，我们就会改变性格，过上另一种人生。

因此，人类的潜意识本能存在缺陷，在大脑的潜意识本能中，量能的均衡就是一切，所以人类是情绪的奴隶，如果控制不了情绪，那我们每天都会犯错，只有了解并掌握了叠加法则和量能释放规律，我们才能在有意识的时候成为情绪的主人。

所以，面对不可避免的情绪波携带的量能，我们既要坚决阻止超越控制能力的叠加态的形成，又要懂得合理释放负面量能。

（三）量能放大效应是形成非理性行为的根本原因

1. 群体心理形成的背后是群体情绪波的叠加态

叠加态的"超能力"现象可以让一个人失控，同样可以让一个群体失控，这正是历史上群体性事件频发的根源。

在多种受激因素的同向扰动下，情绪波会形成多重叠加与反复叠加，这种叠加态更容易达到"超能力"程度。非理性情绪的多重叠加与反复叠加会引发重大的非理性事件，而且释放时间更长，破坏性更大。

古斯塔夫·勒庞在《乌合之众》中对群体心理和群体情绪有极为细致的描写和总结：

群体中的成员，无论是谁，无论生活方式多么迥异，也无论什么职业、什么性别、什么智商，只要他们是同一个群体，就会拥有同一种情感取向——群体心理。

群体容易因情绪传染而产生从众行为。无论如何高明的专家，一旦受困于群体意识，必然沦为平庸之辈。群体品质的叠加只是愚蠢的叠加，真正的智慧早就被群体的无意识品质淹没了。

相互传染的情绪决定着群体的特点，决定着群体行为选择的倾向以及群体接受暗示的倾向。传染是否存在很容易确定，但要解释清楚传染如何影响群体并非易事，我们必须把它视为一种催眠方法。在群体中，每种感情和行动都具有传染性，其程度之强，足以使个人准备好随时为集体牺牲自我。被群体情绪传染的人，会感觉自己拥有前所未有的强大力量。人类的群体情绪可以创造历史。

群体是感情的傀儡、刺激因素的奴隶。理性的个人有趋利避害的本能，而群体会表现出不计名利和视死如归的精神。群体容易被极端情绪所左右，能够产生无限的狂热和激情，绝大多数时候，这种狂热和激情都处于非理性状态。群体情绪只会干两件事——锦上添花和落井下石。

一切文明的创造者都是群体，人类历史上的任何重大事件中都有群体心理的"阴影"出现，不管是过去、现在还是将来。

勒庞在《乌合之众》中列举了大量实例，详细描述了不可理喻的群体心理。在群体决策失败的时候，不仅群体会疯狂，极端情况下叠加范围扩大，产生共振现象，最后整个国家都会疯狂。

为什么群体心理会这样匪夷所思？既然事物总是沿着阻力最小的方向运动，我们就可以倒推其原因，这种非理性的群体行为顺应了阻力最小的方向，那就说明存在"省力空间"，而"省力空间"只有在叠加态中才能够形成，叠加态是以叠加条件存在为前提的必然产物，所以由此可知，极端的群体心理是情绪叠加周期末端的必然产物，而叠加态是否接近"超能力"或达到"超能力"决定了极端行为的程度不同。

我们在梳理历史事件时会发现很多群体事件在发生之前早已草蛇灰线，伏脉千里，已经产生了很多小级别的非理性情绪事件，这就是所谓的"事出有因"，这些小级别的非理性情绪在群体中传播，跨时空叠加成更大级别的非理性情绪，最终制造出难以控制的狂热事件，这种狂热一旦形成则势不可当，这就是一个完整的情绪叠加周期。这种非理性的情绪化的叠加态一旦达到"超能力"程度，无论表现在哪个领域，都会制造出危机。

生活中，这种非理性的群体心理行为距离我们并不远，经常以不同形式表现出来。2011年日本大地震引起的海啸、核辐射等危机一波波扰动情绪，在中国引起恐慌，一条"吃碘盐可以防辐射"的谣言迅速流传，引发了荒唐的抢盐事件。

你会发现，只要出现大幅的情绪扰动，就会首先在一些个体中叠加出非理性行为。旁观者先嘲笑这些行为，而随着叠加态扩大共振，最后通常会潜意识地加入其中。所以说在情绪叠加周期的极值点，大脑只顾着顺应叠加方向释放量能。

质变之前先有量变，量变后的叠加态超出阈值，就会引发质变。历史上有巨大影响力的政治人物，至少具备以下两个特征中的一个：一是善于制造扰动使群体走进、形成叠加态，二是能够引导群体认清、走出叠加态。

勒庞也认为是无意识本能支配了群体情绪，处在"超能力"叠加态中的群体会做出任何不符合自身利益的事情，而且义无反顾，不可战胜。所以说非理性情绪的多重叠加态制造的"超能力"现象是形成非理性群体行为的根本原因。

历经信息的传递和接收，群体的情绪波的波动和叠加方式与个人无异。从这个意义上来讲，由于对人性弱点形成机制的认知缺失，人类的非理性群体行为完全是作茧自缚。非理性情绪遮挡了人类本该穿透人性弱点的目光，限制了理性思维的活动空间，"超能力"的破坏性使人类在反复的量能释放——破坏与重建中周而复始，局限于狭隘的对耗箱体之中而不自知。

<u>人们远远没有意识到潜意识本能的负面性：无论是个人还是群体，当处于叠加态的极值点时，量能的释放方向顺应情绪的叠加方向，大脑的正确会导致行为的错误，这就是人类群体会周期性产生极端非理性行为的原因。</u>

<u>我们无时无刻不处于各种级别的情绪叠加周期之中，当处于这些叠加周期的极值区域时，就是人性中的至暗时刻。无论对于个体还是群体，经济还是历史，所有极端行为表象的背后都潜藏着量能的叠加。</u>当我们理解了其中的叠加态原理，我们就会明白有些历史事件无论在事后看来如何不可思议，叠加条件早已决定了其必然发生。如果我们能画出表达这些叠加条件的类似

股票 K 线的数据图表，我们甚至能预测群体事件的发生。

鉴于叠加态达到"超能力"的破坏性和失控性，无论是个人还是群体，都要意识到监测和规避非理性情绪叠加态的必要性。要根据叠加态的形成规律，有意识地及时提醒自己避免情绪升级，从主观上掌控或改变自身的"潜意识本能"缺陷，适时疏导，理性消除即将形成的叠加条件，这样可以避免很多悲剧事件的发生。

2. "超能力"现象会产生链式反应

每个人大脑对量能的掌控极值不同，叠加态和"超能力"的形成条件也就不同，量能释放的方向也不一样，这就造成了人性的不同。自古就有人性善恶之分，善和恶都是个体的潜意识量能释放的方向，也是量能的叠加方向。

也就是说，在我们意识不到的地方，大脑自有一套根据掌控极值释放冗余量能的方式方法，所以当出现相同的信息扰动时，不同的个体有不同的反应，不同的群体有不同的处理方法。

如果一个人动不动就容易情绪激动，那么非理性的叠加态就会在潜意识中包裹着他，使他在生活中远离理性，对此，心理学上称为冲动型人格。为什么呢？因为叠加态的量能大于常态，那么大脑就会把释放多余量能的任务作为优先选项，所以具有冲动型人格的人就陷入了难以走出的缺陷循环：择机释放叠加态量能—释放的结果因对方的反击产生负反馈，导致再次叠加—再次择机释放叠加态量能—再次叠加……

稻盛和夫说过，观察你的周围，所有动不动就生气的人，没有一个是智者，生活过得一团糟。永远不要气愤，所有的气愤都是愚蠢的，智者心里只有一件事，那就是解决问题，解决不了换一种方法再试也不要被情绪带偏。

情绪叠加原理证明此乃智慧之言。

具有缺陷型人格的行为表现类似太阳中的核聚变链式反应[①]，反应的中间

[①] 链式反应是一种体系自我支撑的循环反应，上一步的反应生成物可引发下一步反应，太阳中就存在核聚变链式反应，所以才能持续照射地球几十亿年。

产物是消减和增加的量能。

与现实中波浪叠加后的回落无痕不同，因为大脑的记忆特性，非理性情绪的叠加态经常会跨时空再次形成，当一场冲突结束后，就会留下记忆的痕迹，量能虽然被暂时疏导和压制，但是并没有消失，只是暂时从极值处回落，只要再次触发，量能就会随时集聚，所以才会"冤家路窄""仇人见面分外眼红"。当情绪已经处于忍耐的极值附近，只要稍有挑逗的火星，就会迅速点燃叠加态的"超能力"，再次爆发激烈的非理性冲突。而且新的冲突记忆又会跨时空存在，这就形成了负面的"超能力"的链式反应：能量叠加—择机释放—再次叠加—再次释放……

同个体一样，当群体情绪的多重叠加态制造出"超能力"现象后，释放能量也是第一选择。群体释放能量的方式影响着历史，如果一方释放能量的方式制造出对方的"超能力"叠加态，那么就会形成链式反应，群体之间就会走进"冤冤相报何时了"的循环怪圈。

人类历史上没完没了的战争冲突，家族、宗族和种族的仇恨行为展示了这种"超能力"的链式反应的巨大破坏性！

人类数千年的文明史中，历史记载仅有非常短的时间没有发生战争。战争属于人类处理矛盾的动物性本能，是群体极端非理性地释放量能的方式。这种基于人性的弱点形成的"超能力"叠加态让历史从一个极端走向另一个极端，因为一旦叠加态形成，就必然要到达高点，而且高点之后又必然回落，到达另一个叠加态，所以才会"盛极而衰，否极泰来"。

因为人性的弱点基本相同，导致叠加态形成的周期和方式基本相同，所以几千年来东西方文明经历的历史阶段大致相似，都是阶段性地创造辉煌，然后亲手毁掉它；又因为每个民族或国家的群体情绪的叠加周期不同，所以在具体的历史发展阶段上呈现出各不相同的螺旋周期，这就形成了民族与民族、国家与国家之间的认知差别。从文字诞生以来，人类一面在认知自然真理中摸索前进，一面在理性和非理性情绪的叠加周期中盘旋，这个过程，我们称之为人类历史。

在群体行为中，当量能叠加在情绪化周期中时，"超能力"叠加态的链式反应会使人类在漫长的历史阶段原地转圈,所以人类在原始社会、奴隶社会、封建社会等历史阶段中徘徊了数千年,并且在各个阶段的繁荣和萧条中循环往复(见图1-21)。

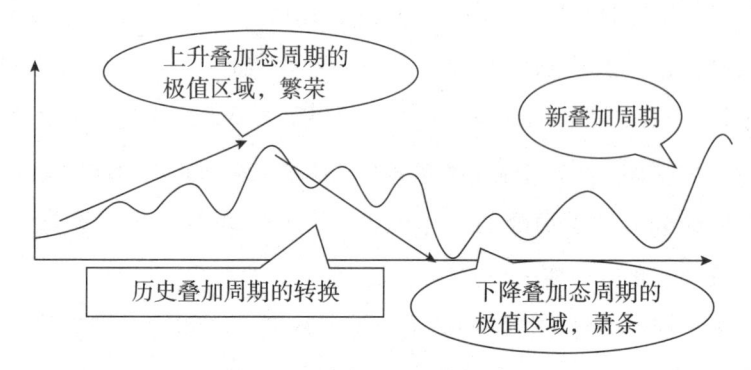

图 1-21 历史叠加周期的转换

日月星辰,雨雪冰霜,各种自然现象为人类提供了认识大自然的路径,但是大自然并没有为人类提供认知人性弱点的路径,而且因为潜意识本能,人性弱点潜藏得更深,所以相比于自然科学,它至今还隐藏于黑暗之中。

所以螺旋式上升、波浪式前进的历史背后是人性的理性与非理性的叠加态循环,是群体量能的叠加和释放周期,这些周期中的潜意识转换是人类历史出现兴衰交替和周期循环的根源。

那么,国家的未来真的会在叠加态周期结构中被左侧确定吗?当然,因为量能释放永远遵循最小阻力方向——叠加态的形成方向。

3. 历史的事件波浪一样遵循叠加态法则

我们可以通过图1-22来对过去的叠加条件和未来的叠加态进行技术分析。纵轴代表现在,它随着时间向右移动。纵轴的左侧代表过去,已经发生的事件波浪存在于记忆深处;右侧是未来事件的叠加和演绎方向。左侧的叠加态渐渐变化为新的叠加条件,右侧更大的叠加态若隐若现。

叠加态因为觉醒程度不同可以呈现出延展、紧凑等不同的叠加态浪形。

第一章 人性与波动

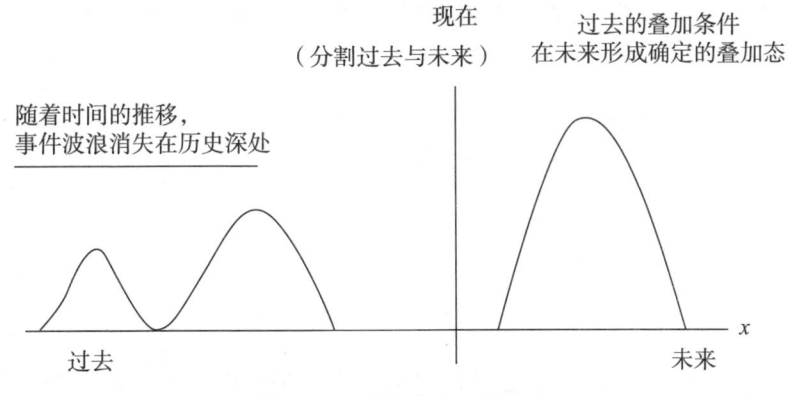

图 1-22 叠加条件与叠加态

我们熟知过去，但对充满未知的明天满怀疑虑。令我们没有想到的是，未来确实受自然规律的制约。

<u>根据叠加条件，锁定了叠加态，就等于锁定了未来时空中的最大概率。根据叠加态的自然形成特性，人性中的潜意识缺陷确保了量能放大效应的出现，即使有个别清醒者也会被群体视为"异端"，阻挡不了未来的行为会发生在"省力空间"之中，所以从技术上讲，叠加态的出现无限逼近最大概率的极限，也就是100%。</u>

<u>叠加态中的量能放大效应简直是大自然制造周期转换的神奇力量，是掌控所有领域极端行为的"看不见的手"，是极端事件背后的隐变量。</u>

这种量能放大效应形成量能突变，所有的极端事件，情绪的、经济的、政治的、历史的、自然的极端事件背后，都有叠加态中的量能放大效应的操纵。

（四）延伸：叠加态周期结构中的"弹性形变"与"时空弯曲"

能量守恒定律告诉我们，能量既不会凭空增加也不会凭空减少。那么在五浪叠加结构中，以两列光波的叠加为例，理想条件下，左侧（叠加条件一浪和三浪）和右侧（叠加态五浪）量能应该相等。

我们可以用直角三角形来演示最基本的五浪叠加结构中封闭的量能变化。设两条直角边 a、b 对应两列光波为叠加条件，斜边 c 为光波的叠加态，如图 1-23 所示，因为叠加条件本身也是次级别叠加态，又因为叠加时的波强与振幅的平方成正比，所以在此取三边的平方分别代表叠加量能。

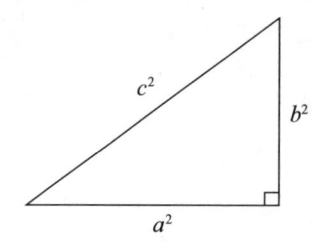

图 1-23　五浪时空结构的量能变化演示 1

那么，根据能量守恒定律，在叠加态周期结构中，叠加条件的量能应该等于叠加态的量能，所以应该有：

$$a^2 + b^2 = c^2$$

等式两端遵循能量守恒定律，巧合的是，这符合勾股定理——直角三角形中两条直角边的平方和等于斜边的平方，所以这个封闭系统内的量能变化很适合用直角三角形来演示。

在均衡量能的波动周期中，因为不构成叠加条件，就像一前一后的两辆速度相同的车不会相撞一样，$a^2 + b^2$ 会一直等于 c^2，但是当推动量能不均衡时，具备叠加条件，事件就发生变化了。

因为波叠加时的量能放大效应，叠加态出现量能突变，斜边（叠加态的量能）c^2 会大于 $a^2 + b^2$（叠加条件的量能），如图 1-24 所示。

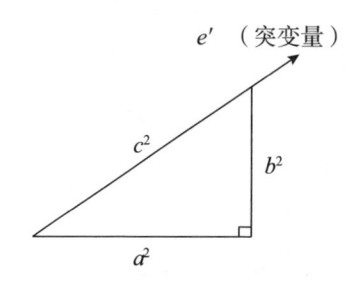

图 1-24　五浪时空结构的量能变化演示 2

在两列光波形成叠加态的完整的叠加态周期结构中，因为叠加态中的 c 是叠加条件中的 a 和 b 的矢量之和，所以光矢量 $c = a + b$，就得到：

$$c^2 = (a+b)^2 = a^2 + b^2 + 2ab$$

此式相比上面符合能量守恒定律的 $a^2+b^2=c^2$ 多出 $2ab$，$2ab$ 就是 e'，即干涉项，也就是突变量。

这时，假设存在两种场景，第一种场景是两列相同的波面对面相遇叠加，那么因为两列波大小相同，所以 $a=b$，公式就会变成：
$$c^2 = (a+b)^2 = (a+a)^2 = a^2+a^2+2aa = 4a^2$$

因此，波强在这种场景下会增加至 4 倍。

第二种场景是同方向运动的两列波产生线性叠加，后面的波因为量速大于前波，追赶上前波后产生叠加，就像前面绳波实验演示的那样。此时假设追赶波的振幅为了满足叠加条件稍大于前波，但无限接近于前波的振幅，那么理论上可以忽略 a 与 b 的差距，也可以取 $a=b$，那么可以得到同样的公式：
$$c^2 = 4a^2$$

波强同样会增加至 4 倍。

那么量能为什么会放大？怎么会出现多余的量能？这违反了能量守恒定律吗？不是。这是因为叠加量能作用于狭窄的时空中呈现出的极端量能放大效应，就像火药在开放空间点燃并不会把弹头崩出多远，但是在半封闭的枪管中却可以推动弹头飞行上千米，量能突变并没有违反能量守恒定律。

这时候问题来了，根据 $c^2=4a^2$ 可得 $c=2a$，也就是说，在这个封闭的能量系统中，斜边等于两条直角边之和，这是不成立的。我们都知道，三角形的两边之和大于第三边，因为两点之间线段最短。

那么，只有一种可能：斜边 c 发生了弯曲。也就是说，因为叠加条件已经确定，在这个封闭的能量系统中，直角三角形的斜边 c 出现了突变长度，如果硬要使突变长度的两端与 a 边和 b 边的两端重合，我们会发现，加长的 c 边会变为圆弧形。这就好比我们的双臂展开不到两米，但我们可握住两米长的竹竿的两端并用力压缩，这样，原来笔直的竹竿就会因为双臂的量能而弯折并具备弹性。

所以，对此可以理解为：突变量能扭曲了时空，时空的"弹性形变"造成"时空弯曲"（见图 1-25），而事物会在量能制造的弯曲时空中运动，就像行星的椭圆形轨道一样，而且弯曲会因为量能放大效应的不同呈现不同的曲率。

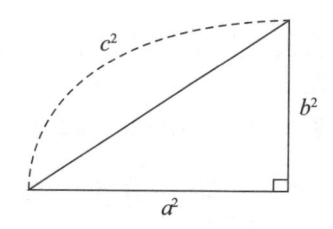

图 1-25　突变量能扭曲时空，使斜边发生弹性形变

我们在股票 K 线以及各种数据图表中经常能看到弧形弹性形变形态，我在上一本书中将其称为"张力结构"，就是具备张力的结构。

不同程度的量能放大效应制造出不同的时空曲率。也就是说，叠加条件决定了时空弯曲的程度，所以弧形边会呈现不同的弧度（见图 1-26）。

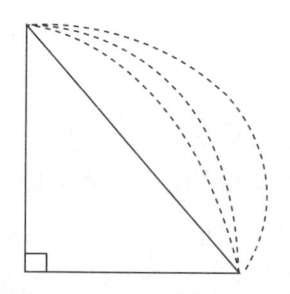

图 1-26　量能放大效应的程度不同，弧形弯曲程度不同

如果此时叠加态的量能继续放大到一定程度，那么弯曲的弧就会超出弹性极限而断裂，就像我们用力会折断竹竿一样。也就是说，叠加态中的量能突变会制造极端现象。

关于量能放大扭曲时空，时空在量能膨胀下发生"弹性形变"，有一个很好的比喻——人们在非常生气但是还能控制情绪时会说"我生了一肚子气""气都气饱了""气炸了""气鼓鼓的"……这些语言形象地描述了潜意识中的量能放大造成的"弹性形变"效应。其实现实世界中的每一列波都是不同程度的"弹性形变"，因此它呈现出来的是曲线。

把这个有趣的探索继续下去，当直角三角形的斜边因为叠加过程中的突变量而弯曲（或者说发生"弹性形变"），又过了很长时间，在这个封闭的量能体系内，因为增量量能的干涉出现了新的叠加波浪 d（见图 1-27），d 与 c^2

又构成高级别的叠加条件，那么这时系统内就会出现更高级别的叠加态 d'。

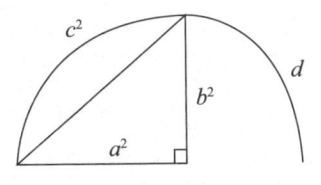

图 1-27 出现新的叠加波浪

如此反复下去，你就会看到一个无限循环的符合斐波那契数列的螺旋曲线，就像鹦鹉螺的外壳、银河系星云的旋臂（见图 1-28）。

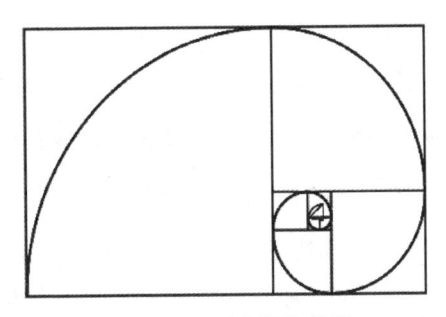

图 1-28 形成螺旋曲线

由此可知，这条螺旋曲线既是依托叠加态法则生成的突破曲线，也是进化曲线。叠加态中的突变量就是人性中非理性情绪的根源，大自然极端事件的母体，当然也是进化的原动力。

前面得出公式：

$$c^2 = (a+b)^2 = a^2 + b^2 + 2ab$$

叠加状态中持续出现的突变量 $2ab$ 形成了独一无二的突破量能，它既是生命进化和事物循环发展的原动力，也是不可替代的内生动力。

继续推理下去，如果我们把前面演示的直角三角形的两边（叠加条件）取直，就像磁铁的两极，那么叠加态的量能放大效应制造出的"时空弯曲"就会像磁力线一样，每条磁力线都是被叠加态的放大效应扭曲的 c 边，从磁铁的两极到中间，不同位置的叠加条件不一样，量能放大效应也就不一样，磁力线的弹性形变程度也不一样，因此呈现出不断放大的圆弧形曲线（见

图1-29)。

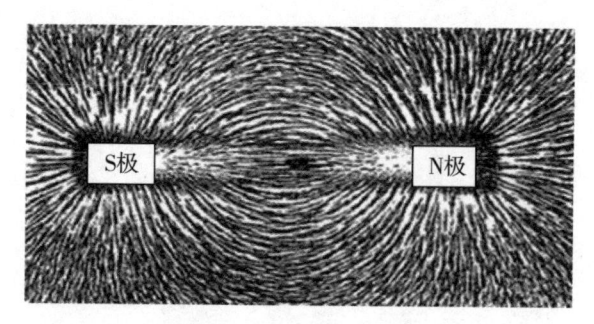

图1-29 磁极与磁力线

想象一下,将这个磁体放大无数倍置于宇宙中,其吸引的星云碎片会遵循磁力线密集排列,慢慢形成一个类椭圆形的星体。以地球为例,或许炽热的地核就是巨大的磁铁,地壳和地幔不得不顺应磁力线的弯曲空间紧密地排列。

同时,这一个新的椭圆形星体又会像铁屑一样置身于另一个更大的弯曲空间之中,就像太阳系存在于银河系之中、银河系存在于宇宙之中一样。

在旁观者看来,这种虚拟弯曲空间好像改变了物体的运动轨迹,包括光线。如果没有外来磁场的干涉,那么一块磁铁的磁场就是稳定的均衡态;如果有固定的外来干涉,那么这个系统仍然是一个均衡态,在这个系统里,磁力线只会因为磁极的变化而变动,所以地壳板块也会随磁力线的变化而变动,就像地震或者沧海变桑田。

至此,对叠加态的探索越来越有趣了,好像牵涉宇宙万物。这让我有些惊惧,我只能走到这儿,再走下去已经超出我的能力。

二、谁蒙蔽了你的理性?

——"大脑的正确导致行为的错误"在投资市场中的诡异表现

人类的情绪叠加周期因为传导链条的长短、文明的差异、情绪控制极值的上轨高低、不同领域的构成群体差异等而表现出不同,在投机市场、其他经济领域以及漫长的历史演化之中,可以不容置疑地说,情绪叠加周期表现在所有人性参与构造的领域之中。

在股票市场中，因为面对面的情绪博弈，情绪波叠加出来的非理性更是展现得淋漓尽致，生活中的非理性行为会制造出情感和身体上的伤害，股市中的非理性行为则直接影响收益。每一波大牛市的末端都会出现疯狂的叠加波浪，这是人性的非理性狂欢，赚钱效应吸引眼球，一次又一次，一波又一波，人们激进、盲从、不顾一切，多重的叠加态扰动着旁观者的情绪，在这种情绪的巨大扰动下，大脑的正确开始制造出行为的错误，先行者开始加大杠杆，清醒淡定的人也忍不住诱惑非理性地在高点入市，而此时恰恰是叠加量能释放的末端。

在资本市场的剧烈波动阶段，K线不会反映基本面，而是被潜意识中贪婪的人性贴上了情绪化的标签，在这个阶段，K线与人性的弱点融为一体，成为反映情绪叠加周期的表象。

人类历史上著名的金融泡沫都是投资群体非理性情绪的多重叠加态制造出来的非理性狂欢，表现为价格的扭曲和人性的扭曲，也表现为理性的递减和意识的迷幻。

关于这些金融泡沫的案例已经见诸很多著作，具有代表性的有查尔斯·麦基的《大癫狂：非同寻常的大众幻想与群众性癫狂》、彼得·加伯的《泡沫的鼻祖》等，这些著作翔实记录了诸多投机事件的表象，并探寻了人性有时荒唐的根源，但是并没有得出标准答案。本书从五浪时空结构及隐藏其后的叠加态周期理论导致的行为失控角度重新解读，我们认识到人间乱象是源于人性的弱点、源于潜意识、源于诡异的叠加态中大脑的正确导致的行为错误，真相竟是如此匪夷所思。

本书所述或许正是以上著作的作者苦苦寻觅的答案。

（一）荷兰郁金香泡沫中的情绪叠加周期

德国哲学家叔本华谈到人生时说，人生就是一团欲望，欲望得不到满足就痛苦，欲望得到满足就无聊，人生就在痛苦和无聊之间摇摆。叔本华表述的是人性中典型的情绪叠加周期的两个极值。在现实生活中，十分满足和十分不满的氛围都是滋生非理性情绪的温床，因为处于前者的人通常要追求新的刺激，而处于后者的人要寻求满足，情绪叠加周期的极值出现后便会进入反向周期。

17世纪初的荷兰是全球贸易强国，经济发达，国民富庶，社会聚集了大量剩余财富，这就好像精力过剩的年轻人，总想着找点乐子释放一下。

老子在《道德经》中说：金玉满堂，莫之能守；富贵而骄，自遗其咎。说的就是骄而失智的道理——因为骄傲与不满一样容易滋生非理性情绪，这种轻度的非理性情绪容易被误导、被唤醒、被利用，当时的荷兰就处于"富贵而骄"的状态。

那时候，荷兰人喜欢用美丽的郁金香装点庭院，富人们在点缀庭院时更喜欢展示一些稀有高贵的郁金香品种以彰显身份，因此一些稀有珍品被卖到了很高的价格。于是，一些荷兰郁金香花的球茎具备了投资属性，人们不再把郁金香的极具观赏性作为唯一的买入目的，而是期望通过球茎价格的波动来获利。

1634年，郁金香球茎价格开始第一波上涨，仅仅两个月，价格就翻了一倍，财富效应迅速扩散成为社会焦点，荷兰全国上下表现出兴奋的情绪，各行各业的人们放下手中的工作，开始争相购买郁金香球茎。此时此刻，已经形成类似一浪的初始叠加条件。

这时，一些精明的投机商贩开始囤积球茎，这进一步导致市场上的稀缺，于是价格进一步上涨。到了1635年，一株稀有的郁金香球茎品种可以卖到大约13头牛的价钱。人们隐隐觉得有点儿荒唐，但是面对巨大的财富效应，人们情绪亢奋，这种情绪继续传染叠加，人们坚信会有人出更高的价格买走手中的郁金香。同时，各国投资者纷纷涌入，这一年，为了方便郁金香的交易，荷兰阿姆斯特丹的证券交易所甚至开设了郁金香球茎的交易市场。此时，无论从价格还是交易情绪而言，强于一浪的追赶浪已经形成，等待他们的就是难以避免的叠加态。

随着大量热钱不断推高郁金香价格，人们的情绪开始多重叠加，逐渐进入不可理喻的狂热状态。

1636—1637年，郁金香价格又涨了近60倍，一株稀有品种的郁金香以4600弗罗林的价格售出，而当时买1000磅（约454千克）奶酪也只需要120

弗罗林。在巨大的财富效应的刺激下，投资行为开始失去理智，荷兰全国上下，无论达官贵人还是贩夫走卒都加入了郁金香的投机行列，人们变卖家产倾其所有来投资这种本来普普通通的植物球茎，因为总有人以更高的价格买走。

不要试图阻止这种群体性的失控行为，这时的大脑听不进任何理性的劝告，因为情绪量能的叠加已经超出了大脑的控制极值，疯狂的买入就是释放集聚量能的唯一省力路径。

终于，人们疯狂的情绪叠加到了"省力空间"的尽头，当推动更大级别叠加态的量能不济时，叠加态就到达了终点，而且迎来了必然的坍缩。当大脑的量能释放后，逐渐恢复理性的人们意识到这些生而普通的植物球茎引发的或许是场闹剧，价格开始崩溃，成千上万的人在万劫不复的踩踏式崩跌中倾家荡产，甚至负债累累。

当人们回头再看这场悲喜剧时，感觉是那么荒诞不经。后人看到后会想：多么愚蠢啊！这怎么可能发生？要是我一定不会那样做！但是人类没有吸取任何教训，近100年后，类似的一幕换个方式在英国华丽上演，而且这一次发生在英国的金融泡沫还连累了伟大的科学家牛顿爵士[1]。

（二）荒唐再现——英国南海公司股票泡沫

17世纪末，第一次工业革命给英国带来了长期的经济繁荣，英国私人资本不断累积，社会财富总量大幅增加，巨量的闲置资金开始寻找出口，这种社会氛围与荷兰郁金香泡沫发生前十分相似。因为随着社会财富的增加，富裕的群体逐渐变大，这个群体中存在着普遍的自满与骄傲情绪，这种情绪本身就存在轻度的非理性。

这时，投资者盯上了南海公司。南海公司经营海上贸易，同时协助政府融资还债，与政府的关系非常密切，据说该公司还拥有政府给予的一些让人艳羡的特许经营权。

---

[1] 本节参考约翰·S. 戈登著《伟大的博弈》，祁斌译，中信出版社出版。

南海公司夸大了他们的特许经营权以及他们在税收上享有的优惠政策，投资者接受了这种暗示，各种夸大其词的小道消息四下传播，就这样，南海公司的股票成为焦点，股票价格开始疯涨，1720年年初每股还是128英镑，两个月后就涨到了300多英镑。

于是英国上下做多情绪激昂亢奋，有人这样表述当时的状况："政治家忘记了政治，律师没时间去打官司，医生丢下了患者，商人没兴趣做生意，牧师离开了教堂，连最矜持的豪门贵妇也加入了抢买股票的队伍。"

很显然，群体情绪开始叠加，顺从群体行为成为个人行动的最小阻力方向。

如勒庞所说，群体是感情的傀儡、刺激因素的奴隶。情绪在传播期时还处于可控状态，一旦开始多重叠加就逐渐进入非理性的失控状态。

在这种非理性情绪的叠加下，南海公司股价在1720年7月突破1000英镑。这时公司的董事会进一步增发500万股，市值达到不可思议的50亿英镑，约相当于英国当年GDP的10倍。约翰·卡斯维尔在《南海泡沫》一书中对南海公司的董事进行了这样的描述："他们继续过着这样的生活，左手拿着招股说明书，右手捧着《圣经》，从不让右手知道左手的所作所为。"

我们在此不对这些董事的行为予以道德品评，只是我们必须承认，在任何疯狂的金融泡沫中，总有些冷静的人最终获利，因为他们处于冷静的理性思考状态，他们巧妙地利用了群体心理中的人性弱点，并且知道在大众清醒之前收手。

终于，投资者非理性情绪的叠加态到达了顶点，推升更大叠加态形成的条件消失，一部分投资者开始清醒过来，股价仅仅在高位稍稍停留，就开始了暴跌之旅。1720年9月底，股价跌破了200英镑，11月跌到100英镑附近，高位买入的筹码被深度套牢，无数人的发财梦碎，债台高筑。

最后尘归尘，土归土，再回首已是梦幻之旅。社会财富借此闹剧完成了快速的再分配，拿走巨额财富的人舒适地躺在人性的弱点后面窃笑。

当时席卷全国的疯狂情绪一波大于一波的叠加推动，很容易引起局外人的情绪共振，好像不跟随就是极大的错误。在这种极端的情绪叠加浪潮中，当时英国的铸币大臣、伟大的物理学家牛顿爵士也坐不住了，加入了南海公司的"炒股"大军，牛顿几进几出，最后亏损了约 2 万英镑，这相当于当时牛顿约 10 年的薪水，简直是巨亏。

牛顿爵士仰天长叹，留下了一句名言："我能计算天体运行的轨迹，却无法预测人类的疯狂！"

从图 1-30 中可见，当年英国南海公司的股价走势呈现鲜明的五浪叠加结构，而且遵循"补五即结束"的运行铁律，反映价格波动的曲线成为交易情绪的载体，五浪时空结构从实质上反映了群体交易情绪的叠加态周期转换。

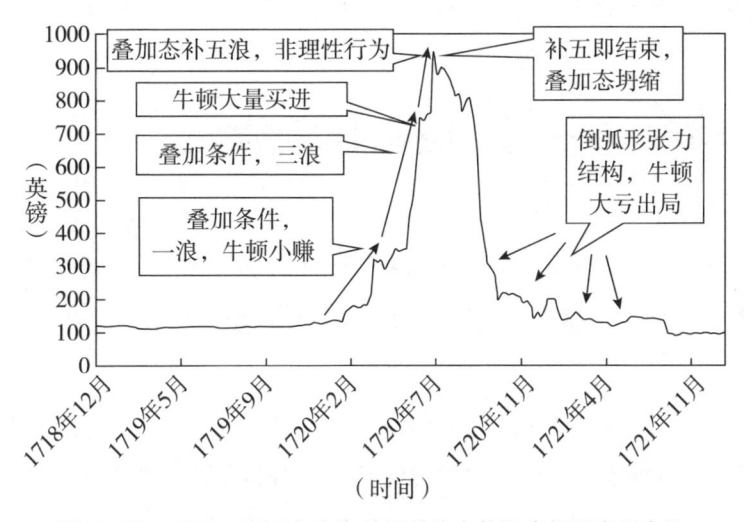

图 1-30　1718—1721 年南海公司股价走势及牛顿进出场点位

"补五即结束"代表着叠加态的坍缩，代表着前一周期叠加量能的释放结束，代表着大脑将逐渐恢复清醒和即将对错误行为进行修复，叠加周期随之向负五浪时空结构转换。

前文我们根据波的叠加原理，通过对一浪和三浪位置的时空重置论证了五浪时空结构的叠加态本质，在此不再赘述。

牛顿的止损出局区域形成倒弧形张力结构[1]，说明后市股价仍然会继续下跌。

牛顿发现了宇宙间的诸多自然规律，但没有发现导致非理性行为的叠加态法则——这种让人头脑发昏的"超能力"叠加态在人类大脑的潜意识中形

---

[1]　关于张力结构的概念，可参考《股市法则与跨时空纠缠》一书。

成，所以事后看来匪夷所思的非理性行为也是在潜意识中产生的，大脑潜意识处理冗余量能的指令导致了现实中的错误行为。

投机像山岳一样古老，这种基于情绪波的叠加态的金融游戏在很长时间内都不会消失，因为人类对人性弱点的生成规律的认知有限，所以人性的改变很慢。这种金融泡沫过去有，现在有，将来还会有，量能放大效应似乎始终牢牢掌控着一切。

荷兰郁金香泡沫、英国南海泡沫、法国密西西比泡沫被称为欧洲早期三大经济泡沫。在密西西比泡沫中，投资群体行为的叠加周期表现与前两个泡沫中的毫无二致，不再细述。

（三）没完没了——史无前例的比特币泡沫

2009年，比特币（Bitcoin）诞生了。

比特币的概念最初由中本聪在2008年11月1日提出。比特币是一种P2P形式的数字货币，交易记录公开透明，点对点传输，形成一个去中心化的支付系统。

比特币是一种虚拟货币，数量有限，可以用来套现（可以兑换成一些国家的货币），可以用来购买一些虚拟物品（比如网络游戏中的装备等），也可以用来购买现实生活中的物品（只要有人接受）。2021年6月，萨尔瓦多成为世界上第一个赋予数字货币法定地位的国家。

数字化、数量有限以及一定的货币属性等诸多新奇特性使比特币受到全球投资者的青睐，得到投机资本的疯狂追捧。2013年，第一波炒作行情开启，比特币价格从每枚60美元左右涨到约1151美元，财富效应十分惊人。

从图1-31中可以看到，比特币大一浪形成，走出标准的五浪时空结构，涨幅接近20倍。而后价格进入负五浪调整周期，最后在171元的负五浪位置企稳，当然，随后的调整幅度同样惊人。

2017年，比特币开启大三浪炒作行情，价格震荡盘升，最高点约20000美元，三浪涨幅大于30倍，出现了前所未有的巨大财富效应，投资者的情绪被大幅扰动（见图1-32）。

图 1-31　2013 年比特币大一浪炒作行情

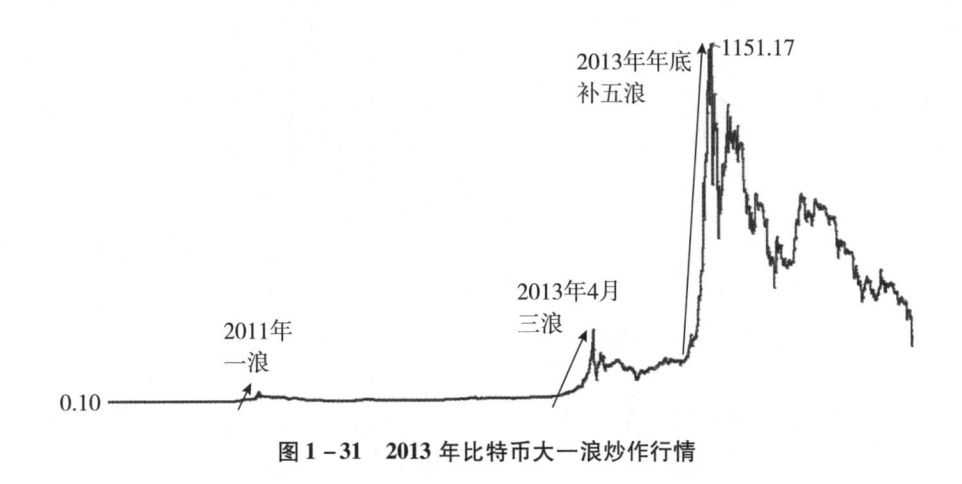

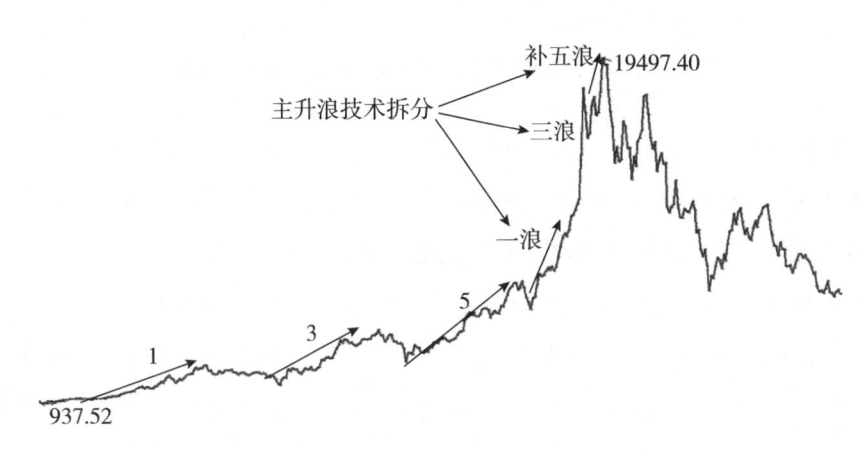

图 1-32　2017 年比特币大三浪上涨 K 线

比特币大三浪的量速远远超过了大一浪，沿时间之轴形成对 2013 年开始的大一浪的追赶浪，既然时空左侧的叠加条件已经具备，那么时空右侧就必然存在叠加态，基于叠加态的自然形成特性，右侧必有曲线运动的"省力空间"，如此可以预测，更加疯狂的补五浪在右侧时空若隐若现。

2020 年肆虐全球的新冠疫情迫使世界各国纷纷执行极度宽松的货币政策，市场充满了空前的流动性，同时数字货币概念大行其道，比特币借此东风开启了叠加态——补五浪的终极行情（见图 1-33）。在上涨的大五浪中，一枚比特币的价格从四浪回调周期的最低点 3000 美元下方涨到最高约 68990 美元。

这是比特币的非理性狂欢，从一浪拉升前的相对低位 60 美元左右到最高

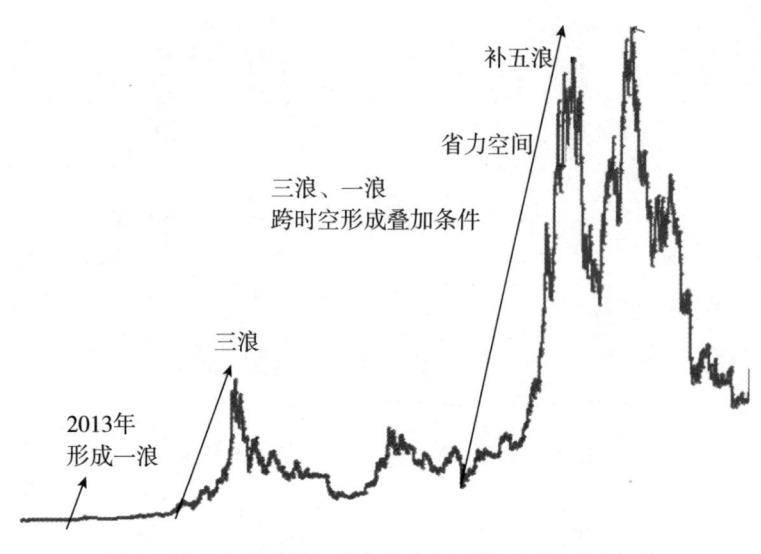

图1-33 比特币诞生以来价格运行的大五浪时空结构

价位约68990美元，仅仅不到10年，涨幅大于1000倍。这意味着如果2013年前你花约5000元买上10枚比特币，在最高点可以变现约500万元。这种炒作的疯狂令历史上任何金融泡沫相形见绌，而且移动互联网链接了全球炒家，使得比特币泡沫成了人类历史上第一次几乎全球参与的炒作现象。

从最低点到最高点，贵州茅台股价十几年来也才涨了约500倍，可见大三浪与大一浪的叠加态之疯狂，这种疯狂的背后就是非理性情绪的多重叠加效应。

如前文所言，当市场制造了一波大于一波的追赶浪，如果不能有效疏导，那么随之而生的量能叠加态的出现是不可避免的，这是叠加态的自然形成特性决定的。

在比特币的炒作过程中，大一浪、大三浪形成后，非但没有得到疏导，市场反而出现了推升因素：一是新冠疫情导致的宽松的货币政策造成流动性泛滥；二是一些国家承认了比特币的法定货币地位；三是搭上了数字货币的这一热点概念题材。

以上诸多因素推波助澜，助力比特币的炒作形成了有史以来最大的金融泡沫。

第一章 人性与波动

终有一天，恰在叠加态的补五浪位置，仿佛有一个醍醐灌顶般的声音回荡在上空："难道比特币是不可或缺的吗？"于是，群体的极端非理性情绪开始分化，一些癫狂的投资者开始慢慢清醒。真正的下跌周期就开始了。

从图 1-34 可以看到，比特币大补五浪的五浪时空结构也是独立的叠加周期时空结构，我们看到一个相对紧凑的五浪时空结构以及经典的弧形张力结构形态，从比特币的整个炒作大时空结构来看，68990 的历史最高点出现在补五浪的补 5 浪[①]位置上，即叠加五浪结构的终点，弯曲时空的尽头。然后价格回落，我们看到下跌的负一浪区域形成了倒弧形张力结构，后面会发生什么已经没有悬念。

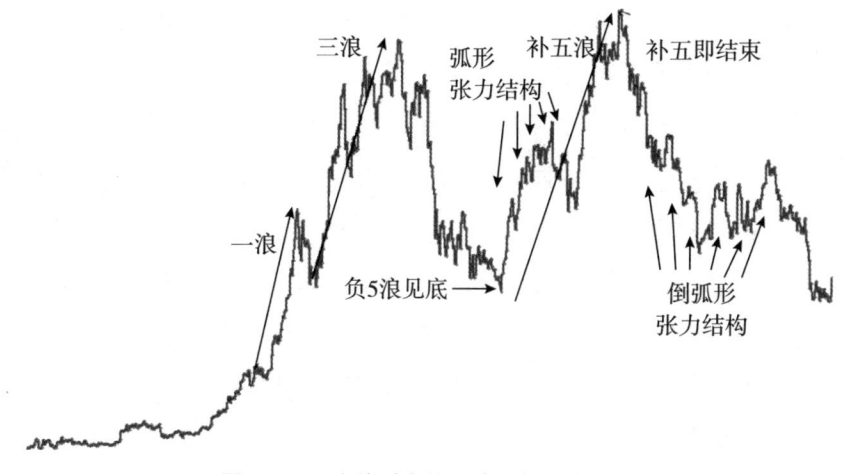

图 1-34　比特币大补五浪顶部结构 K 线

于是，我们经常会看到类似下面这些消息："2022 年 8 月 27 日，比特币价格直线暴跌，日内跌近 900 美元，最低跌至 19931 美元。""过去几日，加密货币市场再遭重创，比特币失守 19000 美元，投资者损失惨重。"……

古人云：富贵险中求，也在险中丢；求时十之一，丢时十之九。基于人性的弱点，这种盈亏转换的悲喜剧反反复复。在上涨阶段你会获利，当你在

---

① 编者注：为了区分不同级别的五浪时空结构，本书中用阿拉伯数字（即 1 浪、3 浪、5 浪等）代表次级别结构。

震荡的高点卖出后，会沾沾自喜，但比特币价格却加速上涨，你原本的高兴瞬间转为懊恼，这时情绪的波幅加大，量能开始累积，随着价格的进一步拉升，你的情绪开始进入叠加态，量能甚至超出极值，这时你会顺应大脑释放量能的方向做出不理智的决定——重新买入。这不是你一个人的行为，这是大牛市中多数人的操作模式，所以牛市的高位区域才会呈现上影线增长、交易量加大和换手积极的形态。

在下跌过程中同样如此，试图抄底捞一把的投资者的情绪会在反复套牢的折磨中叠加，直到量能累积到"超能力"让你崩溃，最后一股脑儿地把筹码卖在低位，那里是阶段性的底部区域，是短线被套牢群体情绪叠加态量能向下集中释放的低点，所以不久就会出现价格的反弹。

投资情绪如此叠加转换，K线也就如此表现。当K线制造出情绪陷阱，投资者就会潜意识地深陷其中。

<u>资本市场中，非理性行为无处不在，出现在暴涨中，也出现在暴跌中，在这种情绪陷阱中，人类冲动起来往往会做出不符合自身利益、自相矛盾的行为，这是人类的潜意识本能带来的无法摆脱的宿命。</u>

这很可笑，也很荒唐，可我们有时候就是那么蠢，或许还会更蠢，而且越是关键的时候越蠢。情绪的叠加态会降低我们的智商，而达到"超能力"的叠加态会让我们的智商为零，所以市场最疯狂的时候往往是我们智商最低的时候。如果我们仍然任由情绪的叠加态生成，并且任由它肆无忌惮地释放量能，那么我们就是在放纵人性的弱点。

最大的敌人是自己。这个敌人就是个体大脑潜意识中对超常态量能的掌控和释放行为，如果不能有意识地规避情绪波的叠加态，改变大脑潜意识释放量能的方式，引导量能向理性叠加的方向释放，那么我们就永远改变不了自己。

所以在资本市场中，如果不懂得规避人性的弱点，就会一直陷入情绪叠加态的循环怪圈——追高杀跌，一败涂地。

但是很显然，就人性而言，郁金香泡沫、南海泡沫、比特币泡沫等极端炒作现象在未来很长的历史阶段中仍然不会消失。

三、不同级别的情绪叠加周期形成不同级别的五浪时空结构

非理性行为是人类情绪的负面表达，它制造了股市中的千姿百态，而且这种行为会跟随人性的弱点存在下去，所以或大或小的金融炒作现象也会一直存在。

情绪化形成的非理性在股市中起到引领交易行为的作用。沃伦·巴菲特对此曾有精彩的描述："投资者的行为非常情绪化，这是人性，他们在牛市中非常兴奋，随着挣的钱增多，他们越来越兴奋而且影响了别人，大家一起加码，股价被一步步推高，如果这里挣不到钱，他们会说这是个很糟糕的地方并且不再关注。当别人兴奋时，他们也会变得更兴奋；当别人恐惧时，他们会变得更加恐惧，然后这样往复循环。如果你能做到始终保持客观，脱离羊群效应，忽略市场噪声，你会变得非常富有，而且不需要非常聪明。投资不需要很高的智商，需要的是情绪稳定。"

并不是只有特大的金融泡沫中才有非理性成分存在，在资本市场或商业活动中，到处都有或大或小的非理性行为存在，特别是在波动更加剧烈的价格运动中。

下面我们再来回顾几例投资市场中的非理性狂欢。

（一）2015 年的"中国神车"

2015 年的牛市中，中国南车与中国北车合并为中国中车，并因为搭上"一带一路"题材热点引发市场关注，股价从低位起短线上涨数倍，当时被投资者称为"中国神车"。

虽然技术分析并不符合所有读者的胃口，但是鉴于叠加态法则显性地表现于股市中，请允许我展现一下专业，不喜欢的读者可以忽略。

图 1-35 中可见清晰的五浪时空结构，补五浪就是三浪与一浪的叠加态。特别需要注意的是小 1 浪、小 3 浪形成指向张力结构，形态为切割弧形，是明确的小周期重建信号，也是买入信号。而补五浪的高位涨停板位置打开下

杀形成的大阴线，应该视为开启了新的下跌周期，属于分时下杀结构的负一浪。此时投资者应该果断止盈，因为下杀位置叠加了"补五即结束"的技术特征。

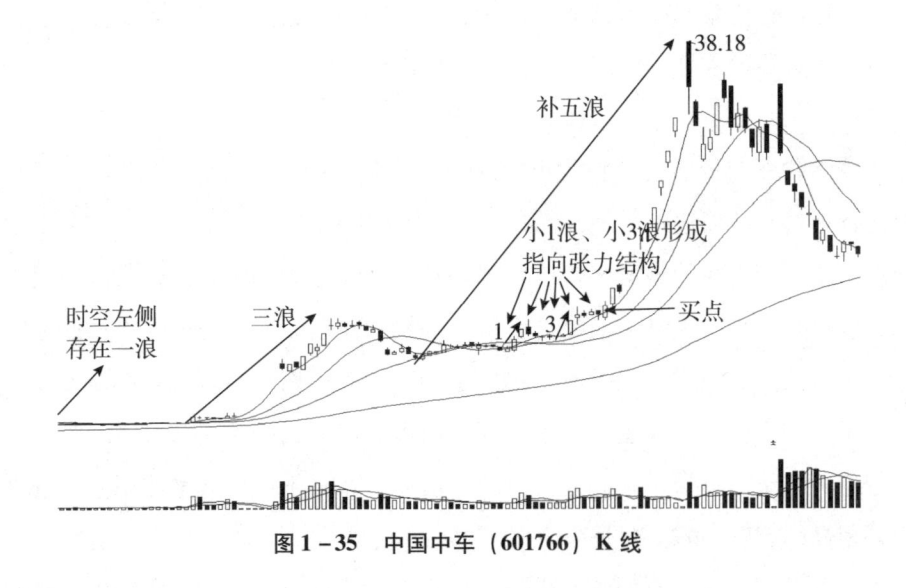

图 1-35 中国中车（601766）K 线

想一下，仅仅负一浪就下杀接近 10 个点，后面还有下杀负三浪、负五浪，负三浪、负五浪的跌幅会小吗？有时候接下来会发生什么完全可以预测，也就是说在关键节点，从周期的开启阶段就可以窥视全貌，就像我们常说的三岁看老一样。只是信号和规律常被投资者忽视而已。

在叠加条件和资金的推波助澜下，中国中车变成"中国神车"，称呼的转变充分说明了投资者的非理性情绪达到顶峰，然后就是必然的坍缩，而这样疯狂的叠加态的坍缩周期往往会持续很长时间。

（二）2015 年的特力 A

2015 年，特力 A 妖气冲天，浪浪连板，可谓酣畅淋漓，从低点上涨约 10 倍，吸睛全场。

图 1-36 为紧凑型五浪时空结构，短线波段的最佳形态。

补五浪的叠加态是投资群体情绪叠加态的 K 线表达，当多重叠加态到达高点，达到"超能力"的叠加量能得到释放，坍缩回落必然发生。

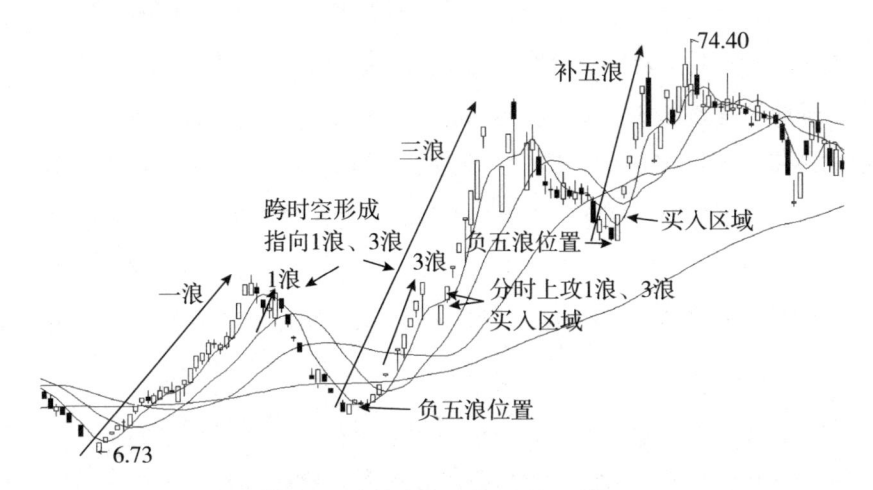

图 1-36 特力 A（000025）K 线 1

经过历史穿越浪的疯狂炒作后，特力 A"补五即结束"，进入大的负五浪周期。2022 年 4 月 28 日，股价跌至最低价才开始强劲反弹（见图 1-37）。

这种炒作情绪的疯狂滋生与快速消退令人目瞪口呆。

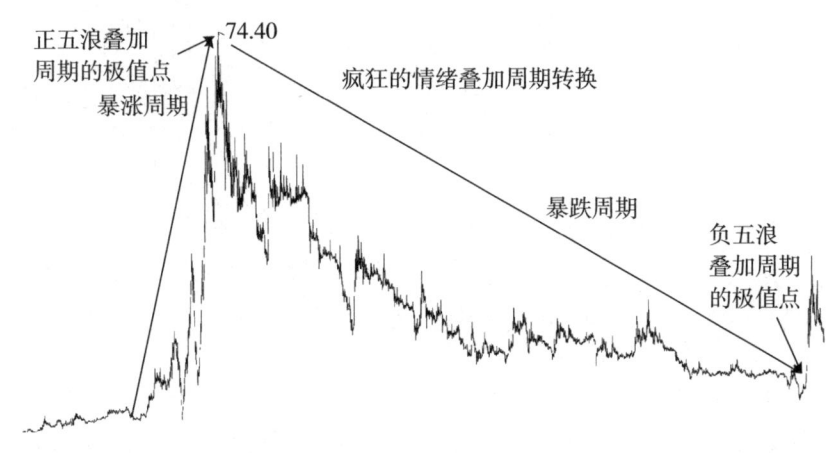

图 1-37 特力 A（000025）K 线 2

（三）2021 年美股散户抱团

散户抱团行为是指市场上千千万万个散户一起买入同一股票的行为。

2021年1月，美股出现引发全球关注的散户抱团事件，这就是"美国散户血战华尔街空头"事件，散户抱团买入某几只股票，最后将空头逼爆仓。

事件的过程是这样的：游戏驿站是一只很普通的股票，2019年以来经营不佳，股价一度跌破3美元，在退市的边缘徘徊，被美国著名的做空机构香橼研究公司和梅尔文资本盯上，开始做空。但美国有很多散户依然看好该公司，并且出现群体性情绪化，认为华尔街资本"凭什么做空"，更在论坛上发出号召，召集散户抱团与华尔街资本展开正面的对抗。之后众多散户情绪亢奋，不断买入游戏驿站等被做空的股票，导致游戏驿站股价一周内暴涨近500%，造成华尔街做空资本巨亏退出。

图1-38是游戏驿站的散户抱团行情。散户抱团是群体性行为，当然也是典型的非理性行为，形成于情绪波的叠加态，表现在K线上符合"五浪时空结构"，逃脱不掉"补五即结束"的规律。

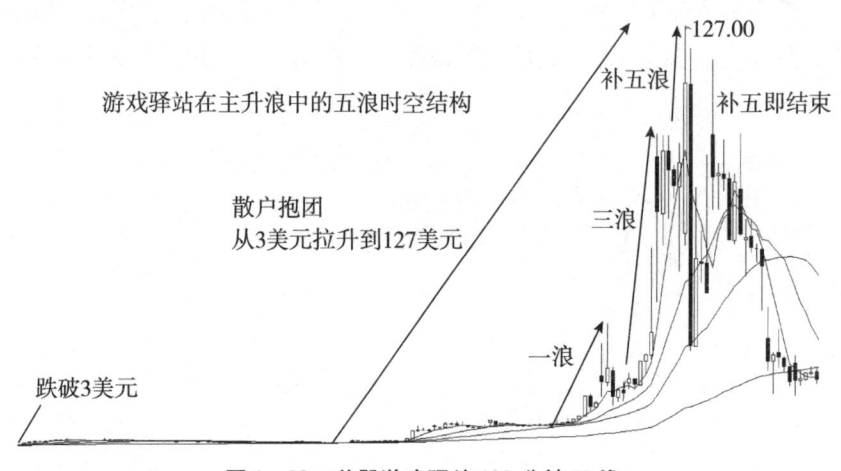

图1-38 美股游戏驿站120分钟K线

当个体犯错时，可能会有人指出其错误，但是当群体犯错的时候，那个指出群体性错误的个体可能会成为罪人，或者受到讥笑，所以群体的非理性尤其难以控制。

AMC院线是2021年美股散户抱团题材股之一，其股价从低位到高点短时间涨幅接近15倍。图1-39中，左侧的上涨一浪叠加张力结构，通过这种经典的形态组合已经可以预判右侧存在释放大浪，这种形态组合很常见。右侧三浪区域形成中继型半弧形张力结构,更加明确了最小阻力线的方向和行情的持续性。

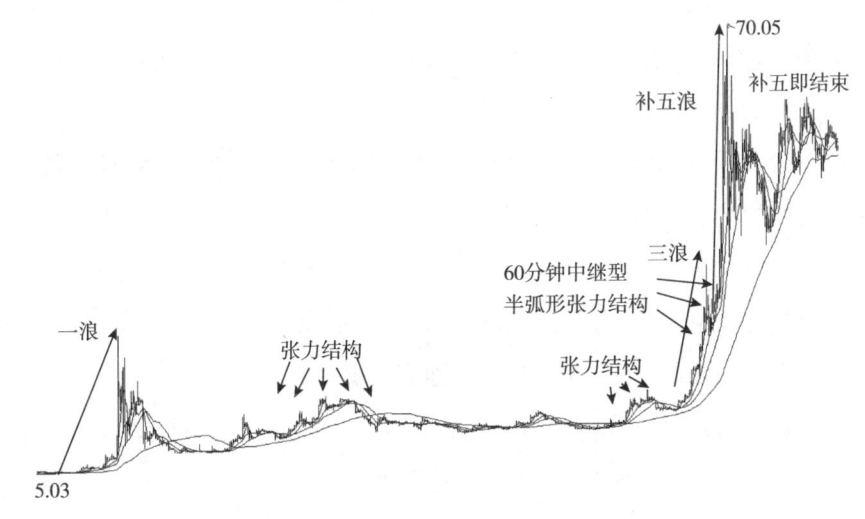

图 1-39　美股 AMC 院线 60 分钟 K 线

70 美元的价位出现在补五浪中的分时补五浪上。我们都知道叠加态的结果是补五即结束,后面肯定是漫漫下跌路。

图 1-40 为补五浪之后的走势。AMC 院线在补五浪结束后股价几乎跌回了起始点,而且形成两个倒弧形张力结构,后市依然堪忧。

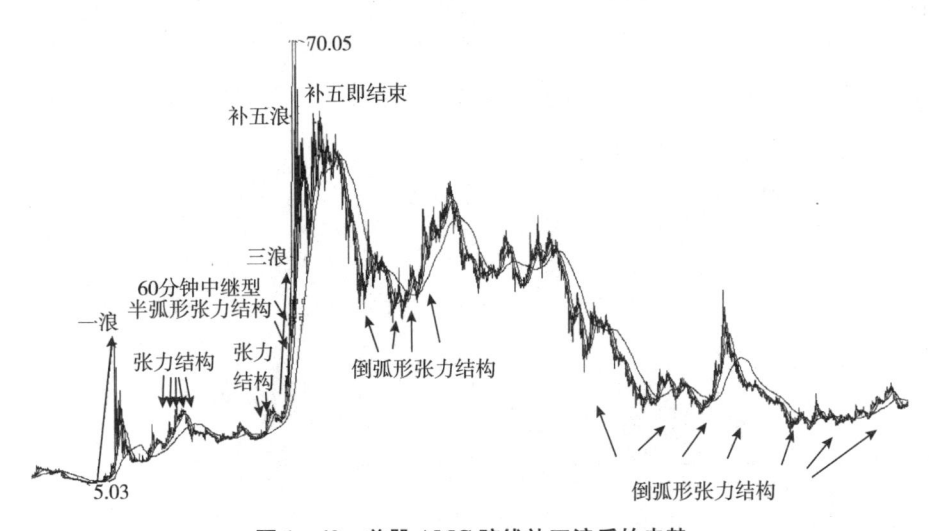

图 1-40　美股 AMC 院线补五浪后的走势

在五浪时空结构法则中,"补五即结束"的交易铁律反映了叠加态周期的结束、交易情绪的退潮以及交易量能释放后理性的恢复,理性恢复后必然会弥补之前错误的冲动行为出现抛售动作,所以市场进入另一个情绪叠加周期——负五浪时空结构。

因此,在任何交易行为中必须清醒地利用情绪叠加周期的转换,避免自身陷入情绪化的叠加态,在任何投资方向上都必须顺应五浪时空结构来分析。

在反向利用非理性行情获利时,要注意很多极容易被忽视的小周期重建信号,忽视这些小的信号就意味着抓不到大的波段,要养成"明察秋毫"的习惯。"细节决定成败"这句话在任何地方都适用。

每一次交易都是决赛,都需要投资者全身心投入,容不得半点马虎。当你拍着脑袋说:"哦,我大意了!"这在生活中或许可以弥补,但在股票和期货市场却会铸成无法挽回的大错。

(四)大蒜电子盘炒作与难以窥视的"猪周期"

大蒜是农业中的小品种,属于劳动密集型产品,体量小,易于炒作,2000年后主产地出现了电子盘交易,一度引来投机资金的疯狂炒作。大蒜电子盘是一个进行大蒜交易的电子平台,类似期货交易平台。

自大蒜电子盘交易诞生以来,10余年间,大蒜价格本应单纯因供求关系而波动,但从图1-41中可以看到,供求关系顺应了五浪时空结构,而且"补五即结束"后,价格崩跌。

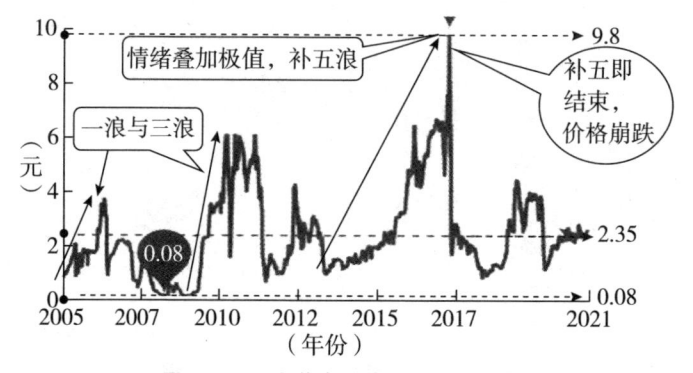

图1-41 大蒜电子盘交易历史走势

诺贝尔经济学奖得主罗伯特·希勒对市场波动的研究显示，市场波动只能被一小部分的基本面变化所解释，绝大部分市场波动是无法用经济基本面的变化解释的。

巴菲特也曾经说，股票会不时地以愚蠢的价格交易，可能很高也可能很低，"有效市场"只存在于教科书中。

为什么？基于人性弱点的情绪叠加周期理论能彻底解释这一切。隐藏其后的真相是交易量能的自然叠加周期，是参与者情绪叠加周期的转换，而五浪时空结构恰恰反映了这些。这不是偶然现象，我们看到任何商品的价格运动都始终遵循并终将完成五浪时空结构。

以大蒜的极端价格周期来举例，某一年大蒜减产极其严重，情绪传导下农民会本能地涨价惜售，渠道商会囤积居奇，这样流通量更少，价格就会顺应"省力空间"进一步上涨，一直涨到非理性，并在极值点回落。次年开始，生产者会在前一年挣大钱的积极情绪刺激下大幅增加种植面积，供应量大幅增加，渠道商反而不敢囤货，结果又形成了价格的非理性低点。

相比大蒜的价格波动，猪肉的价格周期对CPI的影响很大，大型养殖企业在"猪周期"中的赢利变化犹如坐过山车，要么暴赚，要么暴亏，那么，"猪周期"遵循的规律同大蒜一样吗？

如图1-42左侧所示，1994年前后的"猪周期"生猪价格涨幅达3倍多，为第一个拉升周期（一浪）；2005年以来的三浪为第二个大周期，呈现鲜明的五浪结构，跨度长。至此，三浪与一浪形成叠加条件，可以预测时空右侧必然存在叠加态——补五浪。

后来我们都知道了，2019年开始，生猪价格开启补五浪上涨，价格至2020年8月见顶，创下历史极值。猪价"飞上天"，养猪企业的股价也随之"飞上天"，但是好景不长，随着叠加态开启坍缩周期，生猪价格大跌。

从叠加条件（一浪与三浪）到叠加态（补五浪），人们很难想到这是一个横跨几十年的叠加周期。商品价格出现两极波动的背后是叠加态的周期转换的过程，较长的叠加周期因为时空拉长而被人们忽视，时空左侧的叠加条件同样被忽视，而五浪时空结构恰恰是交易情绪叠加的跨时空反映。

所以分析一个较长的叠加周期，就要找到周期的正确起点。

几乎所有人都知道"周期"一词，但是人们不知道"周期"是或长或短的叠加态周期，这个周期具有叠加结构，由叠加条件与叠加态构成，叠加条件形成后，叠加态必然会在潜意识中形成，并且在叠加态中形成极端，而后开启方向转换。所以较大周期的叠加态出现后必然会迎来坍缩。

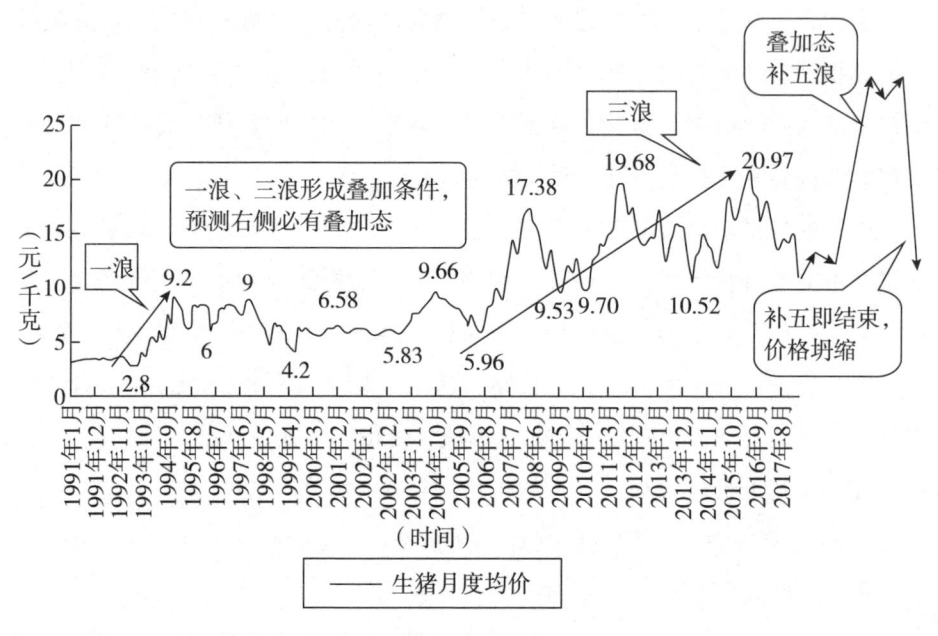

注：1991年1月至2006年8月，为新希望六和历史数据；2007年7月至2017年8月，为中国畜牧业信息网数据；最右侧为作者根据公开数据补充。

图1-42 生猪价格历史走势

看懂叠加态周期转换的规律极其重要，可以使企业在未来生产中的扩张与收缩进退有据，未雨绸缪。比如在"猪周期"中，大多数养殖企业都是在价格飞涨的补五浪中扩大投资，兴建猪场，加大杠杆，而没有意识到叠加态坍缩后的可怕，最后在叠加态坍缩周期的底部区域又开始出售猪场，减杠杆，这是典型的高买低卖。

为什么这些企业的投资决策在短短几年内转向？影响投资决策的是2019年"猪周期"的叠加态行情以及随后的坍缩周期。如果能充分认识到价格运动的叠加态周期转换原理并且利用数据图表予以追踪，就能分析利用叠加条件，避开叠加周期末端的投资陷阱。对于如何分析利用左侧的叠加条件，我们将在下文中详细讲解。

（五）2015年牛市末端的"股灾"

回首2015年，很多股民依然记得杠杆牛市后的"股灾"和曾经火上浇油的"熔断"事件。虽然历经数年，但对于亲身经历者来说，疯狂与绝望的转换如此之快，当时极度恐慌带来的极度惨烈的崩盘现象依然历历在目。

极端事件的发生是叠加态的结果，只有在叠加周期的末端，量能才会高度集中在狭小的空间，产生失控效应。

我们在此不去分析2015年杠杆牛市的成因，只从技术上分析主升浪。显然，牛市主升浪是清晰的正五浪时空结构，"股灾"发生阶段符合"补五即结束"的运动规律。因为资金杠杆率太高，右侧"补五即结束"后的崩塌太剧烈引发了踩踏效应，形成"股灾"。从图1-43中可见，负一浪下杀非常惨烈，预示着接下来构建的负五浪时空结构惨不忍睹。

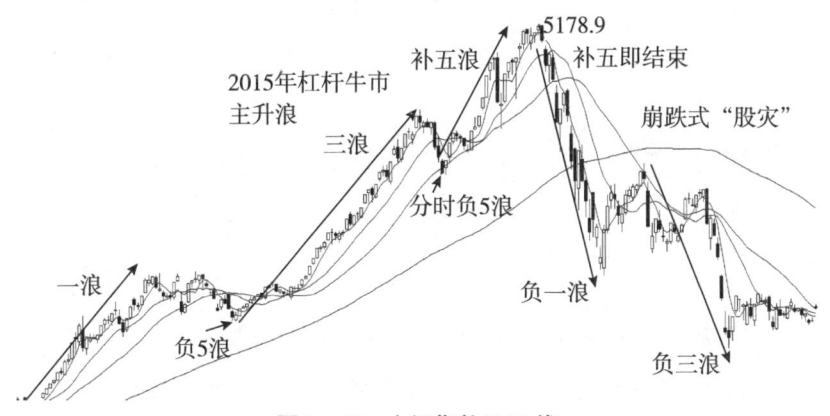

图1-43 上证指数日K线

图1-44和图1-45为当时"股灾"中的个股K线，"股灾"时适逢最大五浪时空结构的"补五即结束"，因此股价崩跌更加惨烈。现在回想起来还是心有余悸。

这种极端的下跌走势代表了投资者负面情绪的恐慌叠加。当处于疯狂的乐观情绪中时，他们认为此股始终被低估；当出现极度恐慌时，又会有一百

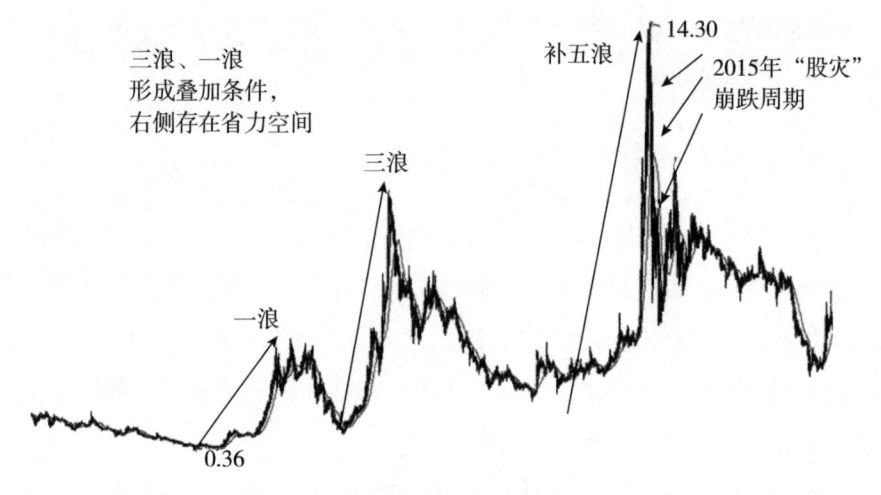

图 1-44 海王生物（000078）日 K 线

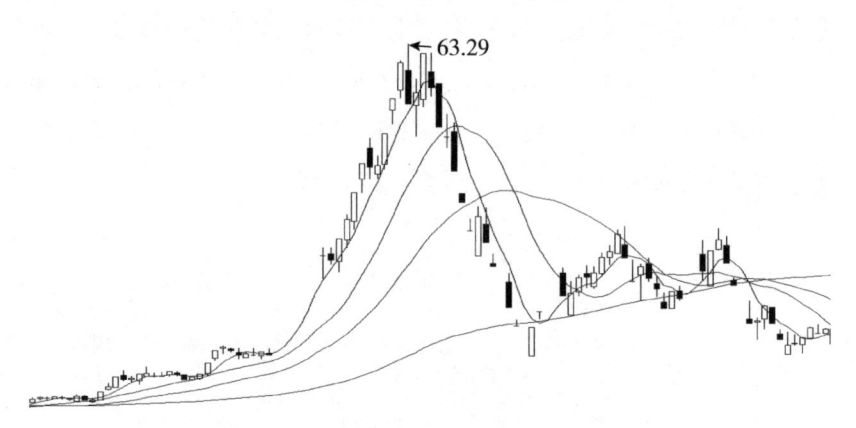

图 1-45 深圳华强（000062）日 K 线

个理由认为它一钱不值，恐惧压倒了一切，大脑承受着持续增加的痛苦带来的压力，最终决定通过不顾一切的抛售行为来获得解脱。

历史上，情绪波浪的叠加态总是驱赶着人类从一个极端到另一个极端。那么，2015 年的杠杆牛市启动之前有没有做多的技术信号？

当然有！我们来看下面两张图。

图 1-46 中，左侧为 2015 年前后大牛市的融资余额曲线，融资余额更能反映投资者的情绪变化，乐观时加大杠杆做多，恐慌时疯狂抛售。左侧一浪和三浪曲线出现弹性形变，催生了极其疯狂的情绪叠加态补五浪，"补五即结束"反映了情绪退潮，短暂清醒后形成的踩踏又瞬间引领持股者进入负面情

绪的叠加态，这种迅捷的反转犹如爱与恨、冰与火、天堂与地狱，其背后都是情绪叠加态的周期转换。

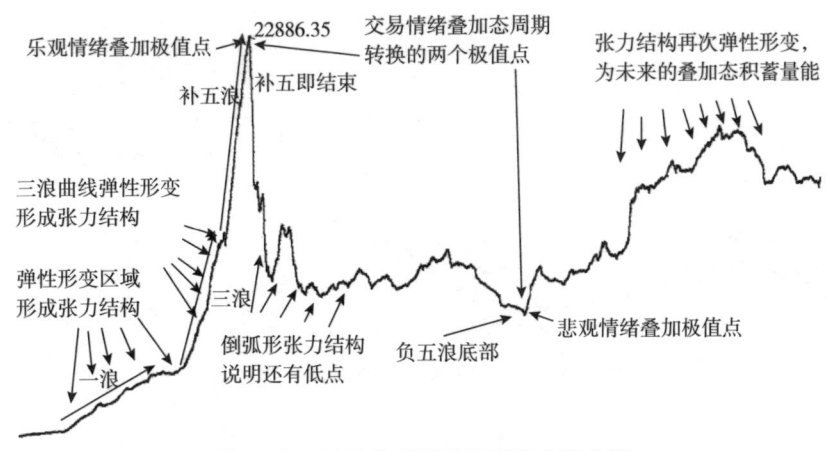

图 1-46　2015 年前后沪深融资余额曲线

叠加态周期的末端形成两个极端，一个是"物极必反"，另一个是"不破不立"；一个是正叠加周期，另一个是负叠加周期。为什么事物只有到达极端才能转换？因为只有叠加态的量能放大效应才能制造出极端，而极端之后就是叠加态必然的坍缩，所以在无休止的叠加态周期转换中，极端的出现就是叠加周期末端无法摆脱的宿命。

图 1-46 的右边，曲线又一次开始弹性形变，未来的时空右侧，可能再次出现疯狂的叠加态，人们已经忘却曾经失去理性的经历，坚信下一次会保持绝对的清醒，但是根植于大脑深处的人性弱点会再次恶狠狠地教训他们——"只要你们对未来的行情充满激情，那么一定会再次回到非理性。"

从图 1-47 中可见，在 2015 年大牛市启动之前，创业板指数的三浪 K 线历经两年的弹性形变，已经形成大级别的弧形张力结构，蓄积了巨大的交易量能，这是即将出现情绪叠加浪的前奏，之后在转折小五浪结构中又形成小弧形张力结构，行情的启动此时已经没有悬念了。

图 1-47 也呼应了同时期的图 1-46 中融资余额的曲线走势，验证了 K 线运动的情绪叠加原理。图中大三浪形成的张力结构，说明很多资金早已布局或被形态挟裹其中，但有没有全身而退就不得而知了。

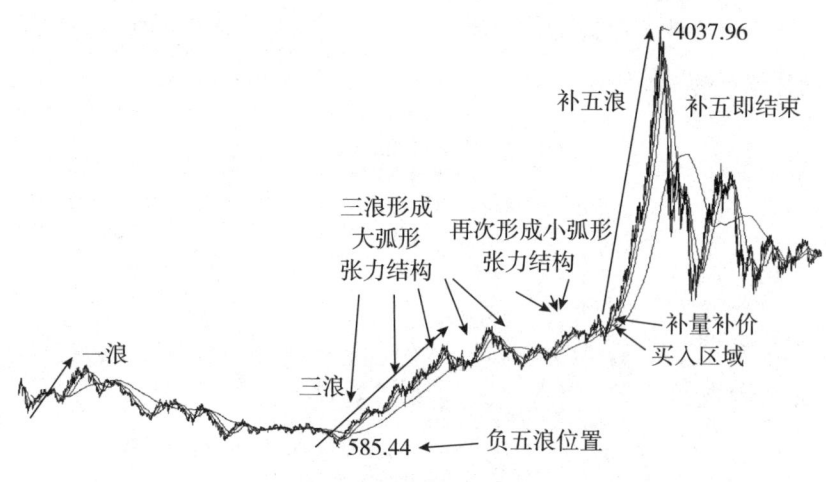

图 1-47 2015 年前后创业板指数日 K 线

（六）2020 年 WTI 原油价格跌到负值事件

美国西得克萨斯中间基原油（WTI）期货价格与布伦特原油期货价格是国际原油市场两大标杆，2020 年年初新冠疫情暴发，美国 WTI 原油的 5 月期货合约一度创下 -40.32 美元的历史新低，最终结算价为每桶 -37.63 美元，跌出极端非理性的负值。这可以理解为你去买一桶原油，不但不需要付钱，还会倒找你 37.63 美元，真是"天上掉馅饼"的事。

这是纽约商业交易所开设轻质原油期货交易以来从未出现过的现象，那么市场怎么了？就像巴菲特所说，出现了愚蠢的价格。原油跌出极端非理性的负值，导致很多原油多头和原油衍生品爆仓，投资者亏得莫名其妙，但是现实中这种匪夷所思的事件实实在在地发生了。人们惊魂未定，显然没有意识到表象的背后隐藏了什么，在我看来，这种极端的非理性行为好比酩酊大醉的酒鬼打碎了家里最珍贵的物件，虽然时间会淡化一切，但是确实造成了无法挽回的伤害。

前面我们说过，这种现象在历史中出现次数虽少，但破坏性极大，这是因为叠加周期很长，但叠加周期的极值点的显现时间却很短，特别是极端大事件催生出的极端极值点，这些极端事件充分展示了量能的叠加力量。

如图 1-48 所示，2008 年 7 月之前的上升周期中，原油期货价格走出完

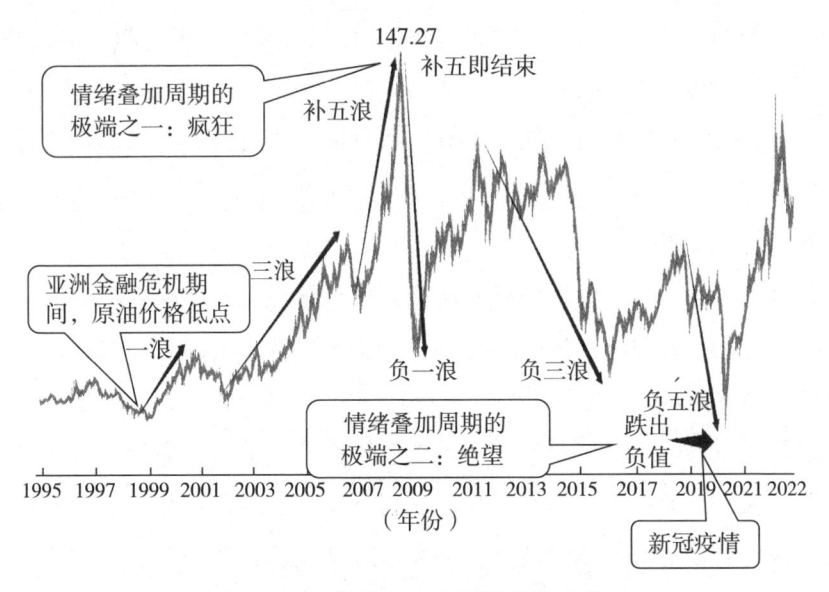

图 1-48　美国 WTI 原油期货周 K 线

整的五浪时空结构，经过一浪与三浪的叠加，补五浪的高点出现在 2008 年 7 月，创下 147.27 美元的历史高点，这是 1997—1999 年亚洲金融危机以来新叠加周期的极值高点，代表了看多情绪的疯狂，这时候如果你去采访买入做多的任何人，他都会毫不犹豫地告诉你，价格还会继续上涨，因为他的情绪已经被市场扰动，大脑在顺应叠加方向释放潜意识中放大的量能。

而后油价顺应"补五即结束"，进入反方向叠加周期，2020 年 4 月的极端负值低点恰好处于负五浪的位置区域，本来即使没有新冠疫情影响，负三浪的低点价位也必然跌穿，这是因为负一浪与负三浪形成了负循环的叠加条件，右侧存在向下的"省力空间"。此时恰逢新冠疫情造成全球流动停滞，所有航班几乎停飞，突发的大利空事件顺应了"省力空间"，技术趋势和新增的恐慌情绪同向叠加，好比在向下的陡坡中加速开车，最后造成极端的失控事件，-40.32 美元的价格低点就是"省力空间"被利空扩大的极端效应。

一旦滑入这种极端的"引力空间"，人性就滑入了歇斯底里的意识黑洞，哪里还有什么理性？

为什么价格总是从一个极端走向另一个极端？因为这是情绪叠加周期末端出现量能放大效应后必然制造的极值点。只有在这两个极值点，才会必然出现"大脑的正确导致行为的错误",也只有"大脑的正确导致行为的错误"才能制造出市场的两个极端。

为什么投资者会兴奋、疯狂、愤怒和恐惧？这是源于叠加态形成过程中"省力空间"中的量能放大效应，叠加态中的量能超出极值越多，投资者表现出的释放行为就越极端。

事件发生过程中，在叠加态的极值区域，做空力量顺应叠加方向，做多力量会因为止损或被迫止损必须开空单平仓，原本背离的做多和做空力量合体指向一个方向。

在爱因斯坦的广义相对论中，时空中的物质能量分布会使得时空发生弯曲，人们会以为这种玄妙的科学理论适用于难以企及的无限宇宙，其实，普适性的真理从来不会远离，就在我们身边，甚至就在我们身上。在我们大脑的潜意识中，叠加态形成中的量能放大效应制造出时空弯曲，这种时空弯曲扭曲现实、扭曲市场、扭曲人性，让我们看不清真相，欣喜若狂又歇斯底里。

市场叠加出来的价格扭曲如实反映了人性的扭曲，市场与投资群体的情绪又互为映射，所以说<u>K线价格的波动是交易情绪波动的表象，在叠加周期的两个极值区域，人性的弱点与极端的价格融为一体，互为表象</u>，它就像人们在怒火万丈情绪失控时无论如何都要挥出去的一拳，只不过形成负反馈后受伤的是自己。

从英国南海公司股价走势到比特币行情，再到以上案例，你会发现，所有非理性狂欢式的炒作过后都是一地鸡毛。<u>因为叠加态的自然形成特性，潜意识中的情绪叠加周期悄无声息地掌控着人们，再聪明的人也不例外，一旦被量能放大效应所控，理性就会无影无踪。</u>这种人性中的弱点仿佛是根植于人类基因深处的木马病毒，一旦符合触发条件，就会自动启动，瞬间将人们置于愚蠢透顶的境地。

<u>五浪时空结构法则反映了投资者情绪波浪的叠加周期：</u>
<u>一是不同级别的情绪叠加周期形成不同级别的五浪时空结构。</u>
<u>二是不同级别的五浪时空结构中存在不同程度的非理性成分。</u>

剧烈的市场波动源于投资者情绪形成的叠加态，极端的情绪叠加态制造

极端的高点和低点。从前文可知，在叠加态形成之前会先形成叠加条件，所以市场总会为接下来的动作提前准备好一切。根据之前的浪形和形态，就可以预测叠加态的形成，这是我们能做出预测行为的技术原理。

那么，掌握了五浪时空结构法则就可以在股市轻松盈利了吗？当然不能，除非你能弥补人性中的潜意识缺陷，否则即使你知道什么是正确的，你的潜意识却不让你那么做。

所以，基于人性的潜意识本能，周期性的泡沫不可避免，但清醒的旁观者却可以预测。

四、最需要清醒的时候反而糊涂

人们在牛市中疯狂看多，在熊市中又极度看空，非理性情绪的叠加态主导了一切，唯清醒者从中获利。

每一个参与者都是行情的制造者，其中，非理性的参与者是主导，因为没有多数的非理性就不会产生极端的行情，行情的级别越大，非理性的成分就越多。

为什么在股市中有"九亏一平一赚"一说？因为非理性群体是多数，他们任何时候都无法获利，即使侥幸获利，也拿不走一分，因为他们会在下一次非理性行情中失去一切。

为什么赌场上的赌徒通常会把赢来的筹码输个精光？主要是因为频繁的盈亏刺激让情绪的波动更剧烈，大脑忙于释放多余量能。盈亏刺激形成情绪叠加，大脑量能累积；遵从大脑释放量能方向，买入释放；盈亏后情绪叠加；买入再次释放。如此，赌徒始终回不到理性状态，所以不时出现的叠加态制造的非理性掌控了所有行为——频繁出手，最终落入概率陷阱，两手空空。

在股票市场中，频繁交易会制造相同的场景，频繁的盈利和亏损对情绪的扰动让投资者不时地处于非理性的叠加状态，结果同赌徒一样，大脑会依照释放量能优先的潜意识本能行事，赢了还想赢，亏了想捞回来，量能的释放方向必然顺应情绪的叠加方向，结果造成频繁的追高和杀跌行为，反复顺应错误的方向。

所以要让个体或群体失去理性，最好的方法是频繁制造情绪波动，形成叠加态，直到他们失去理性。有些人用模拟仓交易股票和期货时成绩不错，改用真金白银交易时却判若两人，因为前者不受情绪扰动心态放松，后者恰恰相反，可见技术并不是投机成功的充分条件，个人的情绪控制是更重要的一环。

事实就是这样残酷，在股市激烈的非理性叠加周期中，理性者拿走了非理性者的东西，这在本质上也是财富的再分配，与其他商业行为相比没什么优劣之分。如果你能意识到人性的弱点，成为一个遵守原则的理性者，而你的对手是毫无章法的非理性者，对局结果不言自明。

通过投资市场中的诸多案例，我们可以得出一个结论：

人们在最需要清醒的时候反而糊涂，在最需要冷静的时候往往陷入狂热。

因为重大事件的本身就处于多重叠加态之中，所以重大事件的参与者中，大多数都会处于非理性情绪之中，而且重大事件的级别越高，非理性的群体就越大，非理性的程度也会越高。当重大事件发生时，本来最需要的是理性和冷静，可事实往往恰恰相反。

<u>不得不说这是人类无法摆脱的情绪陷阱：大脑在极端情绪叠加周期中的生理反应的正确造成了现实中的行为错误。</u>

这是人性最大的弱点，不仅仅在投资市场，这个结论适用于人类历史上几乎所有重大事件。因为叠加态的自然形成特性，人们总是在潜意识中进入非理性状态，人们却对自身不知不觉陷入愚蠢的境地毫无察觉，这就是人性的悲哀。

这种缺陷让我们认识到人类并不是天地间最完美的创造。

情绪的叠加态制造悲伤，制造惊喜，
制造痛心疾首和可歌可泣，
它制造了我们所有的情感表达。
没有它，这个世界很苍白；

有了它，这个世界却很悲哀。
没有它，我宁愿从出生就一脚踏入坟墓；
有了它，却会为那些自作自受的愚蠢行为感到无奈。
没有它，历史会死水一潭；
有了它，真相却荒谬不堪！

五、重要时刻，潜意识往往是理性的敌人

理性的认知可以让我们有意识地控制情绪波的波动方式，避免非理性的叠加态，但潜意识却无时无刻不在影响我们，只要你不能有意识地控制它，它就会出于本能掌控你，只要你稍一放松警惕，它就会掌控你的情绪，把你拖入潜意识本能的非理性箱体。

杰西·利弗莫尔是股市中拥有极其重要地位的传奇人物，他的一生随着他的交易经历跌宕起伏，他的交易思想随着爱德温·勒菲弗的著作《股票大作手回忆录》广为传播。他几次亏到负债累累宣布破产，但总能东山再起，重新赚取巨额财富。

凭着在资本市场的辉煌战绩，利弗莫尔成为人们眼中的"大作手""华尔街巨熊"。我认为利弗莫尔的一生一直在控制自己的人性，利用人性的弱点获利，他在书中系统阐述了如何规避人性的弱点：

华尔街没有新事物，因为人性永远不会变。没有一个地方会像华尔街一样，可以让历史如此频繁、放肆而又一致地重演。你在研究经济景气和恐慌的历史纪录时，会震惊地发现，股票投机行为在过去和今天没有任何差别，这种游戏一千年也不会改变。

投机型交易是一件违反客观规律的事情，因为投机客对抗的敌人是自己的本性，所有人性的弱点都是投机客的致命伤。这些弱点通常可以把一个人所有的优点都抹杀掉。在其他行业里，这个弱点不会具有如此大的杀伤力，而在投机市场里恰恰是最致命的。

投资者的敌人总是从内心里冒出来，人性跟希望、恐惧同时出现。成功的投资者一定可以克服这两个顽固的本能，他必须得在交易中去掉人性中称为冲动的东西，他满怀希望的时候应该害怕，而在害怕的时候应该满怀希望，他必须得害怕损失会继续扩大，也得希望利润会变得更多，如果按照普通人一样在股市上交易，那绝对是错的。

利弗莫尔相信，股市是最难取得成功的地方之一，因为牵涉人性的弱点，控制人性和克服人性的弱点十分困难。利弗莫尔对投资者的心理层面非常感兴趣，曾经专门去上心理学课程，在此所花费的心血不亚于研究证券。

正是这种投资观点和做法让利弗莫尔几次东山再起，但是持久的对抗、控制自己的人性这种行为本身是极为艰辛的，而且在那个计算机不十分发达，不能像今天轻松一览K线全貌的年代，利弗莫尔对价格的预测全凭自己的数据记录，要付出怎样的努力才能做到成功预测后市？其中的艰辛和疲惫可想而知。

他多次因为人性的弱点失去财富，一贫如洗，正如他在《股票大作手操盘术》中所写：

有人问："你有这么丰富的经验，怎么还让自己干这种蠢事呢？"

他说："答案很简单，我是人，也有人性的弱点！"

利弗莫尔的一生一直处于有意识的对抗与潜意识本能的反扑之中，当他处于有意识的理性思考阶段时，他总是能依靠正确的操作创造辉煌，但当他回归人性弱点，处于自身潜意识本能的反扑中时，就会脱离理性的原则而失去一切。这正是造成他一生投资成绩大起大落的根本原因。

而他无法消除这种巨大的矛盾，也无法释放反反复复的失败情绪叠加在大脑中的负面能量，这种能量持续叠加超出自身的掌控极值，最终他用一颗子弹结束了自己的生命。

这是自身矛盾非理性冲突的结果，与人与人之间、群体与群体之间因矛盾而产生非理性冲突万殊一辙，只是这个矛盾的双方都是自己。

第一章　人性与波动

<u>为什么我们做不到一直正确？让正确和错误在行为中交错的正是潜意识。当一个人认识不到潜意识的形成规律，就无法理解理性的选择与潜意识的行为背道而驰的痛苦，就会在反复犯错时痛恨自己而且找不到办法，这也是痛苦的由来。</u>

所以对于绝大多数人来说，相比其他任何行业，股票和期货等波动剧烈的交易市场绝不是一个容易取得成功的地方。在面对面的情绪博弈中，投资者面对的是完整的情绪叠加周期，这就意味着，在频繁出现的叠加态的两端，潜意识会让投资者犯错。频繁交易意味着频繁落入情绪陷阱，最后必然归于失败。

对于股市中的散户来说，与其挣扎，不如远离。

第二章

股市那点事

顺天者昌，逆天者亡。毋逆天道，则不失所守。
——《黄帝四经·十大经·姓争》

一只股票，今天的股价是 15 元，明天可能是 20 元，两个月后可能是 80 元。股票本身或者说基本面并没有多大变化，比如可口可乐的口感、肯德基的炸鸡的味道，同诞生之初似乎没太大变化，但它们的股票价格波动巨大。很多时候我们将之归因于企业盈利和预期的变化，其实这并不是决定性因素，决定性因素其实是交易情绪受激后的叠加态周期。

所以 K 线波动的本质多数时候是独立于其本体之外的。如同我们依赖心跳生存一样，以叠加态周期转换的方式波动是 K 线的生存方式，波动是 K 线的价值所在。波动停止，K 线的存在就失去了意义。如果把 K 线视为生命体，它就是一种依赖五浪时空结构生存的特殊生命体，我们就能理解甚至走进 K 线的"省力空间"，就能体会到"省力空间"就是它运动的最小阻力方向。

这样理解它，它才会提前告诉你："是的，如你所愿，我的朋友，我必须这样运动！因为从量能的角度来讲，只有形成叠加态才能突破，只有经过叠加过程才能转换。"

你要深刻认识到，K 线的波动正是基于人性的弱点而存在的。五浪时空结构反映了交易情绪的叠加过程，情绪波的叠加周期始终遵循五浪时空结构法则。

基于叠加态周期转换的五浪时空结构法则是自然界量能的叠加法则，是 K 线的波动法则，也是历史的波动法则。

利弗莫尔说过，无论什么时候，从根本上来说，由于贪婪、恐惧、无知和希望，人们总是按照相同的方式重复自己的行为——这就是那些数字构成的图形和趋势总是反复出现的原因。

在此，我要加上一句：因为情绪受激后的波动和叠加方式一成不变，所以，人类释放快乐、烦恼、悲伤和愤怒等情绪的方式也会一成不变。

从这个意义上来讲，如果人类不能学会改造潜意识，那么就如同在黑夜中穿行。

一、谁在利用叠加条件？谁在巧借"省力空间"？

——有意识或潜意识的获利者

（一）顺"天"者昌，逆"天"者亡

股票的价格能被人为操控吗？当然能！

如同你能制造事端触怒一个人、一个群体，你也能触怒一只股。但是时来天地皆助力，运去英雄不自由，纵使量能再大，如果不能顺应"天道"，逆势而为，则必遭失败，这个"天道"就是叠加态周期转换法则。

1. 宜华集团操纵股票巨亏案例

中国证监会公告显示，2017年7月至2019年3月，宜华健康（现*ST宜康，000150）的控股股东宜华集团与私募安天诚控制使用132个账户，共同操纵宜华健康股价。

宜华集团、安天诚等使用其控制的账户组在2017年7月20日至2019年3月15日期间，利用资金优势、持股优势，采用盘中连续交易，在自己实际控制的账户之间进行证券交易等方式交易宜华健康，影响该股票交易价格及成交量，主观操纵市场的意图明显。

操纵手法上，宜华集团采用连续交易、对倒交易等多种方式，且在操纵期间存在典型的拉抬行为。据调查，账户组在多个时间段内大量、连续申买宜华健康，对应时段内该股股价涨幅达3%～10%。

不过，宜华集团的操纵行为并未能给其带来实际收益，而是导致了巨额亏损。中国证监会公布的其操纵期间的盈亏情况显示，宜华集团、安天诚实施操纵行为亏损8.17亿元。

中国证监会认为，宜华集团、安天诚共同操纵宜华健康的行为违反了2005年修订的《中华人民共和国证券法》中关于禁止操纵证券市场的规定，构成操纵证券市场的行为，责令宜华集团、安天诚依法处理非法持有的证券，对宜华集团处以225万元罚款，并对相关参与人员给予数额不等的处罚[①]。

联合大股东操纵股价，结果巨亏而且受到处罚，这真是"偷自家的鸡不成还蚀把米"了。为什么知根知底的操纵行为也会失败？

如图2-1所示，左侧一浪、三浪特征鲜明，补五浪出现在2014—2015年，当时适逢牛市，股价涨幅达10余倍，而后叠加态坍缩，也就是"补五即结束"。操纵事件就发生在补五浪的负五浪回调周期，在叠加态的坍缩周期逆势做多，当然不会有好的结果。

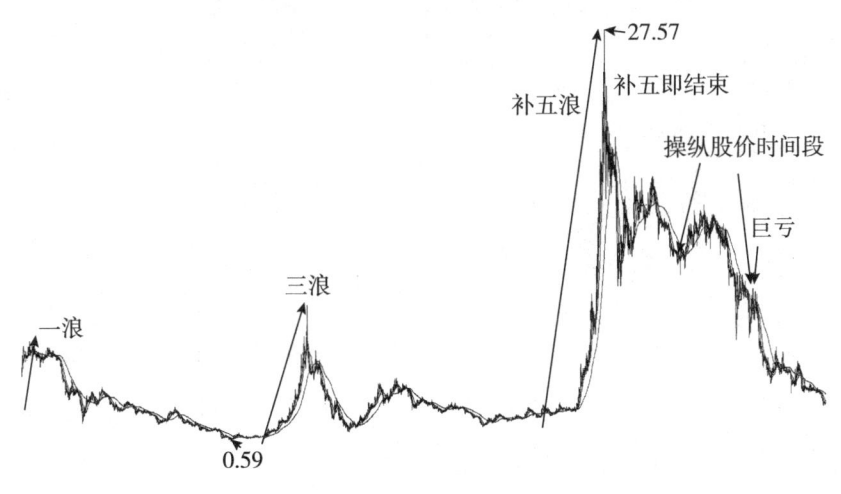

图2-1　宜华健康（现为*ST宜康，000150）日K线1

下面我们放大操纵股价时间段的K线图。如图2-2所示，在大级别的五浪时空结构中，补五浪必然形成大的历史穿越浪，而后会深幅回落，进入深幅调整的负五浪时空结构，因为"补五即结束"，在大负五浪回调周期中操纵做多股价，犹如逆水行舟，投入再多资金，结果也必遭惨败。

在《股市法则与跨时空纠缠》一书中我们说过，两个历史穿越浪之间的

---

① 参考《中国证监会行政处罚决定书（宜华集团、刘绍喜等6名责任主体）》〔2022〕44号。

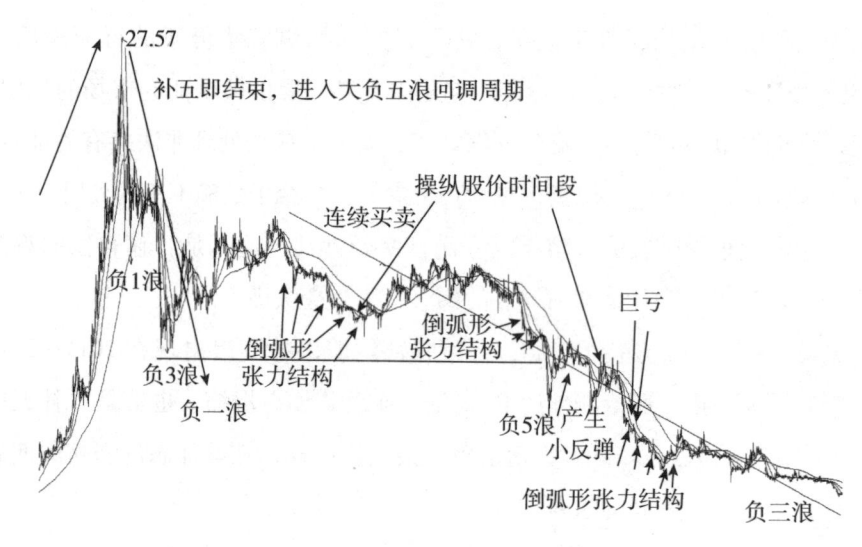

图 2-2　宜华健康（现为*ST宜康，000150）日K线2

距离很远很远，想象一下，一个巨大的海浪落到底需要时间，而新的大浪又要经历复杂的周期重建过程。所以失败是操纵的时机不对导致的。当然，操纵股票是一种违法行为，无论成功还是失败，理应受到处罚。

2. 第一猛庄"德隆系"崩盘案例

2004年4月，曾经的大型民营企业德隆集团股票崩盘，"德隆系"轰然倒下。德隆集团当初被称为"江湖第一猛庄"，旗下拥有177家子孙公司和19家金融机构，是一家大型企业集团。

德隆创建于1986年，经过10多年的发展，集团逐渐扩张，涉足制造业、流通业、服务业、金融业和旅游业等十几个行业。然而，在实施并购过程中，由于扩张过快，资金链断裂，德隆陷入了财务危机。

2004年4月13日起，"德隆系"老三股中，合金投资（000633）高台跳水，中粮屯河（现为中粮糖业，600737）和湘火炬（000549，已退市）相继跌停。在短短一周内，"德隆系"股票彻底崩盘，流通市值缩水超过60亿元。在随后的4个月内，3只股票过去5年的涨幅化为乌有。事实上，2004年年初，德隆资金链就非常吃紧，已经无力筹措资金为旗下股票护盘，反而开始放盘出逃。在各界的质疑下，银行注意到风险，切断对德隆的资金供应，"德隆系"随即全线崩溃。

分析"德隆系"老三股崩盘前的走势。图2-3是"德隆系"老三股之一合金投资（000633）股价崩盘前后的K线走势。

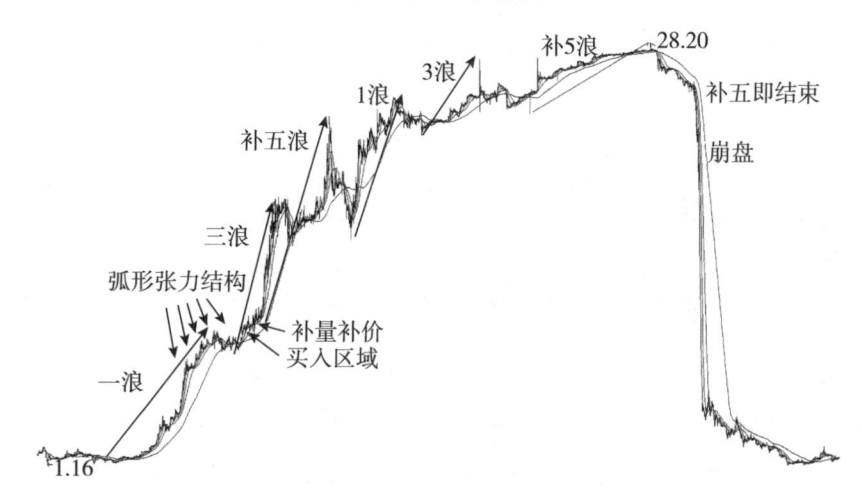

图2-3　合金投资（000633）日K线1

从图中左侧可见，1998—2000年，一浪、三浪、五浪已经形成完整的五浪时空结构，价格从1元左右涨到23元上方，涨幅巨大。根据"补五即结束"的铁律，此股票已经处于巨大泡沫的顶端，本应大幅回调，但是"德隆系"以一己之力强势维护股价，犹如给垂危者不停地打强心针，价格在顶端弱势震荡了4年之久，又形成了顶部小5浪时空结构，创下了28.20元的补5浪高点。恰恰是这个高点的出现，再次形成了"补五即结束"的叠加态，崩盘在所难免。

崩盘的股价犹如瀑布飞流直下，跌速惊人，直到2005年4月25日，股价跌至1.29元方才尘埃落定。

回首看高处，如隔前世今生。正是人生几度秋凉，仿佛一场大梦！

图2-4是中粮屯河（现为中粮糖业，600737）股价崩盘前后的K线走势。叠加周期的嵌套非常清晰，顶部区域出现补五浪后面的补5浪，这是叠加态之上的叠加周期，与合金投资崩盘前一样，如强弩之末，已显大厦将倾之势。

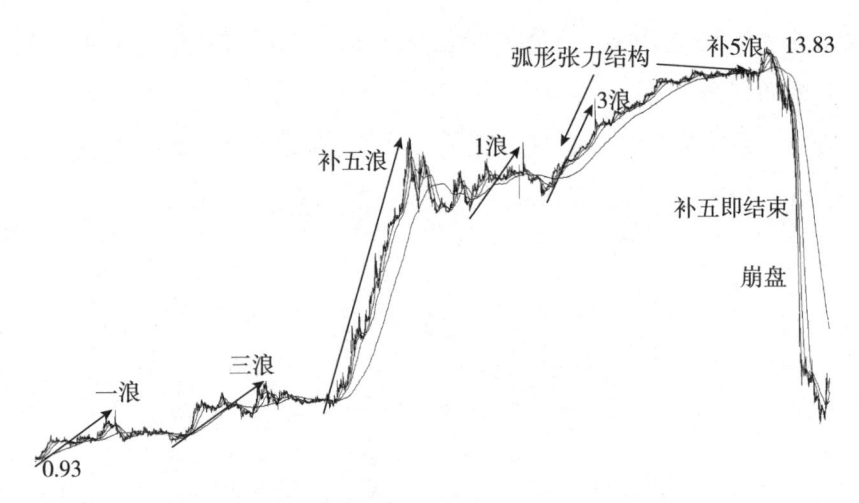

图 2-4　中粮屯河（现为中粮糖业，600737）日 K 线 1

这种试图以一己之力挽狂澜于既倒的行为是典型的非理性行为，当事者大脑无法理喻的疯狂与固执在 K 线的形态中反映得淋漓尽致。

图 2-5 是湘火炬（000549，已退市）股价崩盘前后的 K 线走势。主升浪是完整清晰的五浪时空结构，而后顺应铁律补五即结束，最后尘归尘，土归土。

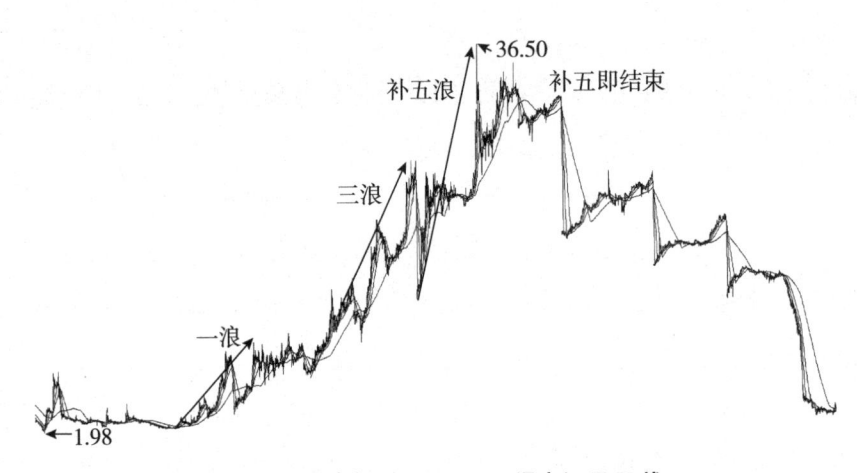

图 2-5　湘火炬（000549，已退市）日 K 线

"德隆系"三股的崩盘走势再一次证明了五浪时空结构法则的客观规律性。顺"天"者昌，逆"天"者亡，K 线的"天"就是量能的叠加态周期转换，就是五浪时空结构的周期转换。

恰如千年前《黄帝四经》中所讲：毋逆天道，则不失所守。如果逆了天道，则什么也守不住。

但"德隆系"的故事并没有到此结束，更精彩的还在后面。

（二）让人大跌眼镜的真相背后是人性

1. "德隆系"两股的"借尸还魂"

2008年4月开始，当年崩盘的"德隆系"三股之一的中粮屯河出现"借尸还魂"的走势，从崩盘后的最低价0.74元晃晃悠悠涨到31.76元（见图2-6），而2004年崩盘前的最高价只有13.83元。

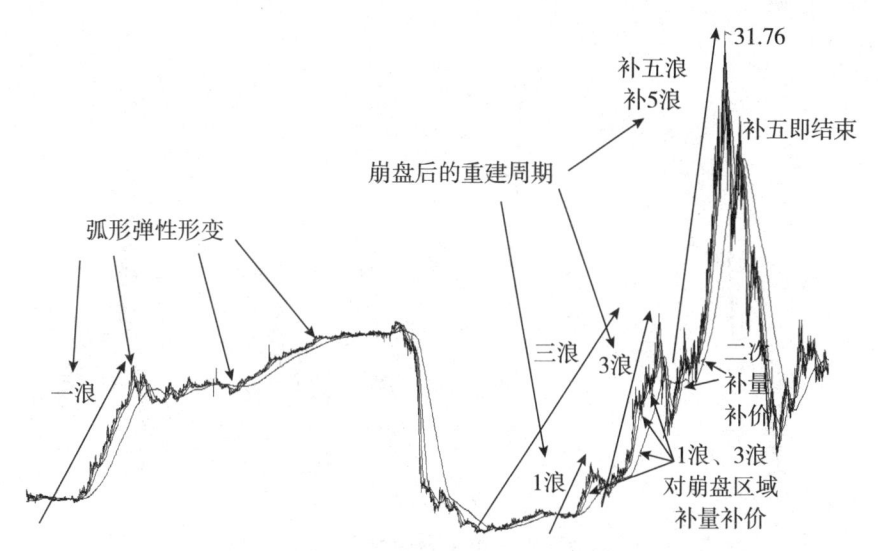

图2-6 中粮屯河（现为中粮糖业，600737）日K线2

图2-6中，股价从低点到高点涨幅惊人，细观一浪以及崩盘前竭力维持股价的区域，K线已经发生类弧形弹性形变，形成张力结构，蓄积了交易量能。

从图中可见，左侧崩盘后的重建周期结构由1浪、3浪、5浪形成五浪时空结构，其中1浪和3浪组合对崩盘区域补量补价，二次补量补价区域形成买点，K线进入左侧一浪与右侧1浪、3浪制造的"省力空间"，由此开启补五浪的叠加态。

注意图中发生的时空结构嵌套，右侧1浪、3浪、5浪为完整的五浪时空结构，同时右侧的1浪、3浪又形成了相对于时空左侧一浪的三浪，这就制造出补五浪的"省力空间"，所以后面的叠加态补五浪可以预测。

2015年5月28日，"德隆系"老三股之一合金投资股价竟然也上演了跨时空穿越走势，超越了崩盘前的历史最高点28.20元，创下历史新高价28.38元。

如图2-7所示，右侧重建周期的五浪时空结构的综合涨幅也非常可观，从崩盘后的最低点1.29元到最高点28.38元。重建周期依然建立在左侧大弧形张力结构的量能制造的"省力空间"之中，而后"一三指方向，补五即结束"。

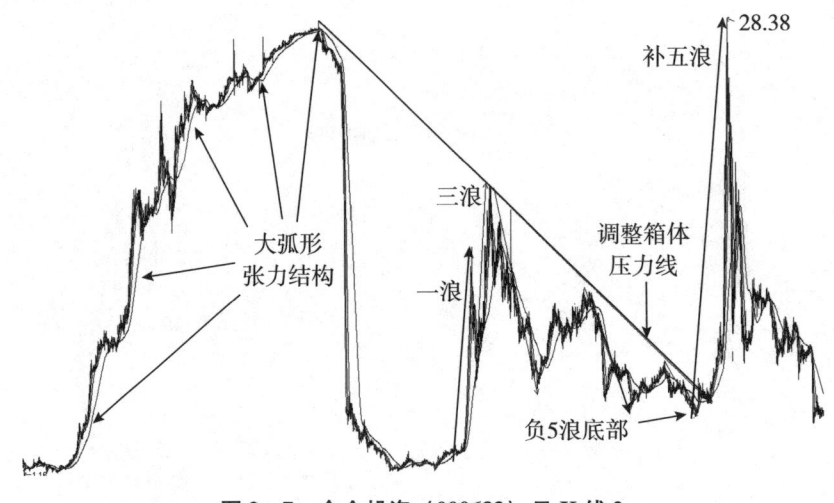

图2-7 合金投资（000633）日K线2

怎么会这样？究竟发生了什么？理论上讲，如果"德隆系"继续持股，不仅不会亏损，反而会大赚一笔。

但是，和人类历史一样，如果"德隆系"及其他持股者没有止损出局，后面的走势就会继续时空延展，直到先行者交出筹码，江山易主，才能进行新周期的重建。崩盘后急流直下的走势令持股者恐慌，迅速迫使持股者完成了筹码交换，加速了重建周期的到来。

谁能想到，当年"德隆系"的操纵行为为别人做了嫁衣！

为什么会出现这种"借尸还魂"的走势？只是偶然吗？如果是必然，其后隐藏着什么样的秘密？

其实答案仍在自然法则中，量能永不眠，叠加态周期结构一直在构建和转换。

第一，崩盘前的类弧形大波浪携带的量能并没有完全消失，形成了时空左侧可利用的叠加条件。这就如同被大水冲刷后干涸的河床，依然是水流的首选；又如驴友在荒野中前行，会走前人踩出的路。对于左侧存在叠加条件的股票而言，这条路比去找其他路披荆斩棘轻松多了。一旦形成完美的叠加条件组合，右侧就会出现"省力空间"，股价就会顺应最小阻力方向运动。

第二，利空后股价巨幅回落，腾挪出巨大的运作空间。这些股票只要没有退市之忧，就会走出完整的重建周期，有远见的资金悄悄推波助澜，便可借力打力，顺势扩大重建周期的浪形结构，制造巨大的叠加态，起到四两拨千斤的效果，形成大级别的叠加态波浪，最终获得超常收益。

所谓"危就是机"，就是这个道理。其背后是非理性行为与理性行为的周期转换，是左侧量能的重新利用与跨时空纠缠。

人性两极端，成败一念间。

涨跌皆如梦，几人能看穿！

精彩之余，可悲可叹！

然而，这种"借尸还魂"的故事在股市中并不孤单。

2. 天茂集团的精彩演绎

天茂集团（000627）也是著名的庄股之一，历史经纬错综复杂，被操纵时，曾有传闻庄家持股98%，但是一切还是逃不出规律，一旦资金链断裂，一根稻草就会压垮骆驼。

2003年6月20日，大厦将倾，K线在巨大的抛盘下收出第一个跌停板，随之连续收出8个跌停板，除了惊恐万分的散户，一些为做庄者提供融资的证券公司也损失巨大。

图2-8是天茂集团（000627）横跨20多年的K线全景，新资金在左侧

的叠加条件（一浪）基础上开启重建周期，构建出三浪，一浪与三浪形成完整的叠加条件，随后在补五浪收获惊人涨幅。

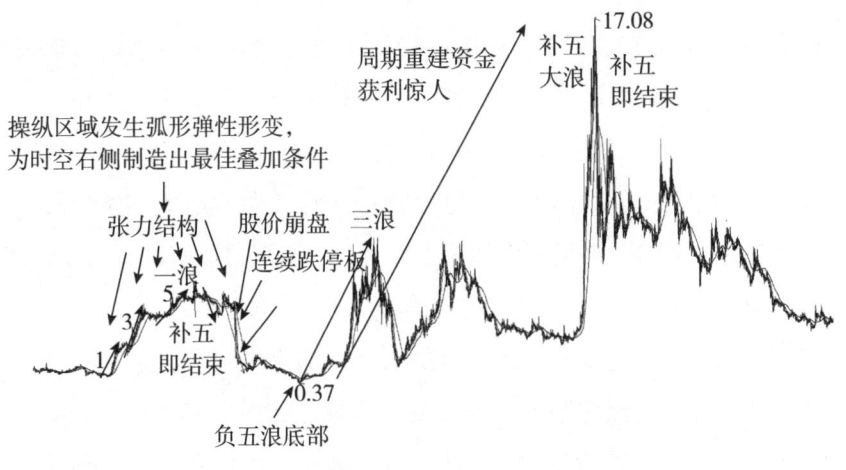

图 2-8　天茂集团（000627）日 K 线

左侧一浪的操纵区域因为资金竭力维持股价而发生完美的弹性形变，为时空右侧制造出最佳的叠加条件，其波动量能被后来的资金利用，在一浪与三浪的基础上，最终成就补五大浪。这并不难理解，左侧的一浪坍缩后如打好地基的断壁残垣，但对于想遵循叠加结构继续建房的后来者来说，接着建设总比重新开始打地基要省力得多，只需要构建出三浪，况且利用这些断壁残垣并不需要付出分文。

同"德隆系"两股一样，左侧白手起家形成一浪的资金费尽心血，却没有得到好的结局，徒为后来者创造叠加条件，后来者利用左侧叠加条件制造"省力空间"，而后在叠加态补五浪中获取暴利。

3. 好风凭借力，送我上青云——重庆啤酒的惊天骇浪

在《股市法则与跨时空纠缠》一书中，我也举过重庆啤酒（600132）的例子来说明五浪时空结构的必然性。

重庆啤酒 1997 年 10 月上市，而后收购佳辰生物，开始和乙肝疫苗概念挂钩。当时乙肝疫苗概念炙手可热，重庆啤酒频繁披露疫苗研发进展，股价

也借此潜在利好因素一路狂飙，从低点起涨幅达到 30 多倍。

从图 2-9 中可见，一浪与三浪构建出符合要求的叠加条件，三浪量速明显大于一浪，时空右侧具备了形成较大叠加态的条件。

2011 年 11 月 25 日，股价在疫苗研发利好下创出新高，在大三浪的补 5 浪位置收出假阴线，根据"补五即结束"的铁律，在这个位置利好已经被市场走势透支，即使疫苗研发成功，上涨空间也已经有限。2011 年 12 月 8 日，停牌多日之后的重庆啤酒公告发布巨大利空消息，疫苗研发宣告失败。公告一出，不啻晴空霹雳，重庆啤酒在之后的 11 个交易日里出现了 10 个跌停板。这十几天里，之前高位出逃资金窃喜不已，而接盘套牢资金步步惊心，最终纷纷割肉出局。

利空，就这么巧，恰恰出在叠加态的坍缩点补 5 浪的位置上。

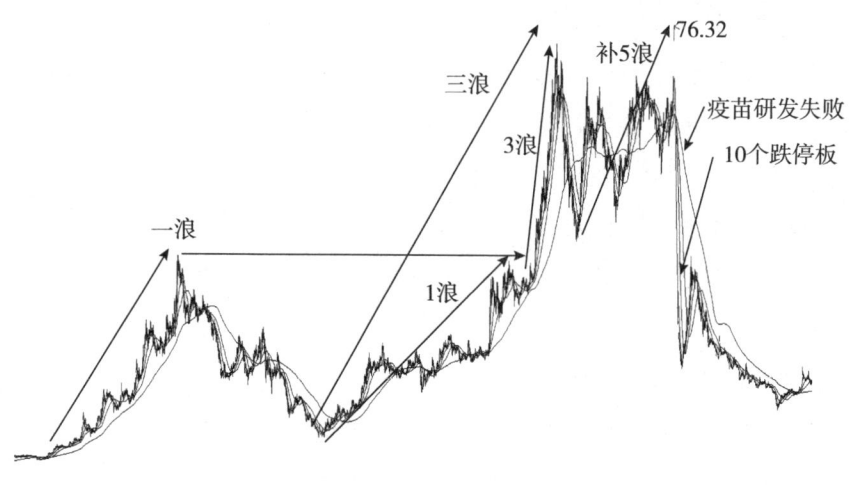

图 2-9　重庆啤酒（600132）日 K 线

拉开坍缩周期大幕的恰恰是补 5 浪位置的高位阴线——开启了分时下杀周期的负 1 浪，按下了由喜剧周期向悲剧周期转换的按钮（见图 2-10）。5 年之后，股价由利空前的最高点 76.32 元跌到了最低点 5.35 元，低点连高点的零头都不够。

一个大"五浪时空结构"后面隐含着几家欢喜几家愁，高位获利资金的背后是无数的绝望和惊惧。

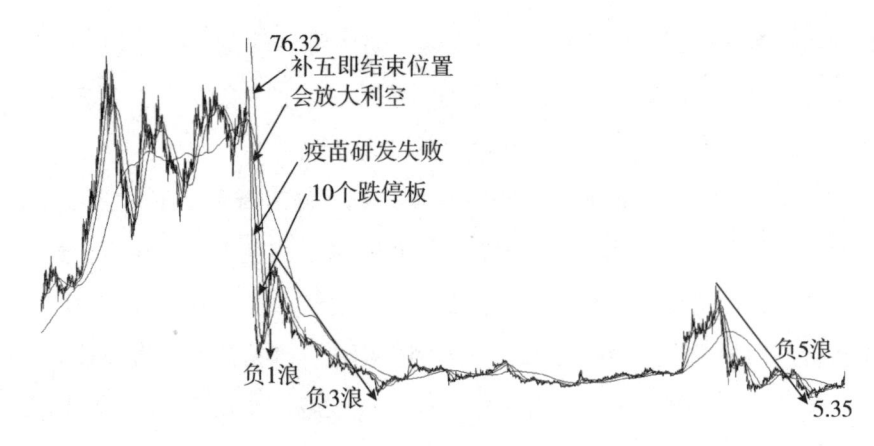

图 2-10　重庆啤酒（600132）利空后的大调整周期

同前文的"德隆系"一样，重庆啤酒的故事也没有结束，更精彩的还在后面。人世间的事情总是这样，悲喜交集，峰回路转，但可惜的是已经江山易主，物是人非。

在负5浪调整周期结束后，大利空的底部，一些有远见的资金开始周期重建动作，历经5年多的辛苦经营，股价从最低点5.35元涨到最高点207.99元，涨幅高达近40倍，令人瞠目结舌。

在图2-11中，我们看到，左侧三浪与一浪已经形成完美的叠加条件，补五浪的高点突破了一浪、三浪的高点连线，这一点非常重要，在后文中会讲到这根上轨连线代表的"极值"含义。三浪中先行资金折戟沉沙的苦痛换来了重建资金气吞万里的辉煌。

读过《股市法则与跨时空纠缠》一书的读者应该了解五浪时空结构的跨时空生成法则：有则延续，无则再生。如果时空左侧存在一浪，那么就要再形成三浪，然后才会制造出"省力空间"，构建叠加态；如果时空左侧已经存在符合叠加条件的一浪与三浪，那么接下来就是最佳的收获浪——处于"省力空间"中的最大叠加态补五浪。

所以在重庆啤酒的五浪时空结构中，左侧三浪和一浪制造的"省力空间"加上远见资金的推波助澜共同成就了气势恢宏的补五大浪。

我们已经知道，当具备叠加条件时，叠加态具有自然形成的特性。当符合条件的一浪和三浪出现后，会制造出时空右侧的"省力空间"，此时先知先

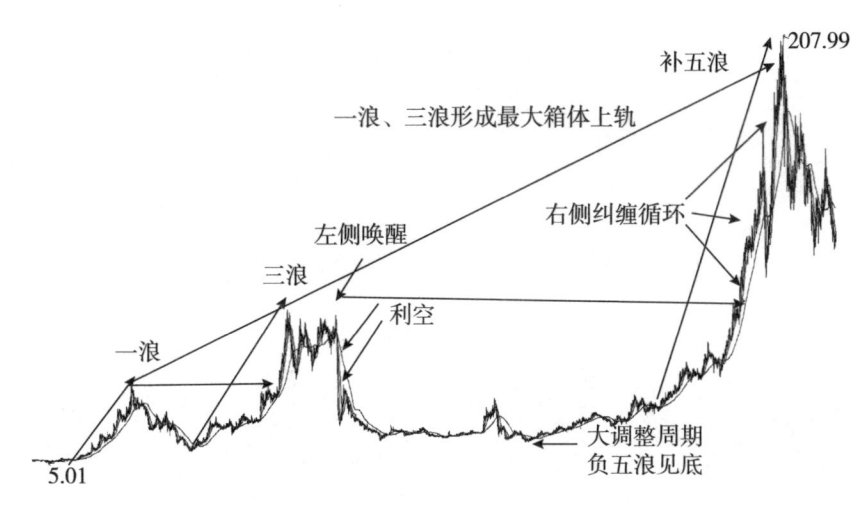

图 2-11 重庆啤酒（600132）重建周期

觉的资金如若在"省力空间"中顺势而为，会收获四两拨千斤的效果。

当大利空发生后，看到这种戏剧性的大反转行情反复发生，我开始思索，这和历史上王朝的兴衰更替没有区别：一个王朝的覆灭和另一个王朝的周期重建，反映了阶段性的民心所向。大自然的量能会有序地集聚，而后在叠加态中失控，消散。潜意识告诉我，深藏于股市中的五浪时空结构法则隐含着历史周期的兴衰规律，因为其背后都是人性。

（三）大利空之后的新周期重建

股市中，类似的场景频繁出现，却极少有人去研究分析。

图 2-12 是中兴通讯（000063）日 K 线，利空之前左侧同样存在叠加条件。2018 年，中兴通讯遭到美国制裁，股价从停牌前的 30 元左右跌到 10.75 元，后又从大利空后的调整低点 10.75 元涨到补五浪的最高点约 56.00 元，涨幅巨大。

制裁改变了叠加周期的结构吗？没有！这里要注意，补五浪同样越过了一浪、三浪高点连线，这也与后面会讲的"极值"问题有关。

如图 2-13 所示，2017 年 11 月底，国民技术（300077）公告利空消息，股价一度腰斩，最后在负 5 浪位置 5.76 元见底。之后周期重建资金进场，制

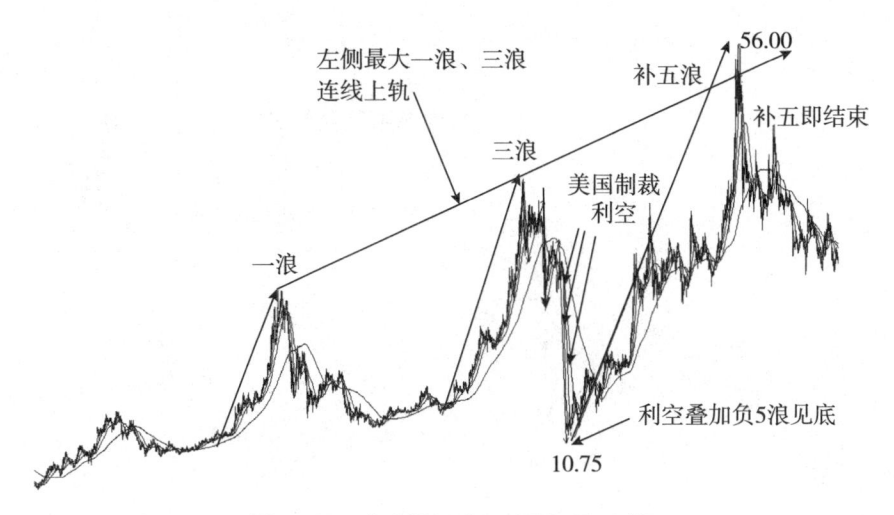

图 2-12 中兴通讯（000063）日 K 线

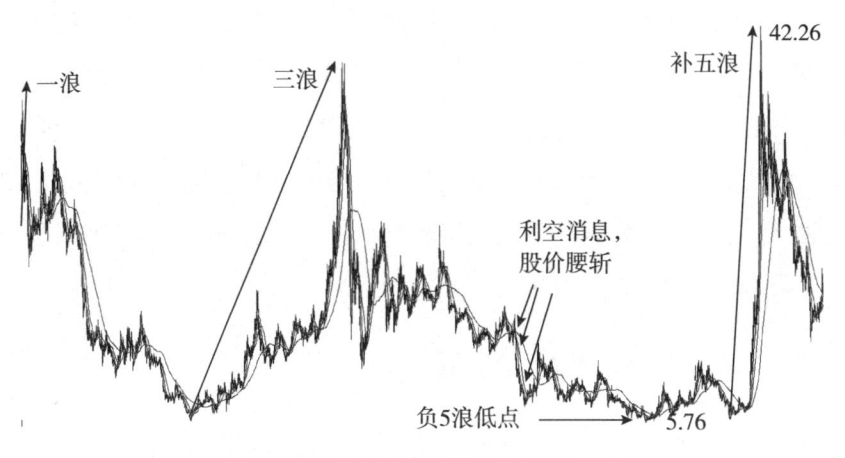

图 2-13 国民技术（300077）日 K 线

造出转向小 1 浪、小 3 浪。2021 年 5—7 月，短短 2 个月间，借助芯片热点概念，股价飙升到 42.26 元，完成补五浪。周期重建资金短期获利之丰厚，远非其他行业可比。

在股市中，有很多被暂时闲置无人认领的"烂尾金矿"，他人徒耗心力败退之后，留下的恰是宝贝，它们静静地隐藏在 K 线形态中间，只需用手轻轻拂去尘灰，就会露出耀眼的光芒。

正虹科技（000702）是中国饲料行业中最早改制上市的股份制企业，被称为"中国饲料第一股"。2002—2004年,正虹科技受禽流感、猪链球菌病、饲料原料价格上涨等影响,净利润下滑,在这些利空因素的打击下,股价从17.80元的高点一路跌到1.89元的低点。2005年5月,此股创下新低以后却备受青睐,10年后的2015年6月,竟然创下19.09元的历史新高。如图2-14所示,正虹科技(000702)左侧一浪区域已经发生弧形弹性形变,一浪与三浪形成叠加条件。

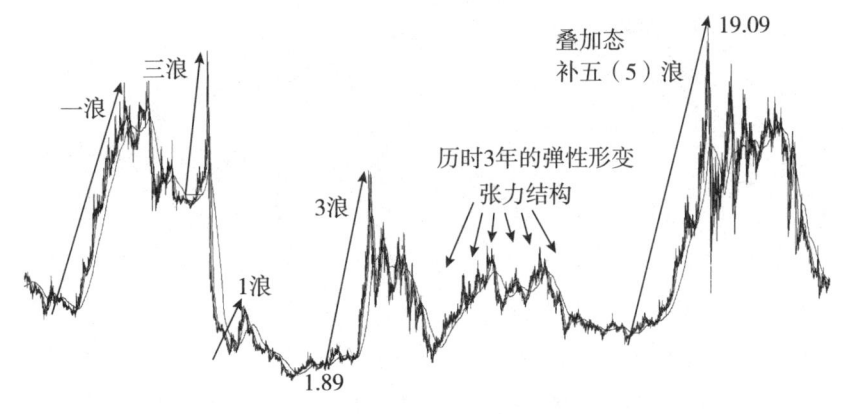

图 2-14 正虹科技(000702)日 K 线

为什么会这样?其实这背后是交易量能的波动、纠缠,遵循叠加态法则,从无序到有序,从有序到极端,然后开启反方向的周期转换。每一波拉升浪都是交易量能的时空旅行,而这种量能一旦生成,在 K 线中只会传递,不会消失。

德新科技(原德新交运,603032),原来的主业为交通运输,2017年1月5日上市,发行价格5.81元。上市后连续拉了13个涨停板,股价曾涨到45.70元。2018年3月宣布重组失败,股价从约47元的高点一路跌到10.32元。如图2-15所示,左侧的五浪时空结构完整,小5浪区域形成张力结构。利空出现在"补五即结束"的补5浪位置,而后快速进入惨烈的负5浪下杀周期,从约45元跌到10元附近,这种亏损带来的压力超出了常人的承受能力。负5浪的叠加态的出现说明了一切,持股者在巨大的精神压力下把筹码一股脑儿抛在了底部,而后股价仅仅逗留了七八个交易日就一路扶摇直上,历经 7 个多月竟然回到左侧历史高点，并创下 46.33 元的历史新高。左侧割肉者"鲜血淋漓"，而右侧抄底者获利丰厚。右侧的补 5 浪在疯狂的连续涨停板中戛然而止，再次补五即结束，这里又套牢了一批非理性投资者，主力资金在他人的疯狂中悄然撤退，留下还没有清醒的追高者。

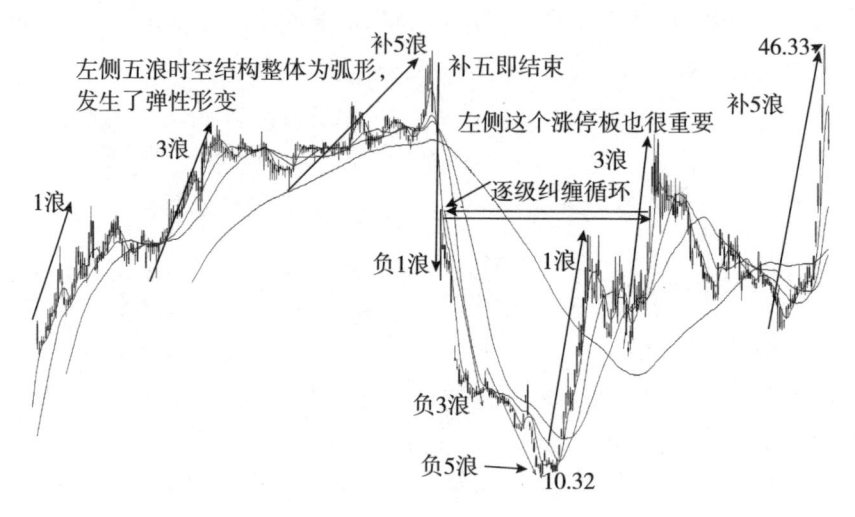

图 2-15　德新科技（603032）日 K 线 1

你或许会问：高位的筹码被谁接走了？或许你就是其中一员。因为只要制造出叠加态，就不愁没人上钩，它在彼时可以制造情景让你崩溃卖掉，同样可以在此时制造情景让你非理性买入。

之后无比煎熬的 2 年开始了，股价没有回头，从最高点 46.33 元一直跌到最低点 6.76 元，只剩下可怜的零头。我不知道当初在高位接盘的投资者如今还能剩下多少在坚持，即使有，可能也快"疯魔"了。其实负五浪叠加结构的末端已经清晰地反映了被套者情绪的崩溃。

这是对人性弱点的残酷绞杀和收割，如果你错了，不是市场在折磨你，是你自己在折磨自己。

故事还在继续，时间来到了 2021 年，德新科技收购了锂电池零件公司致宏精密，切入炙手可热的新能源赛道，股价从 6.76 元的低位一路涨到 100.64 元，市值大增（见图 2-16）。

技术上来看，2018 年的修复行情和 2021 年后的新能源行情明显形成了大级别的一浪和三浪，而且一浪和三浪具备相似的 K 线波动特征，时空的右侧，经历漫长洗盘之后，必然还有补五浪。

大起大落，大落大起，这真是不可思议的叠加周期，每一个周期都在遵循叠加态法则运行，无数的渴望和焦虑、无数的悔恨和狂喜伴随着无声的叠加周期。

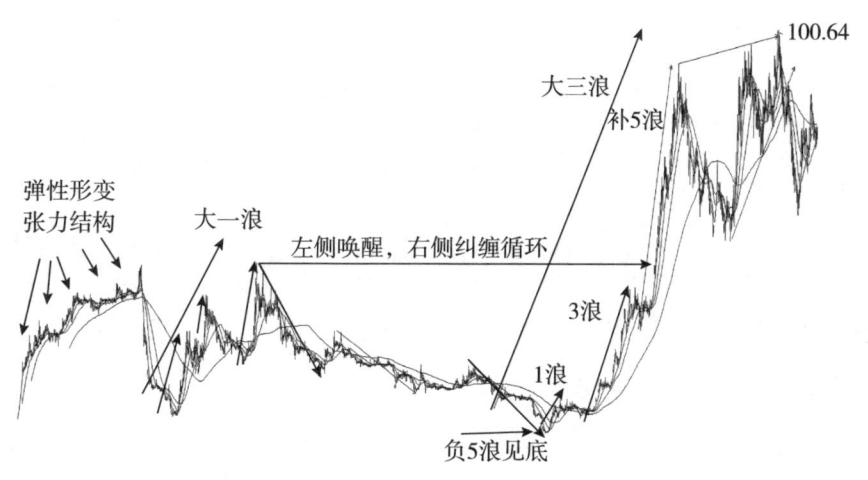

图 2－16　德新科技（603032）日 K 线 2

智度股份（000676）在 2005 年 6 月出现了连续 13 个跌停板，股价最低跌至 1.38 元[①]。多年之后，借助 2015 年牛市的东风出现接近 20 倍的惊人涨幅（见图 2－17），最高价达到 35.87 元[②]，重建资金获利之丰厚可见一斑。

左侧的弧形弹性形变以及极大利空制造的时空割裂，正是最好的叠加条件之一，重建叠加周期的资金利用了时空左侧的叠加条件，同时在新周期中重建小叠加条件——次级别一浪和三浪，最后在多重叠加态中获利。

只要没有退市之忧，任何被利空割裂后的 K 线都会重建周期，然后或快或慢地修复被割裂的时空，利空与利多，割裂与修复，人性弱点的周期性叠加态制造出 K 线的周期性沉寂与辉煌，时而喧嚣浮世暖，时而门前冷落鞍马

---

① 为历史除权除息后价格。
② 同上。

[图示：智度股份K线图，标注有"重建周期接近20倍的涨幅，深度受益于左侧的叠加条件"、"左侧最好的叠加条件"、"弧形张力结构"、"连续13个跌停板"、"1.38"]

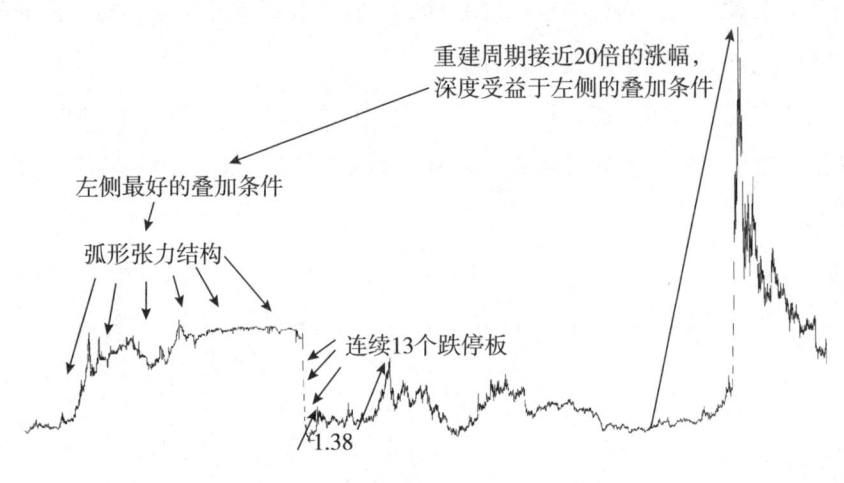

图 2-17　智度股份（000676）日 K 线

稀，五浪时空结构无言地描述着一个个让人抓狂的故事，如果从荷兰郁金香泡沫算起，几百年来，无休无止。

所以交易市场波动的本质是基于人性弱点的情绪叠加态周期转换，它会悄无声息地设计情绪陷阱，让大脑的正确产生行为的错误，在低位的叠加态中让我们交出筹码，又在高位的叠加态中让我们买入筹码，来回反复，还让我们输得心甘情愿。

市场永远没有错，市场在潜意识中遵循人性弱点设计运行，人类创造了它，却没完没了地受到它的愚弄，参与者前赴后继乐此不疲。

酒鬼酒（000799）在 2012 年出现重大利空事件，利空发生在三浪高点，所以当时跌幅惊人。如图 2-18 所示，左侧符合叠加条件的一浪和三浪已经出现。之所以补五大浪涨幅巨大，就是因为利用了左侧存在的叠加条件，在叠加态本来的自然形成过程中重建资金推波助澜，巧妙地扩大了补五浪的浪形结构，重建资金获利惊人。

在这个气势磅礴的叠加周期中，2012 年的利空事件起到了放大利空情绪、加速筹码交换的作用。没有利空，筹码交换会很慢，新周期就会时空延展。漫长的大熊市会起到同样的作用，受尽折磨的持股者在底部完成筹码交换，这种交换越彻底，新的上涨周期就会重启得越快。

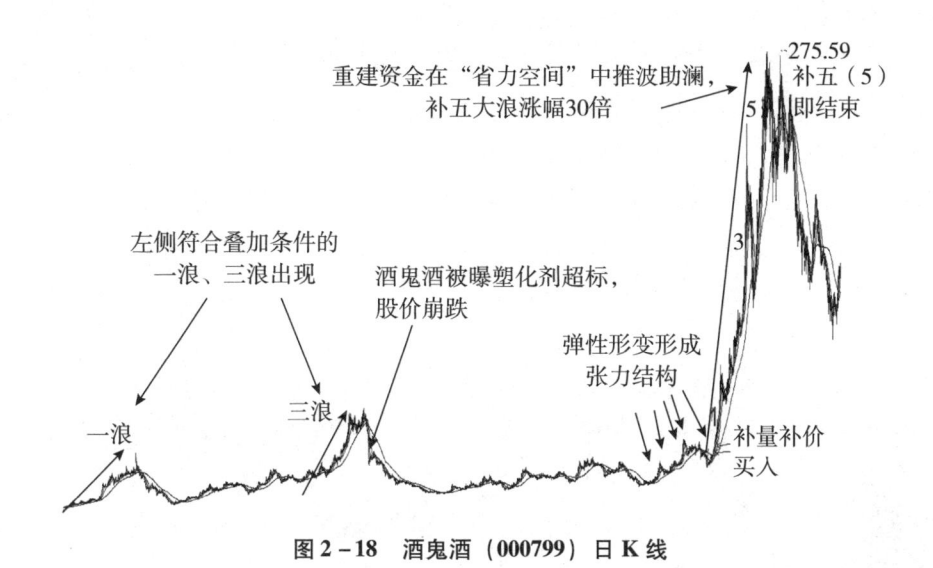

图 2-18　酒鬼酒（000799）日 K 线

回顾以上诸例，我们会发现一个共同点：在未完成的大五浪时空结构中，只要没有退市之忧，越是出现巨大利空，越容易催生补五大浪的出现，原因有三：

一是巨大利空形成的 K 线崩跌加速了负五浪时空结构的完成，也就间接推动了向新的正五浪时空结构的周期转换。

二是巨大利空形成的崩跌造成持股者心理恐慌，根据叠加态的失控原理，多数投资者在底部会不顾一切地卖出股票，流动筹码因此得以彻底换手，有助于新接手资金开始周期重建。

三是重建资金潜意识地利用了时空左侧的叠加条件，特别是左侧 K 线已经形成的一浪和三浪以及不同位置、不同程度的弹性形变。

几百年来，在残酷的金融市场中，成功者和失败者前赴后继。成败皆江湖，悲哀的是看不透成败的原因。

古人云：虽有智慧，不如趁势；虽有镃基，不如待时。什么是"势"？什么是"时"？"势"就是量能的叠加方向，"时"就是形成叠加条件后的起飞时刻。

K 线波动传递的交易量能看似虚拟，实则巨大，如能先行清醒地意识到这一点，那么世界各国的投资市场都会是你的用武之地。

图 2-19 是美股 UMH 地产日 K 线，其中补五大浪的做多区间和"补五即结束"后的做空区间最有价值。

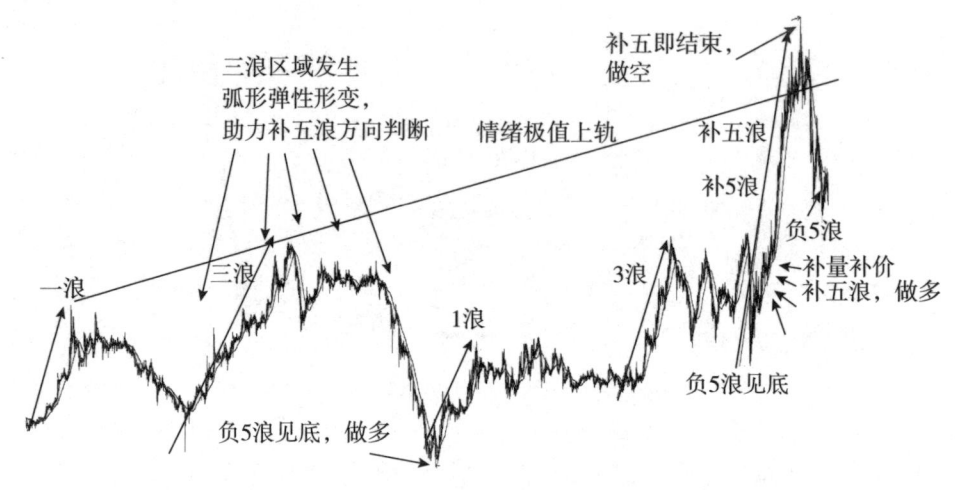

图 2-19　美股 UMH 地产日 K 线

图 2-20 是美股 ZEUS（奥林匹克钢铁公司）日 K 线，左侧三浪与一浪形成叠加条件，叠加浪启动前 K 线出现明显的弹性形变。

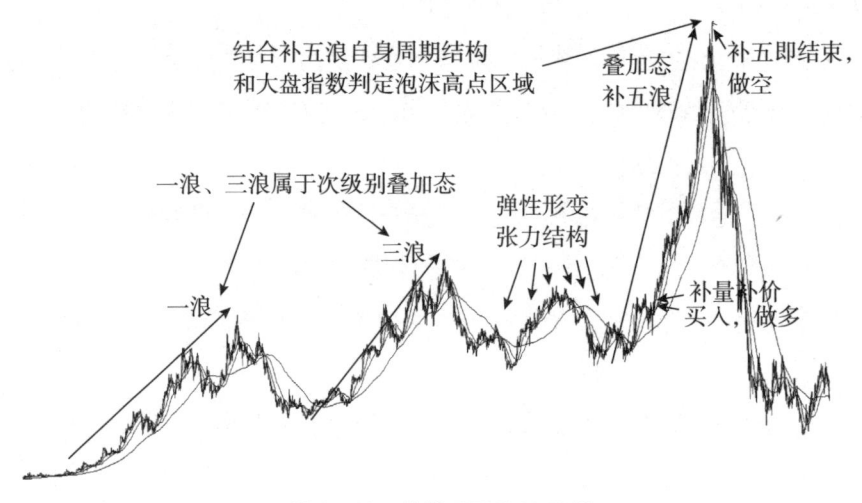

图 2-20　美股 ZEUS 日 K 线

图 2-21 是美股 ABMD（阿比奥梅德）日 K 线，气势磅礴的补五浪挟裹着巨量的财富。

图 2-21　美股 ABMD 日 K 线

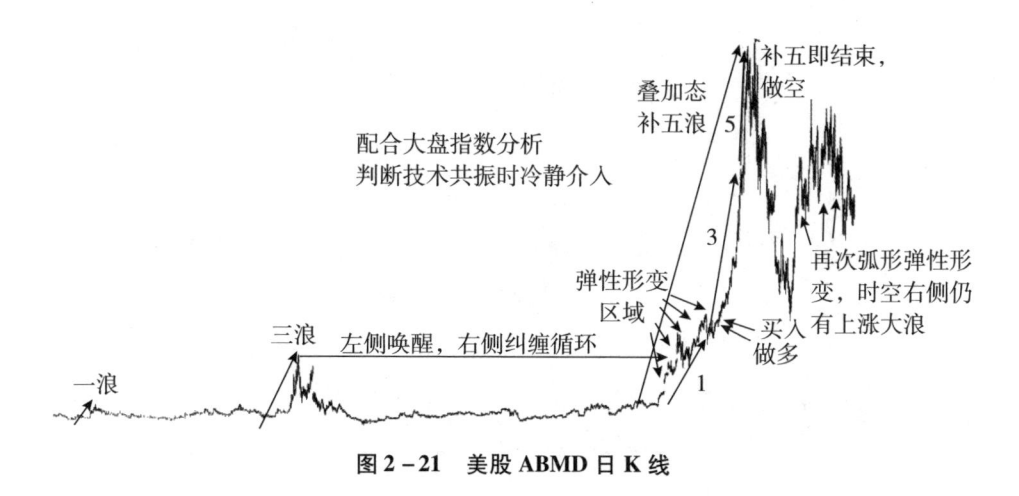

图 2-22 是美股 AAOI（应用光电）日 K 线，弧形张力结构属于最佳的叠加条件。

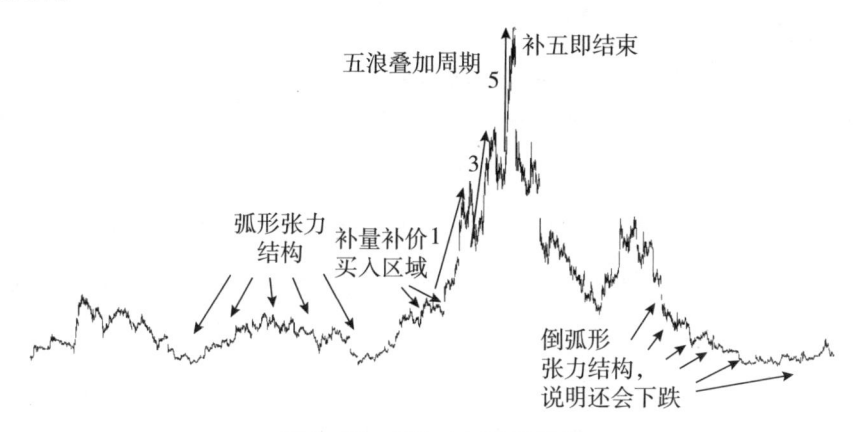

图 2-22　美股 AAOI 日 K 线

图 2-23 是美股 CSIQ（阿特斯太阳能）日 K 线。根据左侧的叠加条件——一浪、三浪组合和 1 浪、3 浪组合，就可以准确预测右侧存在省力空间，因此必然存在叠加态补五浪。

任何时候都要记住，要学会利用时空左侧的叠加条件。利用叠加条件，制造叠加条件，就能判断后市的叠加方向，并在"省力空间"中顺风行船。股票投资贵在一个"顺"字，顺应"弯曲时空"，顺应五浪时空结构。

<u>假设一只股票不会退市，以此为前提条件，K 线可以向时空右侧无限延</u>

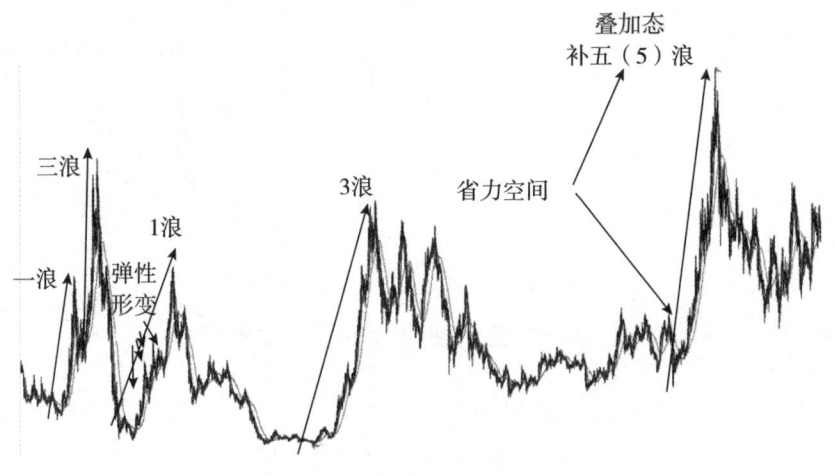

图 2－23　美股 CSIQ 日 K 线

展，那么符合要求的叠加条件最终会形成更大的叠加态，更大的叠加态又会演化为更遥远的时空右侧的叠加条件。

五浪时空结构法则犹如聚宝之盆，逆之折戟沉沙，顺之名利双收。这里的奥秘，很少人知道。当然，对于大多数被人性弱点所困的投资者来说，我还要重复那句话：无法征服，不如远离。

"借尸还魂"的走势反映了大利空之后的新周期重建，说明量能条件会被叠加周期自然利用。只要没有退市之忧，利空越大，后面的走势反而越猛烈，构造的新五浪时空结构形态就越大。

周期重建就是重新开始一个叠加态的形成周期，构建又一个五浪时空结构，新周期形成的过程中与左侧发生跨时空纠缠。

所以经常存在这样的现象：宏观经济很好的时候，股市表现并不十分亮眼，而经济数据十分糟糕的时候，股市反倒会出现不错的行情，这是因为十分糟糕的经济数据加速了负五浪时空结构的结束，转换到了上涨周期。

过去的一切都会被利用，成为新周期的营养，一切都会在左侧的基础上重建，无论左侧是成功的还是失败的。

在巨大利空的底部，止损的"资金尸体"堆积如山，新的周期就在这个基础上重建，如果不能审时度势，旧周期中资金运动的悲惨结局就会注定为新资金的重建周期作嫁衣裳。

所以从五浪时空结构的角度来讲,漫长而且惨烈的熊市并不意味着是坏事,反而表现为熊市周期越长,调整幅度越深,时空右侧的新周期重建的上涨空间越大,所以在没有发生巨大利空的个股中,"熊市"[①] 的调整起到同样的作用。

叠加态的周期转换就像《红楼梦》中的《好了歌》描述的周期转换——一个周期的结束与另一个周期的重建。没什么好悲凉的,对于股市中的投资者来说,这种场景司空见惯,你在跌停板后止损,别人买入后却连续几天拉涨停板,喜怒哀乐在股市中频繁上演。

(四)只有规避自身人性弱点才能摆脱当"韭菜"的宿命

每一波大牛市,每一个大牛股都会在最大的叠加态中出货,在群体非理性的最高点结束,所以每一波行情都是理性在制造非理性,都是理性对非理性的收割。

在跨时空的大叠加周期中,叠加态就像绽放的花朵,鲜艳而夺目,吸引着传粉者的目光,这些传粉者多数是高位追入的散户,刚刚品尝几口花蜜,就在眩晕中迷失了方向,清醒过来时发觉盛宴已经结束,但自己早已经遍体鳞伤。更诡异的是,经常由于非理性群体过大,"高烧不退",打乱理性收割者的原定计划,他们出局后又重新进入,加入了非理性群体,结果利润回吐,甚至折戟沉沙。

就像本书开端所言,影响股市运行的看起来是政治波动、经济周期,是具体的企业、真实的赢利,好像是以上各种因素的结合体,其实本质源于人性弱点的波动和叠加法则,只要被人性的弱点所控,不管投资者属于哪个群体,都会陷入愚蠢的两极转换,这与社会阶层、受教育程度、智商等级无关,只与正确的规律认知和有效的情绪控制有关。当市场处于疯狂的叠加态行情时,因为人性共同的弱点,谁也不会比谁看得更远,谁也不会比谁更加高明,散户如此,机构如此,巴菲特也一样。

---

① 指量能的反方向叠加周期运动。

当你认为只有普通投资者是被市场反复收割的"韭菜"时，你已经错了，所有市场参与主体都具备"韭菜"的特性，制造"韭菜"命运的不是别人，恰恰是自己，是我们自己的潜意识做了伤害自己的事情，而且周而复始，乐此不疲。永恒的受益者是抽取固定交易佣金的政府机构、券商和不停提供交易筹码的上市公司。

所以五浪时空结构没有看起来那么简单，它不只是 K 线的运行法则，它深刻地揭示了新旧周期的结束和重建规律，诠释了时空左侧波浪量能的传递和延续，更重要的是揭示了基于人性弱点产生的非理性行为的形成规律。在历史中，人性的波动和叠加态法则制造出萧条和繁荣的周期轮回；在股市中，人性的波动和叠加态法则制造出牛市和熊市交替出现的极端周期。五浪时空结构是 K 线的运行法则，也反映出人性的波动和叠加态法则。深入领悟五浪时空结构的结束和重建规律，才能悟透人性的弱点，穿越时空，到达远方。

二、股神巴菲特公司的股价也要遵循五浪时空结构运行

《股市法则与跨时空纠缠》一书中分析过以巴菲特为代表的价值投资理论的长处和短处，巴菲特的成功之所以难以复制，主要是因为他扎根于美国，巴菲特自己也将他的成功归功于美国，他说："没有伯克希尔，美国也会发展得很好，但反过来就不一样了。"巴菲特称，伯克希尔从"美国顺风"（American Tailwind）中获得了好处，巴菲特的言论恰恰证明了价值投资理论不是客观规律，存在主观因素。

美国的发展代表了西方科技文明的叠加态区域，很多领域频现极值。现代科技突破得益于几千年来理性思维的叠加态，这些认知波浪的叠加突破最初形成于欧洲，但是其辉煌的叠加态却被美国转移利用。美国文化的包容性为叠加量能提供了释放出口。这个巨大的科技"省力空间"助推了美国经济的腾飞。

股神巴菲特是举世公认的价值投资派，排斥技术派，不过他的上市公司伯克希尔-哈撒韦 A（BRK. A）的 K 线没有听从主人的想法，一直在忠实地

遵循五浪时空结构法则运行。没有人能够摆脱自然规律，量能的叠加态周期转换反映在所有的波动周期之中。

图 2-24 为伯克希尔-哈撒韦 A 的 K 线图，我们以两个重要节点——2008 年美国次贷危机引发的金融危机和 2020 年新冠疫情全球流行——将其 K 线划分为三个阶段，具体分析每个阶段的 K 线运动所遵循的五浪时空结构。

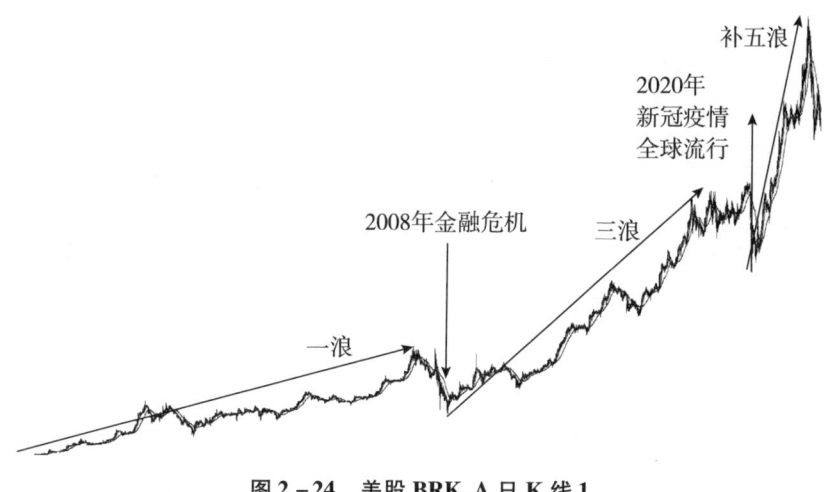

图 2-24　美股 BRK. A 日 K 线 1

1. 第一阶段：2008 年金融危机前

图 2-25 显示了 2008 年以前伯克希尔-哈撒韦 A 的 K 线遵循的五浪时空结构，在"补五即结束"后恰逢 2008 年金融危机，K 线进入负 5 浪下跌周期，并在负 5 浪位置见底，开始新的周期重建。

历经 3 年的弹性形变形成的弧形张力结构尤其经典。张力结构是浪形与量能的完美结合，是具有高度确定性的叠加条件，它像拉开的弓一样精准地指出量能的叠加方向，这个方向就是阻力最小的方向。紧接着出现的小转向张力结构在补量补价的同时提供了更加明确的进场信号，之后股价上涨 2 倍之多。

《股市法则与跨时空纠缠》一书中列举了大量实例来说明张力结构的普适

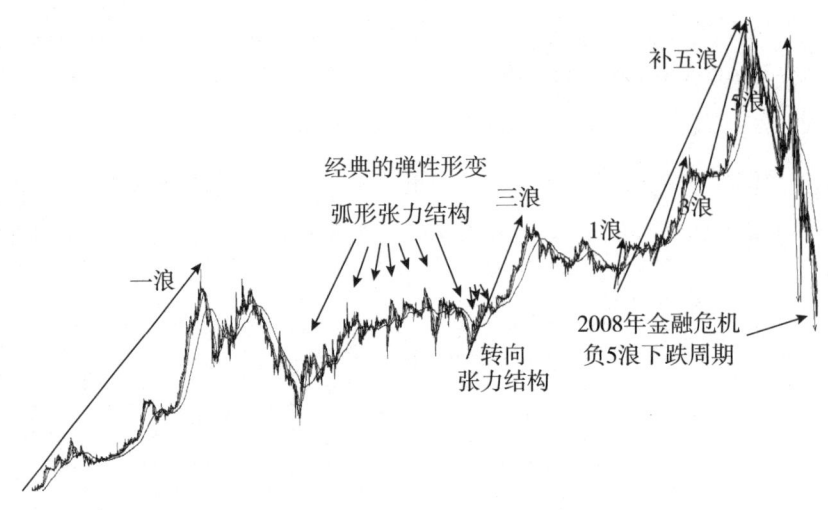

图 2-25　美股 BRK.A 日 K 线 2

性。物体在弹性形变的过程中大多呈圆弧形，这是事物沿最小阻力路线运动的结果。所以在五浪时空结构法则下，K 线的弹性形变可以让我们更精准地预测接下来的市场动作。

2. 第二阶段：2008 年金融危机后至 2020 年新冠疫情开始全球流行

在市场波动中，每当特别重大的历史事件发生，总会开启全新的叠加周期。

如图 2-26 左侧，2008 年金融危机重创市场，之后 K 线重建新的叠加周期，在这期间 K 线始终遵循五浪时空结构运行，其中一浪区域和三浪部分区域出现弹性形变，为后市制造叠加条件。2020 年的新冠疫情全球流行恰恰发生在补五浪后，叠加"补五即结束"的规律，危机调整加速见底，K 线巧妙地借助利空缩短了调整周期。

这次重建的五浪时空结构中，一浪与三浪中的部分 K 线再次出现弹性形变，为叠加态补五浪的形成创造条件。补五浪的顶部释放周期，恰好结束于 2020 年新冠疫情开始全球流行的时间节点。

K 线经常借助利空或利多快速到达五浪时空结构中的目标位置，因为利

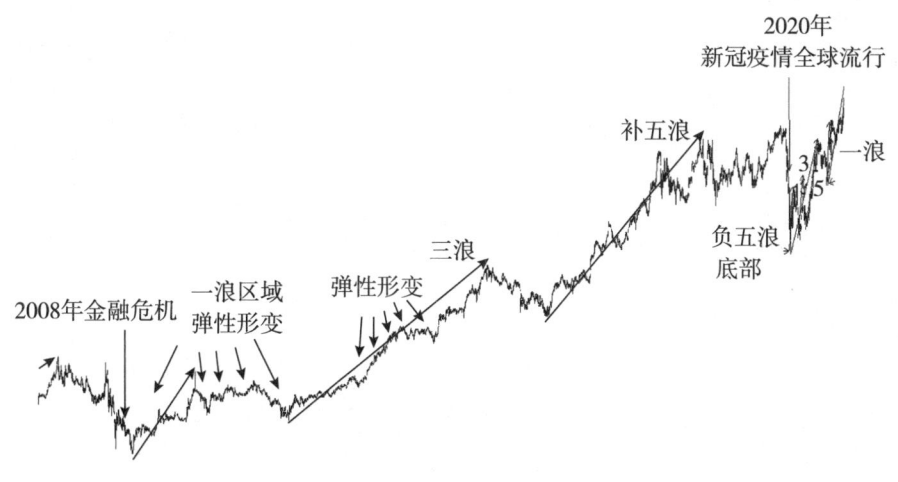

图 2-26 美股 BRK.A 日 K 线 3

空与利多因素背后的情绪化大大加速了本来就处于"省力空间"中的运动。

3. 第三阶段：2020 年新冠疫情全球流行至 2022 年美国加息周期见顶

如图 2-27 所示，2020 年新冠疫情全球流行后，美国释放了巨大的流动性，借此东风，K 线再次重建叠加周期，至 2022 年美元收缩流动性进入加息周期前，始终忠实遵循五浪时空结构运行，而且每一个小浪中都是次级别的五浪时空结构。最后依然"补五即结束"，不过这次的调整周期可能要长一些。

我们都知道股神巴菲特不相信 K 线分析技术，但伯克希尔-哈撒韦 A 的 K 线却没有顺从主人的想法。我想巴菲特还没有认知到基于人性弱点形成的五浪时空结构法则的客观性和必然性，否则他会更加成功。

巴菲特认为投资没有百分百确定的事情，"指数基金教父"约翰·博格尔也说过："在这个行业里摸爬滚打了 55 年，我依然对如何预测投资者的心理一无所知。"这是一种陈旧的思维。很多成功人士的言语经常会代表正确，阶段性地遮蔽大众的目光，人们面对取得巨大成功的人也会存在盲目相信的非理性情绪。苏格拉底、亚里士多德都曾是神一般的存在，但现在看来，他们

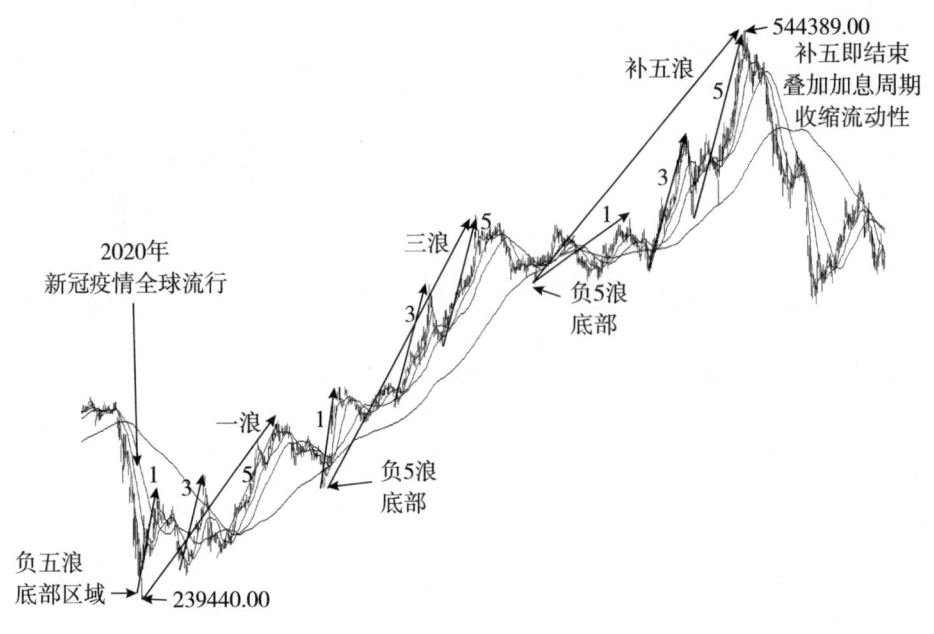

图 2-27　美股 BRK.A 日 K 线 4

的想法也存在诸多的谬误。

在第一章中讲过，因为潜意识缺陷，任何人都有认知极值和局限，权威人士的观点往往最能遮蔽真相，甚至潜意识地阻碍了后人开辟新的思维空间。在这一点上，我们要向笛卡儿学习，他曾经这样说：除非避开他们走过的所有路，否则根本不可能找到一条通往真理之路。这话虽有些极端，任何叠加态都建立在左侧的叠加条件之上，但是其蔑视权威、无所畏惧的精神值得学习。

我们要看到，任何时候，理性和冷静的思索是多么重要。

三、"省力空间"是虚拟的，也真实存在

叠加态中的"省力空间"确实太重要，它表现在宏观和微观世界中，在人性参与并制造的一切市场波动之中。它放大现实，扭曲时空。比如在透明的球体表面画一个三角形，假设这个球体薄到可以忽略，从球体外面测量内角和大于 180 度，而从里面测量则小于 180 度，同一个三角形在不同的空间里测量会得出截然不同的结果。很显然，如果意识不到存在扭曲的空间，那

么在球体内外的人会为了各自的"真理"争吵不休,只有等这种空间扭曲消失,我们才会得到表里如一的答案。但是宇宙是运动的,扭曲是常态。

由此看来,真理也处于进化之中,在不同的时空里,真理并不是越辩越明,所以可以断定,在最大的叠加周期中,当叠加态中的"省力空间"形成后,在这个变形的空间两侧,人们对事态的发展、价格、估值、买入还是卖出,会有截然不同的看法。

特别是在叠加态的极值区域,因为量能的放大对时空的扭曲,牛市中的信息干扰恰到好处地契合了潜意识缺陷,大多数人都会形成偏见中的偏见、极端中的极端,会采取错误的做法。因此,以旁观者的身份观察叠加条件、判断"省力空间",是我们预测市场方向、做出清醒决策的关键。

1. 宏观和微观世界中的"省力空间"

"省力空间"在本质上源于波的叠加态的自然形成特性,但在概念上受启发于爱因斯坦的弯曲时空理论。

弯曲时空是指在爱因斯坦的广义相对论中,由于有物质的存在,空间和时间(时空)会发生弯曲,时空弯曲是质量对时空的扰动导致的,万有引力是时空弯曲的表现[①]。在叠加态周期转换理论中,"省力空间"由顺应叠加方向放大的波强制造,同样是量能扰动的结果。时空弯曲形成了星体运行的"省力空间",指出了星体运行的最小阻力方向。

不仅仅是宏观世界,在微观世界中同样存在"省力空间"。

量子力学中有一个掌控所有运动规律的原理——最小作用量原理,最小作用量原理告诉我们:场或粒子的行为正是使作用量取极小值的行为。通俗地说,就是宇宙中的物质或能量会沿着最经济省力的路线运动。

叠加态周期转换理论中的"省力空间"同样如此,指出了市场运动的最小阻力方向。假设此时你就在形成中的叠加态中间,你会感受到指向叠加方向的无法抗拒的情绪和力量,这就是叠加周期中的"省力空间"。

---

① 参考百度百科"弯曲时空"词条。

我们可以这样描述：因为叠加态的自然形成特性，对于符合要求的叠加条件 A 与 B，必然存在叠加态 C。C 在时空上存在延展性，在概率上存在确定性。

在 A 与 B 形成后，C 虽未出现，但可以判断已经存在"省力空间"H。H 决定了 C 未来的运动方向。在 C 出现之前，H 具备一个虚拟特性：已经存在但尚未被证明。

就像磁铁的磁力线一样，你看不到它，当你拿着铁屑靠近时就能感知到它的存在。要加深理解的是，就算你没有拿任何物体靠近它，磁力线依然在时空中存在。从对比的角度上来讲，磁力扭曲了时空，制造出铁屑运动的"省力空间"。

人们总是更容易相信摸得着看得见的东西，在思维上理解并接受虚拟的"省力空间"概念并不容易，但这一点尤其重要，而且并不局限于证券投资市场。

在情绪叠加周期中，当具备叠加条件的一浪和三浪已经出现，投资者就应该想到时空右侧的叠加态的"省力空间"已经存在于尚未发生的右侧。根据"省力空间"理论，在人类的时空之旅中，有些将要发生的未知，真的可以预测！

2. "省力空间"表现在人性参与并制造的一切市场波动中

在波的叠加原理中，叠加态的自然形成特性和量能放大效应一直被人们忽视，这两个特性极其重要，它是本书讲述的重中之重，所列举的诸多事例都是为了让读者看清它潜藏在人性中做了些什么。

它构成了人性中的潜意识本能，构建了生命行为的"省力空间"，潜藏在人性参与的波动之中，悄悄制造事态的两个极端，之后扩散到群体、股市、经济周期、漫长的历史中，到一切人性能涉足的领域。

它悄无声息地掌控着一切，恰到好处地拿捏着潜意识中的极值点，总是在最关键的时候悄悄蒙蔽理性的双眼，让人们看不到事实的真相。

它拥有十分魔鬼的一面，它放大量能，制造了无穷无尽的冲动和后悔，即使我们认识到这一点，还是经常落入它的陷阱，它捉弄我们时总是无声无息，极端时甚至使我们亲手毁掉构建的一切。

它也有非常天使的一面，它无意间创造了很多突破型的天才，让我们拥有对未来的无限期望，只有在它的助力下，人类认知的上轨才可以突破，人类的生存现状才可以改善。

<u>我们总是不知不觉走进潜意识的"省力空间"，所以我们永远无法摆脱它，但是当我们认知到这一点时，我们可以反过来发现它、改善它，在不同领域阶段性地利用它。</u>

股市只是其所处领域之一，却是叠加态周期结构的最好表象。如果没有反映股市波动的K线，叠加态周期转换理论还会沉睡很久。

图2-28显示了美股希捷科技（STX）横跨近20年的叠加周期，补五浪运行于一浪和三浪制造出的"省力空间"之中。

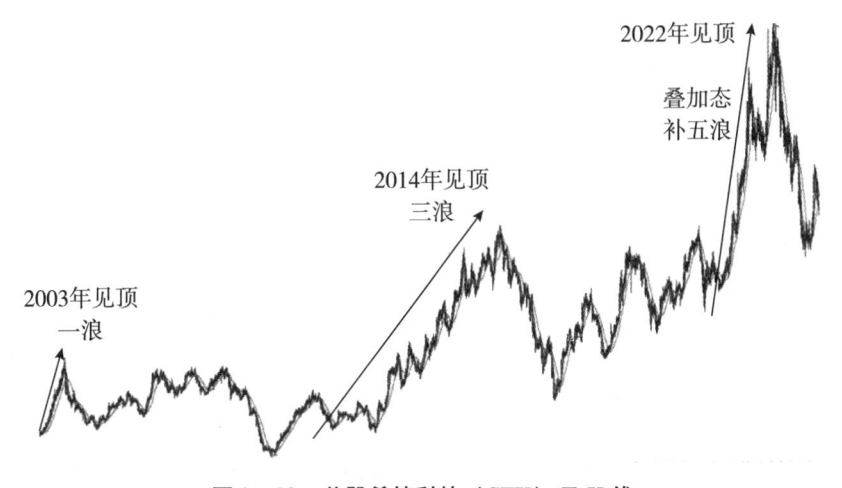

图2-28　美股希捷科技（STX）日K线

图2-29是羚锐制药（600285）日K线，因为是叠加浪，所以补五浪总会比左侧三浪高出一截。在五浪时空结构中，补五浪是时空左侧一浪和三浪的叠加态，当重建周期把K线推入"省力空间"，就犹如将其推进了失重的时空。

图2-30是美股伊格尔矿业（AEM）周K线，一浪、三浪与其叠加态大五浪时空结构横跨几十年。存在符合条件的一浪和三浪，就必然存在叠加态

补五浪，在补五浪出现之前，K线的时空右侧就已经存在补五浪的"省力空间"，"省力空间"充分体现了叠加态的自然形成特性。

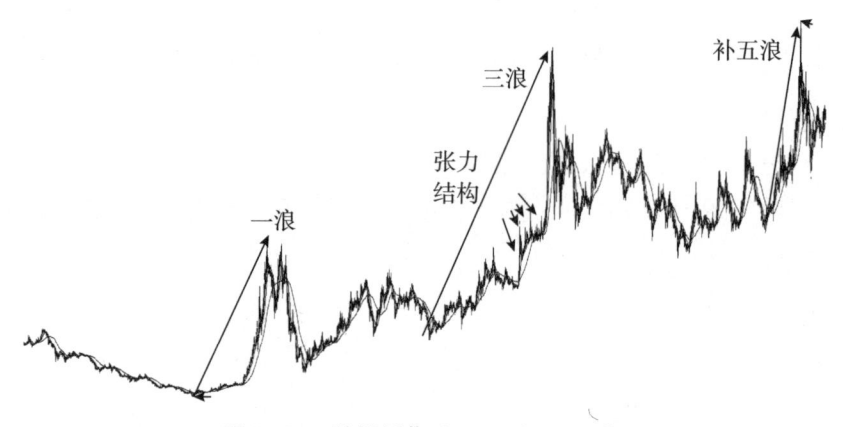

图 2-29　羚锐制药（600285）日 K 线

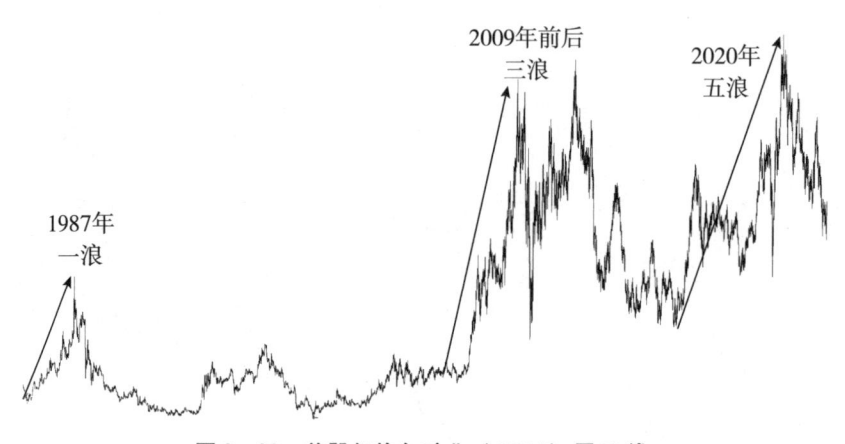

图 2-30　美股伊格尔矿业（AEM）周 K 线

K线的五浪时空结构各不相同，但始终遵循五浪时空结构这一规律不变。我们在看到每一波真正的补五浪出现之前，会先看到引导补五浪运行的虚拟的"弯曲时空"。

从图 2-31 中可以看到淡水河谷（VALE）在 2018 年前后形成的大弧形张力结构，以及之后的五浪重建周期。

五浪时空结构把量能的叠加周期表达得淋漓尽致，量能叠加周期的目标就是在叠加态中创造新的价格极值点，在市场交易中，不同阶段、不同程度

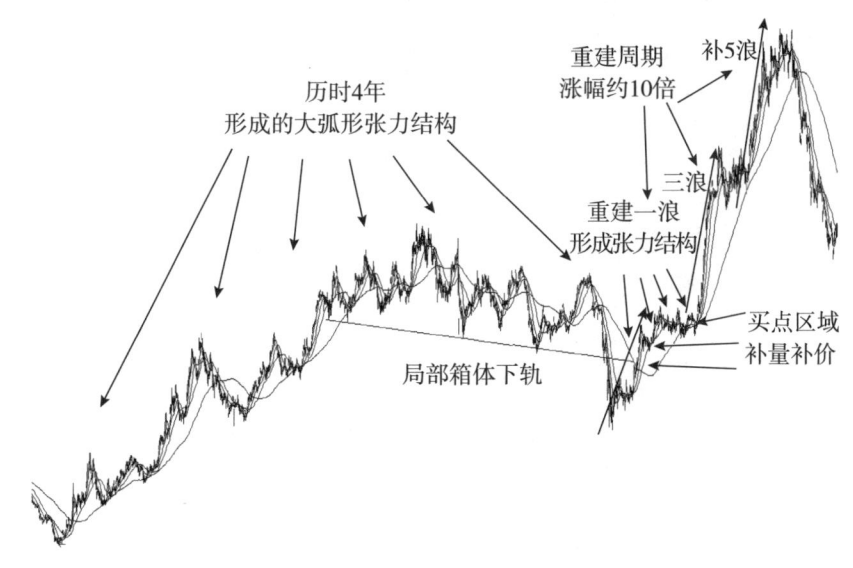

图 2-31　美股淡水河谷（VALE）日 K 线

的情绪叠加周期反映在不同阶段、不同程度的五浪时空结构中。

在市场波动中，一切叠加条件都会被有意识或潜意识地利用。分析叠加条件、判断叠加方向，是预测事物运动方向的关键。叠加方向向下，鹅毛沉底；叠加方向向上，猪能飞天。

利用叠加条件，制造叠加条件，就会制造出时空右侧的"省力空间"。领悟"省力空间"，发现"省力空间"，就掌握了事物运动的规律，这是投资者获利的奥秘。

或者可以这样毫不夸张地说：如果站在一个适当的时空节点，左侧已经存在符合要求的叠加条件，那么我们就可以透过"省力空间"阶段性地看到预料中的未来。这好像阶段性地验证了拉普拉斯的观点："只要能知道所有大自然组成物的起始位置与彼此间的作用力，我们就能清楚地知道宇宙的过去和未来。"

第三章

危机与历史的真相
——潜意识中的时空之旅

为什么人类总是阶段性地创造辉煌，
然后又亲手把它毁掉？

第三章 危机与历史的真相——潜意识中的时空之旅

一、波动世界与基本矛盾

世界处于永不停息的波动之中。美国量子物理学家理查德·费曼在康奈尔大学的梅森哲讲座系列讲演中这样说过：宇宙间的所有物质都是相同的。已经知道组成各个恒星的物质是与地球上的物质相同的。那些恒星发射的光的特征，给出了可供鉴别的"指纹"，我们通过它就可以说出在那里有一些与地球上相同种类的原子。看来生物和非生物都有相同种类的原子，青蛙和石头都由同样一些原料做成，只是它们的排列方式不同而已。因此，我们除了原子没有别的东西，到处都是一样的。各种原子看来又都由同样一些普遍的细分粒子组成，它们当中有一个原子核，有一些电子环绕在核的周围[①]。

1924 年，法国物理学家德布罗意提出"实物粒子也具有波动性"，这种与实物粒子相联系的波被称为物质波。1926 年，奥地利物理学家薛定谔提出了薛定谔波动方程。德布罗意物质波理论和薛定谔波动方程证明了世界一直处于波动之中。

波动是能量运动的重要形式，我们通常将某一物理量的扰动或振动在空间逐点传递时形成的运动称为波，不同形式的波虽然在产生机制、传播方式和与物质的相互作用等方面存在很大差别，但在传播时表现出多方面的共同性质，所以能用相同的数学方法描述和处理。

既然自然界中的物质存在波动性，那么波的基础特性必然与这个世界的

---

① 理查德·费曼：《物理定律的本性》，关洪译，湖南科学技术出版社出版。

波动真相紧密相关，其中首当其冲的就是世界的矛盾性。

矛盾的自然属性源于波的基础特性，如果要为矛盾溯源，就要从认识波开始。

（一）波动的基础对立性形成矛盾

你可能会感到奇怪，自然界的波和矛盾之间有什么关系？

我们都知道，这个世界充满了矛盾。矛盾就是表象的对立，同时在对立中统一、在统一中对立。马克思主义矛盾观认为矛盾无处不在，矛盾是事物发展的源泉和动力。

那么，矛盾存在的自然机理是什么？目前并没有哲学上的解释和证明。哲学是人类诞生以后的意识延展，但是人类诞生之前，自然界就广泛存在着相互对立的矛盾。比如动物之间就存在着广泛的生存矛盾，争抢领地、食物、水源，争夺交配权；植物之间也存在着争抢阳光的矛盾。再向前推进，生命诞生之前，自然界也存在矛盾，水与火、冷与热、动与静、旱与涝、光明与黑暗、恒星的爆发与坍缩……

黑格尔总结说，矛盾是推动世界的原则[1]；然后又说，矛盾是一切运动和生命的根源，事物只因为自身具有矛盾才会运动，才具有动力和活动[2]。

那么，形成这些矛盾现象的自然机理是什么？

1. 矛盾源于波动

波动具有什么特征？仍然以抖动绳子为例，我们先抬起绳子的一端向上振动，再快速向下振动，于是振动就沿着绳子向前传播，我们会看到波峰和波谷不断向前，像一条延展开的正弦曲线，而绳子的质点只做上下运动（见图3-1）。

不同形式的波虽然在产生机制、传播方式、与物质的相互作用等方面存

---

[1] 黑格尔：《小逻辑》，商务印书馆出版。
[2] 黑格尔：《逻辑学（下卷）》，商务印书馆出版。

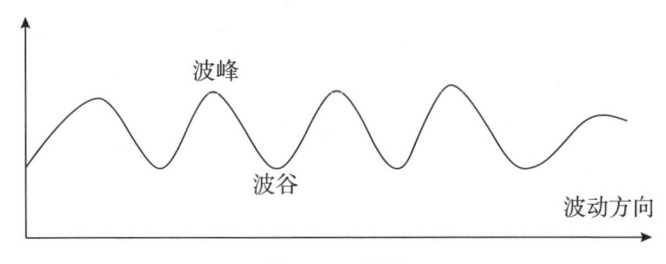

图 3-1 绳波

在很大差别,但是具有波峰和波谷是其共同的特征。而且不管我们如何改变波的传播方向,无论是水平传播还是向任意方向传播,我们仍然会看到波的基础特性——波峰和波谷始终处于相反的方向。

波动形成波峰和波谷,对于一列向空间的任意方向传播的波来说,波峰和波谷永远处于相反的方向,<u>这就是矛盾形成的自然机制,波动性构成矛盾的基础,波的波峰和波谷具有自然的、根本的对立特性</u>(见图 3-2)。

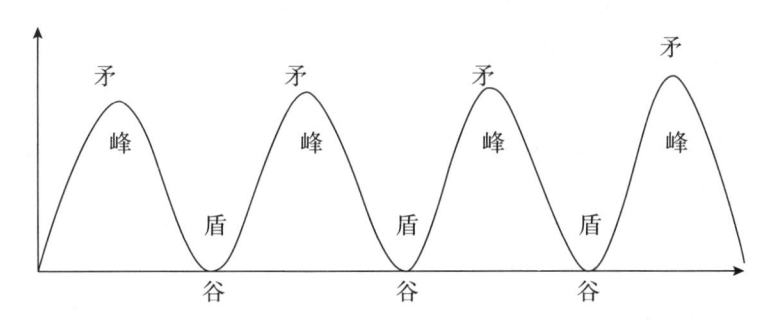

图 3-2 波峰与波谷的对立

我们的世界无时无刻不处于波动之中,也可以说无时无刻不处于矛盾之中,波的传播伴随着量能的传播,推动着经济的发展、社会的前行,因此,黑格尔和马克思哲学观把矛盾看作事物发展的源泉和动力是符合基本事实的。

2. 矛盾与两极

由于波峰和波谷的对立性,事物会自然地向两个相反的方向发展。

比如大气环流,赤道的热空气形成波峰,盘踞在两极的冷空气形成波谷,在太阳光的支配下,波峰和波谷交替扩张和收缩,这种对立给我们带来炎热和寒冷。比如人类的思维，每当面临选择时，人们都要从好与坏两方面来衡量，分析好的方面有哪些、坏的方面有哪些，最后做出符合自身最大利益的决定，而这些决定因为关系到其他人的利益所以又不同程度地影响着其他人的情绪，最后导致被赞同或被反对。

因为波的对立性，所以不存在单极世界。我们可以用一些生动的场景来理解这种对立与统一。

假设我们可以把地球上严格意义上的"好人"选出来送到另一个星球上生活，不加以任何干涉，一段时间后，"好人"群体就会自然分裂为"好人"和"坏人"，而这些分裂出的"好人"和"坏人"一样会互相攻击、指责，甚至水火不容。同样的，假设把"坏人"送到那里单独生活，一段时间后，"坏人"群体中也会分裂出"好人"，而且这些"好人"的行为和品质符合应该被赞颂的标准。这就像将一大块磁铁砸碎成很多小块，每一小块都会具备两个磁极。人类群体的两极性与磁铁的两极性类似，这些看似矛盾的普遍现象的本质都是波的对立特性。

人类的情绪、经济、历史都处于波动之中，有时候我们会感到自己很平静，其实只不过是波动比较平缓而已，无论看起来多么平静的状态都存在基础性的波动，就像平静的水中也存在布朗运动一样。这个世界上的对立面如同波的两极，生与死、贫与富、黑与白、对与错、好与坏、集权与民主、自由与奴役、战争与和平、繁荣与萧条、快乐与痛苦、赞美与诅咒、成功与失败，都对应着波峰和波谷，都是叠加周期的必然产物，它们虽然互相对立，但又互为转化条件，最终统一为事物发展、运动的力量。

在经济波动中，波峰和波谷形成巨大的利差，波峰和波谷之间像磁铁一样存在引力场，这是交易和竞争的基本动力，所以经济波动实质上伴随着量能交换；在政治周期中，波峰和波谷存在势差，波峰意味着地位和权力，处在波谷的人想尽办法攀登波峰，而盘踞波峰的人不会轻易让出位置，因此这种位置的交换通常伴随着暴力和革命，当波谷的力量战胜波峰的力量之后，新的波谷又会自然形成，然后再一次孕育颠覆周期。在历史的长周期中，这种兴衰转换推动着人类历史起起落落、波浪式前行。

因为万物皆波动,所以波动的周期性和干涉中的叠加态是形成矛盾和激化矛盾的自然机制。波的对立性决定了扰动条件下叠加方向的对立以及必然会形成两个极端,而叠加态发生量能突变形成极端对立。

对立性永恒存在,而叠加态的极端又让人类吃尽苦头。在自相残杀的战争和冲突中,随处充满了叠加态的量能放大效应,苦难和仇恨情绪掌控了一切,而每一方都认为自己别无选择。

(二)均衡的量能波动与不均衡的量能波动

经过长期的总结,人们发现各种形式的波的共同特征是具有周期性,受扰动物理量变化时具有时间周期性,在空间传递时又具有空间周期性。我们知道,人类的情绪、经济和历史都在波动中演化,呈现出明显的波浪运行结构,具有周期性,比如每个人都经历过情绪的低迷期和兴奋期,每个国家都经历过经济的萧条期和繁荣期,历史总是兴衰交替。所以我们经常在经济学家和历史学家的传世书籍中读到"周期"二字。

确实,由于物质的波动性,万物皆有周期。

我们通常可以把基本波形,比如两个波谷之间的演化形态视为一个周期(见图3-3),这个周期概念从直观上看起来是均衡的、对称的、可以观察和测量全貌的。

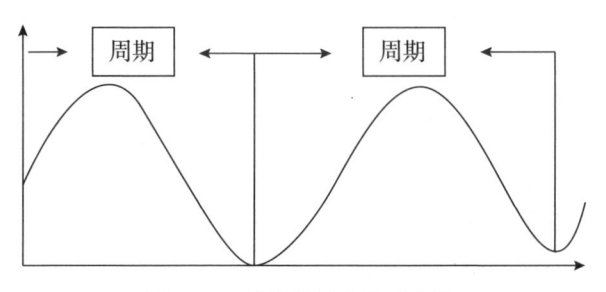

图3-3 均衡的量能波动曲线

周期性的波动产生于两种场景:第一种是均衡的、规律性的或一次性的量能推动;第二种是不规律的、或大或小的量能推动。

第一种是理想情况,在均衡的、规律的或一次性的量能推动下,波动曲线呈现对称的周期性和均衡性,能够用微积分方程来描述和计算,能在曲线上的每一点找到确定性的解,这是理想条件下的波函数。这种现象在自然界中以及生活中有很多,比如钟摆、交流电、无线电波、雷达波、光波、炮弹发射后的抛物线等。

在规律或均衡的量能推动下,无论周期大小,波动曲线都是平滑的、渐变的、周期性的、可以计算的,所以即使大如行星,其运行轨道也是可以计算的。如果没有外在力量的干涉,在量能均衡波动的情况下则不会发生量能突变,不会出现极端曲线,所以太阳系就像一个精确运转的机器,我们不用担心一觉醒来地球偏离了轨道,进入无边的黑暗。

然而,在平衡与和谐之外,世界还会展现出狰狞的一面,比如飓风、火山爆发、地震等自然现象,以及人类社会中频繁发生的战争、冲突和经济危机等。这就属于第二种情况,即在推动量能不规律的情况下产生的波动周期。比如大海上的风浪,我们不能命令暴风对海面施加规律、均衡的力,它们总是有大有小,这样,不同的风力推动的海浪就形成了或大或小的波浪,这些波浪波澜起伏,符合条件的波就会发生相干叠加现象,甚至最终形成能掀翻巨轮的滔天巨浪。

不均衡的量能推动才是世界发展变化的主因,这个真相类似量子理论中揭示的不确定性。其实哪怕是向平静的湖面丢一块小石头,水面的受力也是不均衡的,石头瞬间入水,但是再小的石头也有体积,那就意味着石头的不同部位入水时有先后顺序,水面的受力先小后大,后面的波浪就会大于前面的波浪,经过叠加后形成一圈圈涟漪。因此,石头落水产生的水波,其波峰和波谷的移动速度是不一样的,因为细微的叠加条件不同,所以形成的叠加态自然也不一样。

<u>对于具有均衡周期的横波来说,总是沿着传播方向上下波动,波峰和波谷处于相反的方向,如果在这个均衡的波动上增加另一列符合叠加条件的扰动波,产生相干叠加(使波峰和波峰叠加,波谷和波谷叠加),我们就会发现叠加波的波峰更高,波谷更低</u>(见图3-4)。

这种波峰与波峰之间或者波谷与波谷之间的干涉,物理学上称为"相干叠加"或"建设性干涉",量能的放大效应就出现在相干叠加或建设性干涉的

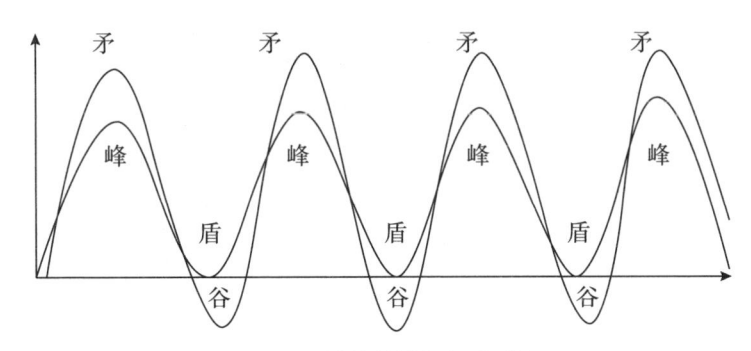

图 3-4 波浪的叠加加剧对立

过程之中（后文将详述）。

当叠加态挟裹的量能超出控制极值时，就会出现两个更加极端的对立现象，表现为失控的对立。极端只会出现在两个方向——本来就对立的波峰方向和波谷方向。

不规律的量能推动制造出千变万化的叠加条件，这些叠加条件又形成不同的叠加态，不同的叠加态制造出量能突变，有些量能极大的突变击穿了极值，制造了跳空、极端、非理性以及对称性破缺现象。

在这种情况下，波动周期因为叠加条件的不同不再具有对称性、均衡性和渐变性，遵循的是此起彼伏的"叠加态周期转换法则"，形成循环，也就是从正叠加态周期结构转换到负叠加态周期结构，在量能消失之前如此往复。当量能处于不均衡状态时，叠加量能就会驱动周期从一个极端到另一个极端，甚至突破极值，制造出极端中的极端。

因此可以总结，在规律的量能推动下，波动曲线呈现对称性、平滑性、渐变性，具有静态规律性；而在不规律的量能推动下，波动周期遵循叠加态周期转换的动态法则，曲线经过漫长的叠加条件最终在叠加态区间末端呈现出极端突变性（见图 3-5）。

没有波峰与波谷就没有波，而波峰与波谷又存在原生的对立性，这就是世界的统一与矛盾，矛盾是永恒的，而矛盾又是统一的。当这些无处不在的波与外在扰动产生叠加的时候，量能放大效应就会制造出无处不在的极端现象。

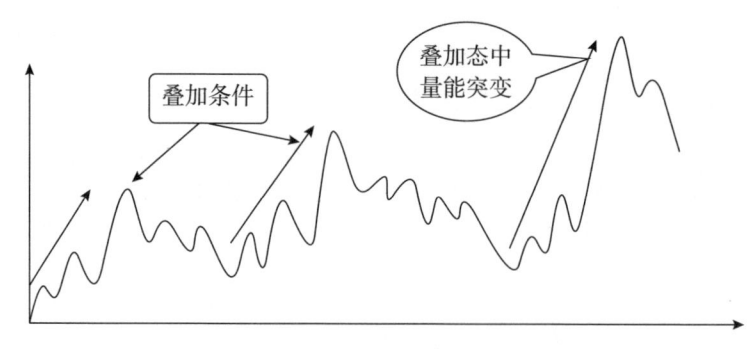

图 3-5　不规律的量能波动形成叠加条件，出现量能突变

任何外在的波浪扰动，都会在叠加前提下加强矛盾的对立性，由此形成更加残酷的竞争、更加激烈的博弈。自然条件下，这个世界会天然分化成对立的两极，甚至我们自己也经常是自相矛盾的统一体，我们的情绪处于永不停息的波动和对立之中，就像歌德的诗句：有两个灵魂在我胸中，它们总想分道扬镳。这就是波的两极性，波峰与波谷的天然对立性以及分别叠加之后的极端对立性。

在人类构建的领域，波动和叠加无处不在，经济、历史更是呈现出明显的叠加态周期转换特性。

永远和谐有序的世界多好啊，就像童话中的美丽世界，没有痛苦、没有灾难，没有突如其来的量能突变，但是，如果真是那样，生命就无法进化。因为进化几乎完全依赖量能突变的突破性，进化意味着突破固有的上轨压制，突破原来的极值。怎样才能突破极值呢？叠加态可以制造量能突变，突破极值。生命的诞生和进化，人类对世界的认知，都在叠加态周期的突破中一点点前行。

二、经济泡沫可以预测吗？

人类历史一边在理性的叠加态中不断突破自然认知，一边又被限制在人性的弱点框架内作茧自缚，人类在潜意识中逐渐形成情绪波的叠加态，又在情绪波叠加态的极值间循环往复，从一个极端走向另一个极端。因为量能传递链条的不同，各领域的叠加周期有长短之别。股市在快速而直接的情绪叠加周期中转换，经济在缓慢而间接的情绪叠加周期中转换，历史在漫长而迟钝的情绪叠加周期中转换。股市的价格波动是资金的面对面博弈，所以快速而直接；经济需要从生产端到消费端循环，所以缓慢而间接；历史在群体的一致认知和觉醒中螺旋，所以漫长而迟钝，甚至有些历史底部漫长到让人看不到希望。

如果有精确的数据，而且能根据数据绘制出线性图表，我们就会发现历史上的朝代更迭、社会制度的变迁，以及资本主义经济危机的周期性爆发，这些重要的历史节点都出现在五浪时空结构中"补五即结束"的位置。因为这些历史节点恰恰是相应群体的情绪叠加周期的转换节点，五浪时空结构反映了人类及其细分群体的情绪叠加周期的转换规律。

（一）"泡沫体"的位置

格林斯潘有句名言：泡沫只有在破灭后，人们才知道是泡沫。可见预测经济泡沫的难度之大，截至目前，所有的数学模型都不支持对经济泡沫的预测，但是我们可以通过五浪时空结构分析、"补五即结束"的铁律，总结出泡沫的规律。

通过前文的演示我们知道，在基本的叠加态周期结构中，叠加态的极值点就是坍缩前的最高点（以正叠加周期为例）。那么在基于叠加态法则的五浪时空结构中，补五浪的浪形末端就是泡沫体的最大值。补五浪的浪形末端通常是补五浪的"补5浪"位置，即周期中的周期之末。

如图3-6所示，在中国稀土（000831）的五浪时空结构中，补五浪是时空左侧一浪与三浪的叠加态，补五浪的极值点又是图中1浪与3浪的叠加态，所以这个位置可以称为叠加态中的叠加态。这个高点区域是真正的强弩之末，是"省力空间"的尽头。

在允许多空双向交易的市场中，这个位置既是多头行情的终点，也是空头行情的起点。

泡沫体有大有小，不是绝对的概念。不同级别的正五浪时空结构制造出不同级别的泡沫。不同级别的泡沫破裂制造出不同级别的负五浪时空结构。

同情绪波叠加态的高点是非理性情绪的终点一样，对于每一个不同级别

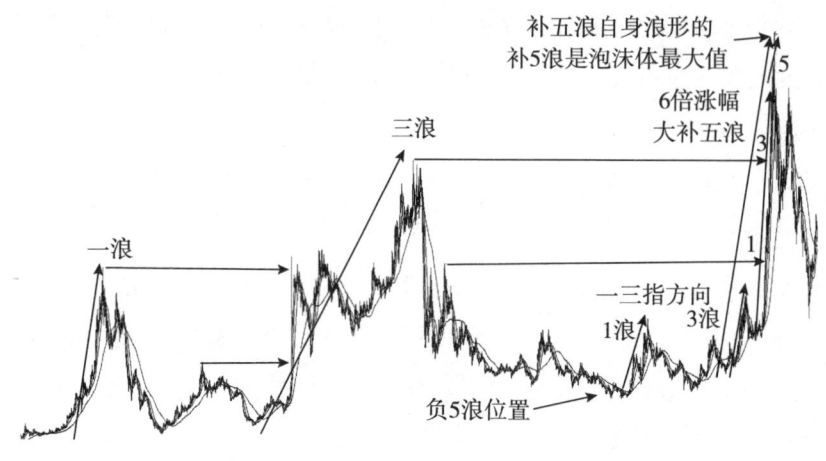

图 3-6 中国稀土（000831）日 K 线

的五浪时空结构而言，补五浪的末端都是叠加态的极值点，如同破裂前的肥皂泡，都处于即将要破裂的位置，因此才会"补五即结束"。

叠加高点出现之后必然回落。也就是说，根据五浪时空结构法则，不用等到泡沫体形成极值，我们就能预测泡沫正在产生；不用等到泡沫破裂，我们就能预测它即将破裂。这就是五浪时空结构法则的价值所在。

（二）如何量化情绪极值点？

前文中讲过，我们每个人都会有不同的情绪掌控极值，也就是大脑对叠加量能的掌控极值，一旦叠加量能超出极值，大脑就会不顾一切地释放超常态量能，导致极端的不可逆的非理性行为。如果知道了个体或群体的极值在哪里，而且量能的叠加也有具体数值，我们就能精确计算出量能叠加到何种程度会使个体或群体必然发生失控行为，就像我们已知在一般情况下，水在100℃会汽化、在0℃以下会结冰一样。

我们虽然无法量化个体的极值，但我们可以通过不同经济领域的准确数据构成的图表来量化细分群体的情绪极值范围。在股票市场，K 线就提供了具体的量化指标，这正是投资者认知的盲点。通过这个指标，我们可以知道叠加态的生成程度是低于极值、接近极值，还是达到"超能力"叠加态后突破了极值，这三种状态代表了泡沫体的大小和破裂后果的严重程度。其中，我们已经知道，叠加态达到"超能力"程度突破极值后,泡沫破裂的后果最严重,其余次之。

一般来说,在五浪时空结构中,左侧最大一浪和三浪的高点连线就是情绪叠加箱体的控制极值上轨(见图3-7)。

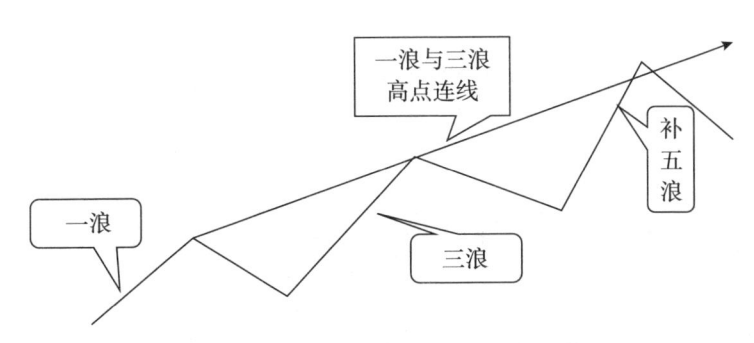

图3-7 五浪时空结构与控制极值上轨

左侧最大叠加条件的高点当然是左侧表现最活跃的拉升波浪的高点,量速大,涨幅高,代表着左侧一浪与三浪中投资情绪的极值点,它们的高点连线形成判断接下来的情绪极值点的重要参考上轨。

可能你会问:为什么?后文将会回答。

如图3-8所示,四川路桥(600039)左侧一浪与三浪形成叠加条件,构成宽幅波动箱体,补五浪击穿一浪与三浪的高点连线,这条连线就是极其重要的控制极值上轨,击穿它意味着叠加态达到"超能力"程度,意味着交易情绪的失控,可以判断补五浪的泡沫已经达到极值,破裂后回调幅度将很大。

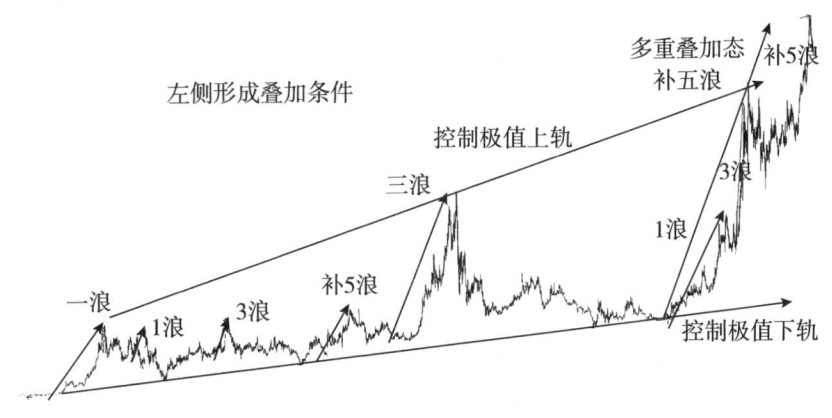

图3-8 四川路桥(600039)日K线

141

如图 3-9 所示，在美股 BABA（阿里巴巴）的五浪时空结构中，补五浪向上击穿情绪控制极值上轨，形成超出控制范围的"超能力"叠加态，而后泡沫破灭导致巨大回撤。

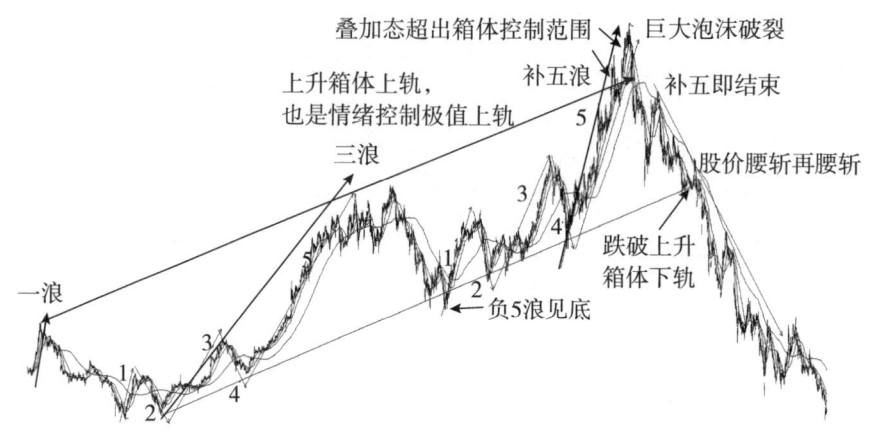

图 3-9　美股 BABA（阿里巴巴）日 K 线

前文中我们说过，五浪时空结构是投资情绪的叠加态周期，展现了人性弱点的叠加态。叠加态是疯狂的，因为会失去理性；叠加态也是必然的，因为会自然形成。达到"超能力"的叠加态是最疯狂的，因为超出情绪掌控极值，投资群体几近于情绪失控，因此投资行为发生了由理性到非理性的质变。

如图 3-10 所示，三一重工（600031）左侧一浪和三浪的连线——极值上轨被补五浪高点击穿，可以预测泡沫体极值区域将出现。

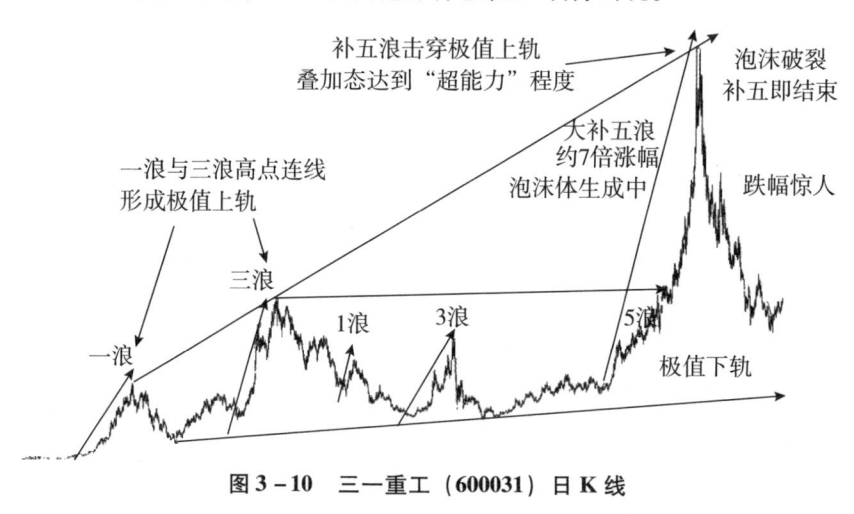

图 3-10　三一重工（600031）日 K 线

第三章 危机与历史的真相——潜意识中的时空之旅

以上三例的五浪时空结构很好地诠释了什么是达到"超能力"程度的叠加态。K线图告诉我们，达到"超能力"程度的叠加态会突破个股投资情绪叠加态的极值上轨，认知到这一点非常重要，因为它赋予了K线图另一种重要的意义：代表非理性的极值可以相对量化被我们看到，未来的市场行为可以根据左侧的信息预测。所以我才会说，这世上没有任何事物会像K线一样对你袒露一切。

从这个意义上说，K线类图表的曲线波动就不再仅是数据的波动，而是相对准确地反映了群体情绪叠加周期的转换，可以被深层次利用。

达到或者突破极值上轨，意味着情绪叠加态的极端高点区域出现，泡沫体接近极大值，是股价非理性冲动的极端表现，由此可以预测泡沫破裂后的回落将十分惊人，就是跌到极值下轨（冰点区域）也不足为奇。

本书中说的极值上轨，不同于《股市法则与跨时空纠缠》书中描述的传统的箱体上轨，我们在此赋予其投资情绪的表象意义，即在某种程度上，它很好地反映了群体情绪的叠加态以及叠加态达到"超能力"后的失控程度。

失控过后意味着清醒和后悔，随着投资者恢复清醒，抛售行为出现，所以K线"失控"之后往往会进入巨大的回落周期，特别是超大上涨周期的补五浪结束，意味着即将向较大的负五浪时空结构转变。

如图3-11所示，华银电力（600744）补五浪的高点击穿极值上轨，股价从补五浪的最高点15.50元一度回落到2元以下。

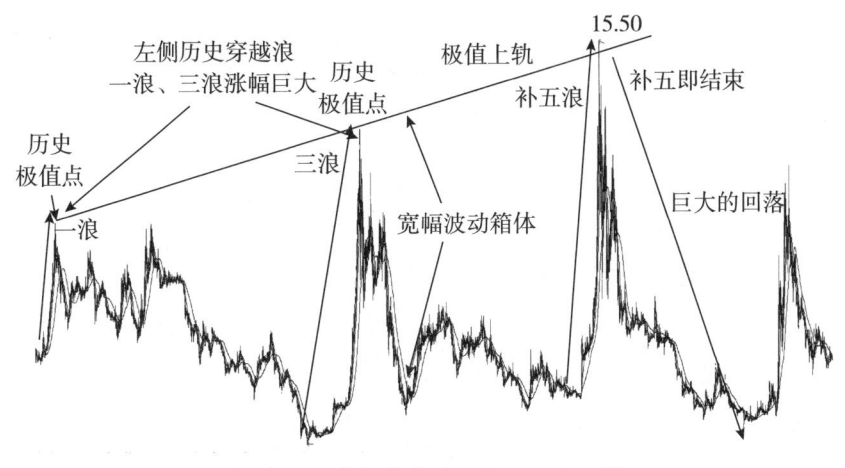

图3-11 华银电力（600744）日K线

在此我们可以总结：在宽幅震荡的箱体运动中，左侧最大叠加条件的高点连线构成投资情绪叠加态的控制极值上轨，只有达到"超能力"的叠加态才能越过上轨形成极端失控的泡沫体，但泡沫破裂会形成巨幅回落。

在这种情绪叠加周期转换的两极，投资者的行为会潜意识地落入情绪陷阱，呈现出普遍性的"大脑的正确导致行为的错误"。

这里强调两点：

第一，温和的叠加态高点（涨幅不算巨大）算不上极值点，只有左侧量速巨大的历史穿越浪的高点才具备历史极值条件。

第二，左侧量速巨大的历史穿越浪从低位起上涨，涨幅巨大，所以 K 线形成的是宽幅波动箱体。

如图 3-12 所示，南京高科（600064）凶猛的一浪和三浪（同属历史穿越浪）构成左侧最大叠加条件，当补五浪从宽幅箱体的底部拉升到极值上轨并且突破时，因为涨幅巨大，通常也处于重建周期的终点区域。

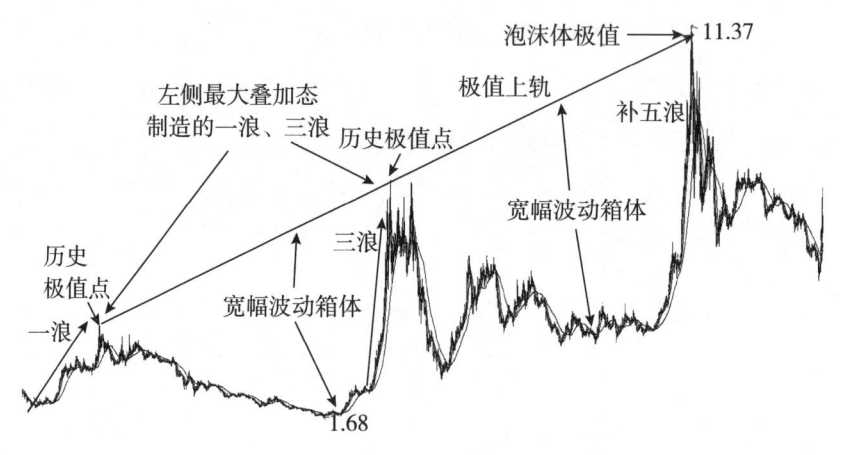

图 3-12　南京高科（600064）日 K 线

这些要点在负五浪时空结构（负叠加周期）中同样适用。对于有些刚走出第一波历史穿越浪的股票而言，等待是最好的策略，只要时间足够长，必然会形成叠加条件。

如图 3-13 所示，中船科技（600072）左侧最大叠加态一浪刚形成，正在等待三浪。

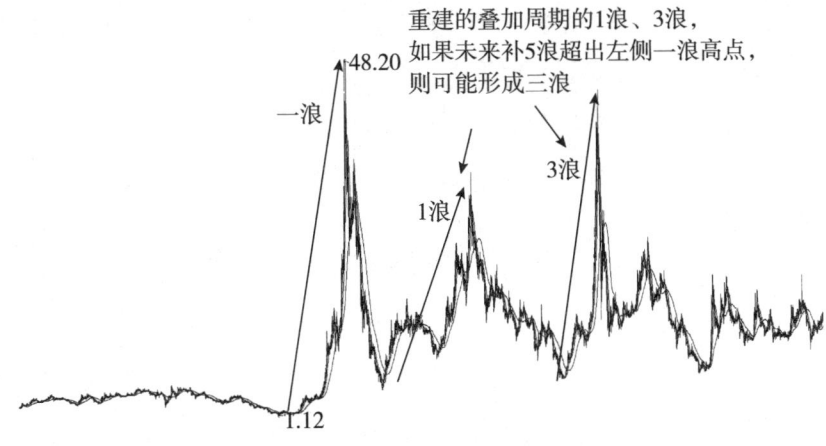

图 3-13 中船科技（600072）日 K 线

如果有些股票的 K 线看起来还不具备最大周期的叠加条件，那么说明等待的时间还不够长。

特斯拉是美国股市中的明珠，2020 年新冠疫情全球大流行，股市大幅下跌，油价一度跌到了负值，有些牛股恰恰借此危机迅速完成负五浪的调整周期，开始周期重建。特斯拉在 2020 年后走出的五浪时空结构印证了东西方人的情绪化表现并没有什么不同。

图 3-14 中，特斯拉股价在补五浪后的回落幅度相比其他科技股好像不算特别大，那是因为高点没有达到和超越重建周期的极值上轨。但是右侧形成的倒弧形张力结构预示着调整远没有结束。

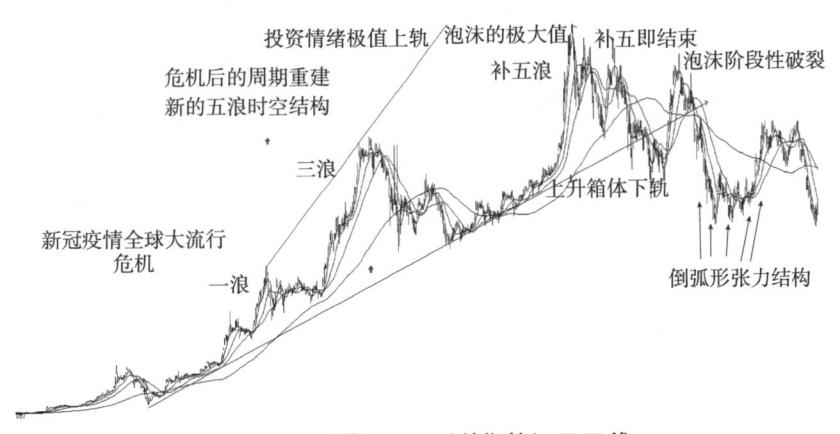

图 3-14 美股 TSLA（特斯拉）日 K 线

一般来说，相同背景下，达到"超能力"的叠加态补五浪的回落幅度通常远大于次级别叠加态的回落幅度。

如图3-15所示，美股TTM（塔塔汽车）的五浪时空结构中，补五浪刚好击穿极值上轨，"省力空间"走到尽头，意味着泡沫体超越极限，即将破裂。

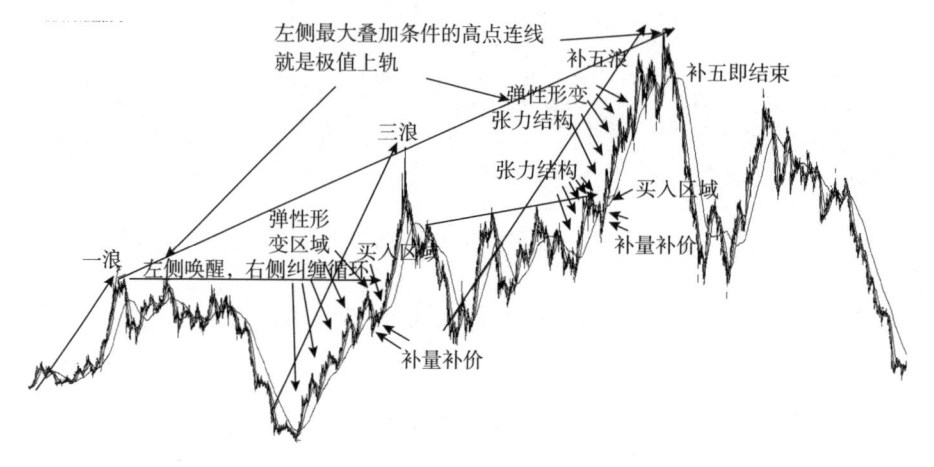

图3-15 美股TTM（塔塔汽车）日K线

对极值上轨的突破与股价回落，意味着一个跨时空的大叠加态周期结束了，调整周期长夜漫漫。

图3-16是以岭药业（002603）的大五浪时空结构，左侧一浪与三浪形成叠加条件，右侧生成"省力空间"。

2020年，新冠疫情全球大流行，以岭药业股价表现非常亮眼，走出了经典的大五浪时空结构。2022年年底，国家优化疫情防控措施，全社会出现非理性的"囤药"现象。现实是理论最好的验证和诠释，随着情绪的叠加，以岭药业股价也在投资者的非理性追高中一度击穿一浪和三浪高点构成的极值上轨，这意味着失控的泡沫体达到极大值，即将破灭。这时候，尽管市场上药品仍然供不应求，但股价已经开始崩跌，开始了极为漫长的调整周期。

五浪时空结构很好地反映了交易情绪的叠加态周期，极值上轨也画出了极具参考价值的预警红线。左侧一浪与三浪形成的极值上轨结合补五浪

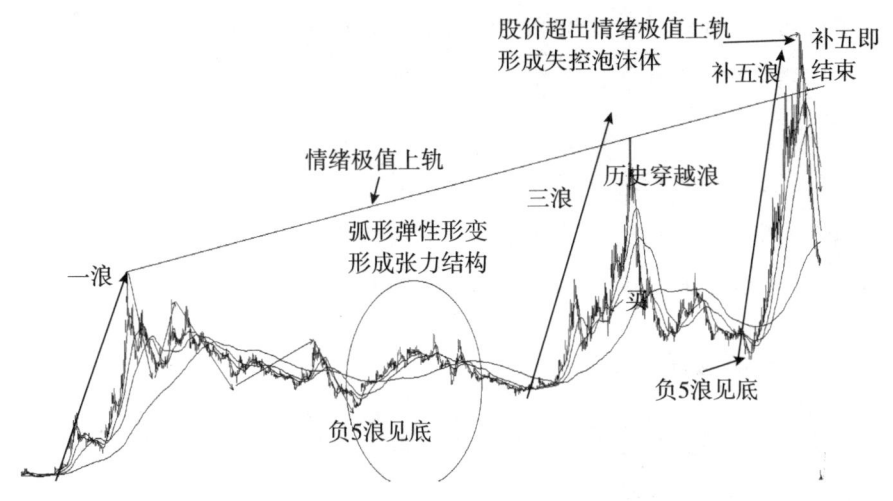

图 3-16　以岭药业（002603）日 K 线

自身的"补五即结束"，可以使我们在判断泡沫体极值高点时游刃有余。

叠加态的泡沫体顶部区域会出现独立的叠加周期，因为量能的顶部释放过程同样遵循五浪时空结构，所以不要认为只要越过极值上轨，泡沫就会立即破裂，由于集聚量能的不同，有些股价越过上轨后还会拉升或者震荡一段时间，具体的高点要取决于补五浪自身的叠加周期何时结束。这些叠加极值点为更遥远的未来制造出新的叠加条件，并进一步提升了未来行情的涨升空间。

那么，你可能会问：股市只是经济体的组成部分，它的规律性与系统性经济危机以及历史周期律有关系吗？当然有关系，因为一切事物的周期转换都基于量能的叠加周期，这种周期性波动反映了量能从无序到有序，又从有序到极端的过程。K 线对量能波动的忠实记录像反映了叠加态法则的真相。就像爱因斯坦通过黎曼空间理解宇宙一样，我们可以从 K 线的叠加规律中一窥事物周期性波动的真实面目。

在时空坐标系中把它拉长，用科技、信贷、生产、消费等来填充，它就能反映经济周期；用实验、研究、颠覆性理论等来填充，它就能反映科学创新周期；把它再拉长，用群体的认知、觉醒、运动等来填充，它就能反映历史周期。

宇宙间，物质超越量能极值发生质变后引发链式反应，会出现超长的量能释放周期，发光发热的恒星就是最好的例子，比如太阳，极高的温度催生氢核聚变，并引发链式反应，持续燃烧，所以量能的跨时空纠缠与叠加态周期转换是宇宙生生不息的真相。人类及其附属的经济体量相比而言属于极低的能量体，超出极值后的持续性差，所以周期性波动十分频繁，在这种频繁的波动中，如果应对失策，就会诱发经济危机。

（三）控制极值上轨的原理

为什么左侧最大叠加条件的高点连线形成控制极值上轨，而不是其他连线？为什么这条连线总是倾斜向上？

我们已经知道，对于人类的认知极值，只有形成量能放大效应才能突破，而要获得这种力量首先要构建叠加条件。人类诞生以来，这种认知极值表现在经济、政治、历史、科技、文化艺术以及一切人类参与的领域，每次形成突破的叠加态，人类的认知极值就会比之前的最高点高出一些，股市中反映叠加态周期转换的K线很好地证明了这一点，只有再次构建叠加周期，才能突破左侧的历史极值点。

现在假设在第一个极值点出现后，在向未来无限延展的时空中，人类不停地遵循五浪时空结构法则制造叠加周期，然后依靠叠加态中的量能放大效应制造突破后的新极值点，那么这些不断抬高的极值点就会连续且密集地出现，把这些极值点连接起来，就形成了认知极值的上轨连线（见图3-17），它表现在任何领域，就像我们在K线图中看到的那样。

如果把时空无限延展，无数的极值点密集成线，那么我们就会看到一条近似于 $y=x^2$ 的函数曲线。在基于叠加周期的K线图或其他图表中形成控制极值的上轨和下轨。

因为极值点逐点抬升，所以这条连线会呈现倾斜向上的形态。由于不同历史阶段人类综合认知能力的不同，这条极值上轨会因为认知修正而呈现出不同的斜率。比如在奴隶社会和封建社会的历史阶段，人类对自然规律的认知水平低，这条极值上轨的斜率就小，而随着现代科学技术的突破，极值上

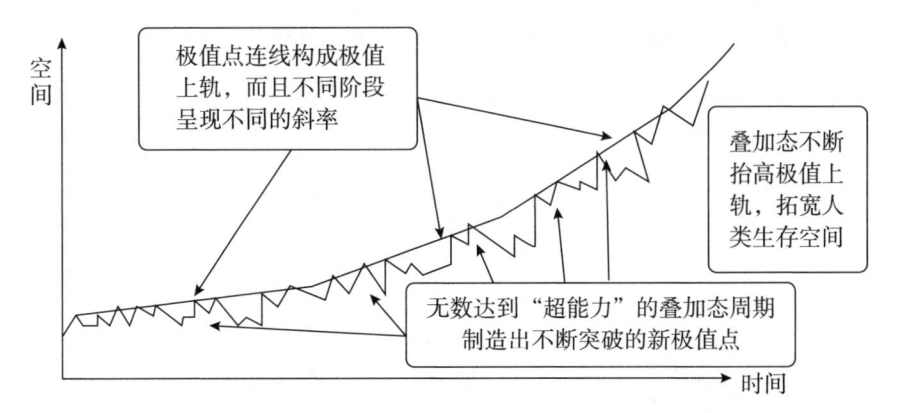

图 3-17 把叠加态制造的极值点连接起来，就形成了极值上轨

轨的斜率开始变大。而未来如果能利用叠加态原理加速认知突破，极值上轨的斜率还会更大。

因为量能传递链条的长短各异，各领域的叠加周期长度不同。在股市中，可能历经数年形成一个极值点；而在历史中，可能数十年甚至几百年才构建出一个极值点。人类所有的进化信息都记录在这条极值曲线之上。

我们难窥叠加周期的真容，"只缘身在此山中"。

叠加周期既构建了最大的时空结构，也确定了最小的细胞结构。当然，如果能最大效率地构建叠加周期，就能加速利用大自然赋予我们的量能放大效应，人类就会加速走向自由和繁荣。

因此，<u>在大周期的五浪时空结构中，当左侧最大叠加态形成一浪和三浪，那么其顶点就可以认定为阶段性的历史极值点，这两点连线就是控制极值上轨的参考线，我们就可以认为未来出现在这条连线上的点都是历史极值点。当时空右侧真实的补五浪击穿这条极值点连线时，我们就可以预测失控泡沫体的形成，并预测泡沫破裂现象不久就会出现。而这一次的突破修正了极值连线的斜率，为下一次的叠加突破拓展空间。</u>

极值上轨的连线原理表现在任何周期波动之中，比如在 K 线的叠加周期中。

图 3-18 中，伟星股份（002003）叠加态周期结构在右侧纠缠循环中演化，五浪时空结构纠缠互生，情绪控制极值上轨在本阶段的顶部参考意义十

分明显。情绪控制极值上轨在时空右侧被击穿,意味着下一阶段上轨斜率将增大。

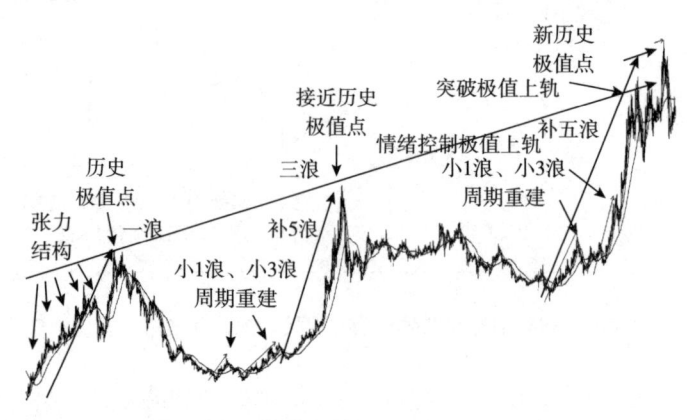

图 3-18　伟星股份（002003）日 K 线

如图 3-19 所示,同花顺（300033）叠加周期的目的是有序集聚量能,通过"省力空间"的加速效应展现叠加态的突破性。

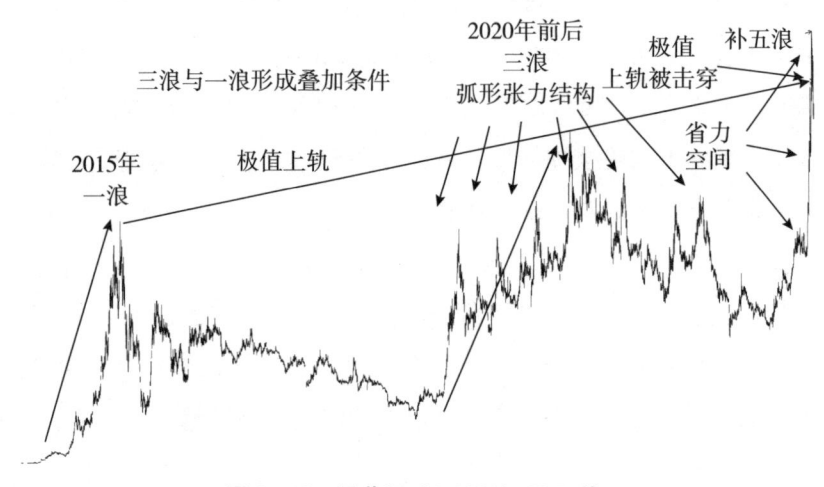

图 3-19　同花顺（300033）日 K 线

图 3-20 是美股 GTLS（查特工业）日 K 线,2020 年的新冠疫情利空加速了补五浪的出现。

图 3-20 是完整的叠加态周期结构——五浪时空结构,右侧补五浪的高点位置不同（接近、达到或者超出极值上轨）,代表泡沫体的大小不同。至于

图 3-20 美股 GTLS（查特工业）日 K 线

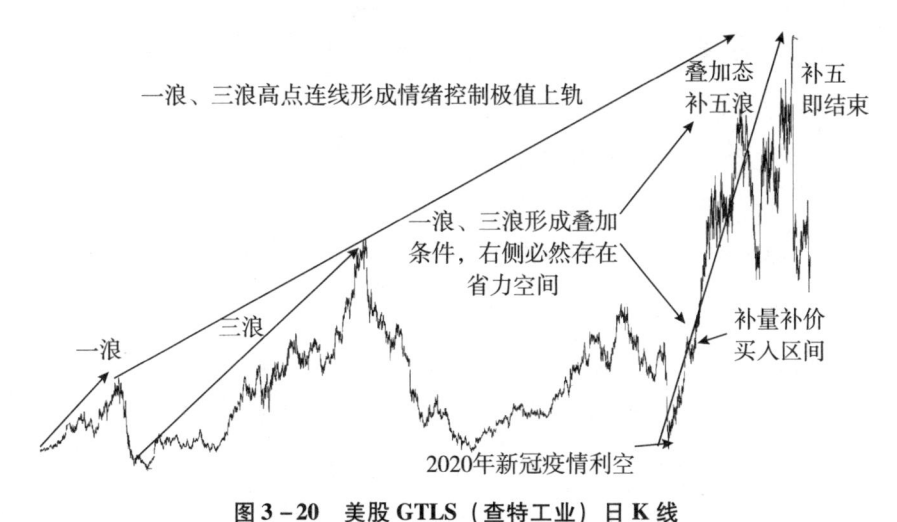

右侧补五浪在"省力空间"中能到达的高点区域，应该根据其浪形结构来判断。

并不是每一波叠加浪都会超出极值上轨，就像竞技比赛，不是每一次都会打破世界纪录，但是在坚持不懈的努力下，世界纪录总会被打破。在反映各细分领域运行状态的数据图表中，左侧最大叠加条件的高点连线形成控制极值的阶段性参考上轨。股市的 K 线反映了叠加态周期转换，不要以为这些曲线仅存在于投资市场，其实它可以在很多领域应用，包括描述我们每一天的情绪转换。

三、经济危机的本质和预测

（一）关于预测的佯谬

在人们的印象中，预测同占卜一样古老且不可信，特别是在证券投资领域。行为金融学理论创始人之一、耶鲁大学经济学教授罗伯特·希勒在《非理性繁荣》一书中指出，我们应当牢记，股市定价并未形成一门完美的科学。瑞典皇家科学院在授予罗伯特·希勒等人诺贝尔经济学奖时指出，几乎没有什么方法能准确预测未来几天或几周股市和债市的走向。海曼·明斯基也说过，任何想让经济活动有规律可循的尝试都是徒劳的。

几千年来，古人也在关注和研究事物的极端转换规律，《吕氏春秋·博志》总结："全则必缺，极则必反，盈则必亏"；《吴越春秋》中说："时过于期，否终则泰"；《周易·丰》中云："日中则昃，月盈则食，天地盈虚，与时消息，而况于人乎？"这些智慧之言表明人类很早就开始总结周期极值的反转规律，并尝试对其加以解释和利用。

一直以来，一些分析师经常列举大量不同领域的数据和图例来预测股票市场的未来表现，大多数情况下，这些推测基于线性逻辑思维或某种所谓的多因素模型。比如，经济增长率是A，工业增加值是B，消费信心指数是C，出口订单指数是D，那么如此低迷的情况下利率将会降为E，则股市应该表现为F，政策支持的板块将是G，于是制定出投资推荐组合H。

我认为这很可笑，这些细分的经济领域有不同的构成群体，各有不同的情绪叠加周期，虽有所关联但具体表现各异，试图用这些差异化的概率元素得到一个必然的答案，这种逻辑匪夷所思。

股指就是股指，个股就是个股，代表的投资群体不同，表现也不尽相同。虽然不同的群体有不同的情绪叠加周期，但有一样是不变的——决定群体行为的是不变的人性，始终遵循五浪时空结构法则。

关于预测还有这样一种观点，这种观点认为预测本身就是一种自我矛盾的行为，因为今天预测的结果需要在未来验证，但在未来到来之前，我们以当前的预测为基础的所作所为将改变未来的轨迹，最终很可能导致预测无法实现。换言之，预测的成绩越优秀，未来预测实现的概率也就越小。

这个观点牵涉意识能否导致叠加态坍缩的问题，这是在双缝干涉实验中得到证明的现象。我们举一个很容易理解的例子，比如你事先知道一个阴谋——对方试图激怒你来达到目的，这时你对于自己的情绪处于有意识的控制状态，无论对方如何羞辱，你都没有生气，很好地控制了自己，因此对方没有达到目的。如果你事先不知道这个阴谋，就极可能落入情绪陷阱，让对方得逞。有意识的情绪控制让本应出现的叠加态消失，也就是说你的意识导致本应出现的叠加态坍缩。其实准确来说，这不能叫叠加态坍缩，应该是控制了叠加条件，使叠加条件不完备，所以叠加态无法形成。

那么反映在市场中，假设所有参与者都掌握了叠加态法则，既知道市场的叠加态周期转换，又对自己的交易情绪进行有效的监控，那么叠加态还存在吗？如果这种绝对化的场景存在，叠加态确实会消失，市场死水一潭，也就没有存在价值了。就像历次金融危机，总有少数人预测成功，因为如果多数人都意识到危机将要发生，那么危机就会消失或减弱。

问题是：这种绝对化的场景存在吗？所有人或者多数人都掌握了五浪时空结构法则，所有人或者多数人都知道了人性的潜意识弱点并都能做到理性规避。

很显然这是不可能实现的，全球资本市场单日成交量几十万亿美元，这背后是十几亿投资者，且不说认知和接受链条传递极度缓慢，单单人性的弱点就是无法弥补的缺陷。没有人能够消除所有的潜意识，也就是说没有人能够有意识地控制自身所有的情绪叠加，因为人是情感动物，所以永远避免不了潜意识的情绪叠加，当你认为自己摆脱了它的掌控时，其实它只是变换了一种形式继续掌控你。

事实证明，潜意识就像一张可以随体型变大的网。但是对真理的认知总远好于不知，至少能制定出规则来保证自己在关键阶段保持清醒，而且知道对手或自己究竟会错在什么地方。

假设人们真的做到了以上两点，所有或者多数群体都认知觉醒，变成了绝对理性人，那么经济危机和剧烈的波动行情将失去赖以形成的人性基础，就不会再发生。如果真的到那个阶段，反而证明了预测理论的正确性。

（二）1998 年香港金融保卫战

五浪时空结构可以预测泡沫的生成和破裂，当然也可以用来预测经济危机，因为经济危机爆发的本质就是在这之前形成了更大级别的投资泡沫。

1997 年的亚洲金融危机对东南亚经济破坏严重，对冲基金在亚洲各国连番做空，亚洲主要股市大幅下跌，1998 年 6—7 月，索罗斯把矛头对准中国香港，开始有计划地打压做空香港股市和期市，从图 3-21 中可以看出，国际投机大鳄对港股的做空恰恰发生在补五浪的末端，而且接近当时的极值上轨，这是泡沫体最脆弱的时候，当时若不是内地鼎力支持，国际投机资本在本应出现的回调周期中借力打力，就会扩大回调周期的时空结构，出现严重的后果。

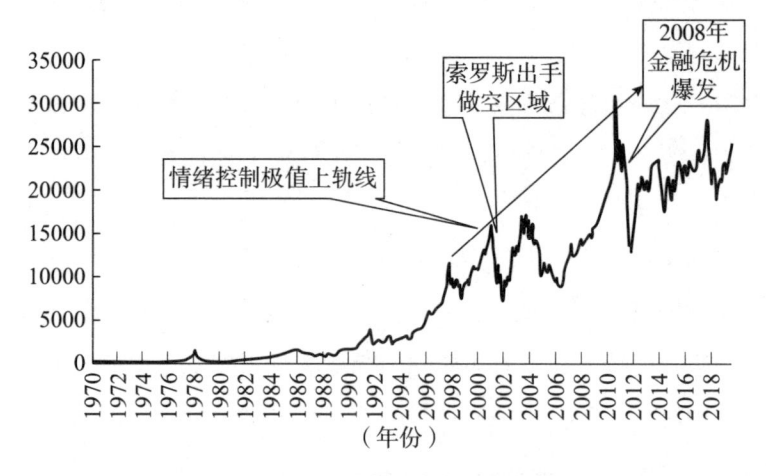

图 3-21　香港恒生指数历史走势

1998 年 8 月 28 日是股指期货交割日，当天港市成交额达到 790 亿港元，创下纪录，香港特区政府全力顶住了国际投机者空前的抛售压力，恒生指数当日收盘于 7829 点，在打击国际炒家、保卫香港股市和期市的战斗中获胜。

资本市场遵循丛林法则，所以投机资本的弱肉强食行为无可厚非，只是其精准选择的时间节点耐人寻味，市场上表现出来的极端区域总是出现在危机之前。

索罗斯的反身性理论抓住了人性的潜意识弱点，后文还会详细讲述。

循着时间线继续向右侧看，2008 年美国次贷危机引发的金融危机又恰巧发生在突破极值上轨的泡沫体中，恒生指数从高点如同自由落体，回落幅度巨大。在一次次剧烈的波动之中，有多少财富易手，多少美梦成空！看吧，这次即使没有索罗斯做空，泡沫还是会破灭。

因此，根据情绪控制极值理论，结合五浪时空结构法则，就可以像用温度计量体温一样监测市场情绪变化，预测泡沫体的发育程度及其严重性，监测极端的出现，预见泡沫即将破裂的后果，或者提前采取措施冷却冲动的交易情绪，使曲线始终远离失控的泡沫极值。

（三）资本主义经济危机周期性爆发的原因[①]

放任人性的弱点、忽略非理性两极，是资本主义经济危机周期性爆发的本质原因，这是人性中的潜意识客观本能决定的。

经济危机导致大萧条，美联储前主席伯南克在《大萧条》一书中写道：我沉醉于研究大萧条，因为它是发生在现代史上一个关键时期的令人痴迷的事件，大萧条从根本上提高了我们对经济的认识。解释大萧条是宏观经济学的"圣杯"，尽管花费了大量的时间和精力，但人们还根本没有碰到"圣杯"的边儿。

不仅是伯南克，很多经济学家都试图解读萧条与繁荣的本质，经济学界一致认为，无论是凯恩斯主义、芝加哥学派还是奥地利学派，都没有给予经济危机周期性出现的现象精确而完美的解释。

英国伦敦政治经济学院博士亚当·图兹在其著作《崩盘：全球金融危机如何重塑世界》中无助地写道：人们知之甚少且几乎无法控制的巨大风险是如何集聚起来的？在突发的地震中，全球秩序是怎样发生巨大的结构性变化的？我们是在梦游中陷入危机，还是遭到了黑暗力量的推动？谁应该为随之而来的灾难负责？我们能不能实现永久的稳定与和平？

在经济学家眼里，周期性显现的危机是如此诡秘且难以捉摸，下面这些现象让他们感到十分困惑：

为什么繁荣与萧条好像是硬币的两面？究竟是什么因素导致经济萧条？

为什么经济萧条在来临前具有某种神秘性，很难预知？

为什么企业家会不约而同地犯错误？是什么因素发生突变让企业家错得如此离谱？

[①] 本节参考《灭火：美国金融危机及其教训》，伯南克、盖特纳、保尔森著，冯毅译，中信出版集团出版；《两次全球大危机的比较研究》，刘鹤著，中国经济出版社出版。

在大萧条阶段，经济走出低谷的曲线是 L 形、V 形、U 形还是 W 形？有没有可以量化的指标可以预防经济危机？

在这些经济学派中，奥地利学派的商业周期理论距离真相很近，这一学派的代表人物是罗斯巴德，他在《美国大萧条》一书中详尽分析了美国政府在 1921—1932 年的信贷扩张和经济政策造成虚假繁荣并最终导致萧条的过程。在他之后，哈耶克与加里森试图通过模型构建来预测和解释危机的发生。奥地利学派的信贷扩张和过度投资理论解释了虚假繁荣中的非理性现象导致危机的发生，但还是没有发现繁荣与萧条周期性出现的叠加态本质，用于构建监测体系的模型也具有很强的主观性。

为什么多数经济学家要从纷繁芜杂的经济和金融链条中寻找危机的根源呢？如同一座大厦在地震中倒塌，大家都去分析大厦的建筑结构哪里出了问题。其实更应该做的是分析地震波动周期，如果我们能对未来即将发生的"经济地震"发出有效的预警，那么就会减少很多损失。

伯南克、盖特纳、保尔森合著的《灭火：美国金融危机及其教训》一书中，从人性角度描述了危机产生的非理性特征：金融危机无法避免，因为它是人类情感和认知的产物，也是人类作为监管者和政策制定者不可避免的产物。人类天生容易受到非理性繁荣的影响，所以市场在上涨时会高度上涨，在下跌时会过度下跌，狂热和恐慌似乎都具有传染性。

试图从宏观经济学角度解释经济大萧条是舍本逐末，所有经济链条的主体都是人，主宰其波动本质的仍然是有意识的理性和潜意识中叠加形成的非理性，理性制造温和的叠加繁荣，而潜意识中叠加出的非理性会在不知不觉中把局面推向两个极端——极端繁荣和极度萧条，就像我们在 K 线的牛熊周期中看到的那样。

就像亚历山大用剑砍断格尔迪奥斯绳结解决难题一样，只有用人性和隐藏于其后的量能之剑砍断互相缠绕的经济绳结，才能看清危机背后叠加态周期转换的真相。

前文中，我们已经无数次地论证，在较长的经济叠加周期中，如果左侧已经形成符合要求的叠加条件，则叠加态必然会产生，"省力空间"的扭曲效应制造过度乐观和虚假繁荣,特别是达到"超能力"程度,超出了理性的极值上轨时,"理性经济人"就会潜意识落入情绪陷阱,变为"非理性经济人",导致误判和失控行为,如此反复,经济曲线就会周期性地穿越极值的上轨,并且在大幅的回调过程中诱发经济危机,甚至在负循环的"超能力"叠加态中刺穿下轨,造成无法收拾的局面。

这才是"周期"二字的真相——叠加条件与叠加态的结构体。

在经济历史学家金德尔伯格的理论中,历次金融危机都有固定的模式,该模式表现为先是狂热,之后是恐慌,最后是崩溃,这是正向叠加周期末端,叠加态坍缩后向反方向叠加周期转换的典型特征。

金融和经济危机的发生是资本主义制度的本质特征之一。工业革命以来,资本主义世界经济危机周期性发生,其本质源于信奉彻底的自由市场经济理论。亚当·斯密在《国富论》中详细解释了自由市场经济理论,讲到市场有"无形的手"调控经济。这只"无形的手"就是自利——理性经济人假设的永恒性。但是从前文人性的弱点分析可知,当人性处于不同程度的叠加态时,理性会不同程度地消失,如果叠加态达到"超能力"的程度,理性就会完全消失,极端非理性行为必然出现,这是大脑优先释放叠加态量能的潜意识本能决定的。

个体在处于非理性时犯错误,市场也在处于非理性时犯错误,经济体同样在处于非理性时犯错误,只要其构成主体是充满潜意识的人性。而几乎所有宏观经济学模型都建立在理性预期上,忽略了破坏性最大的非理性两极。人类通常在理性范围内集聚财富,然后又在非理性的两极失去或者破坏它,周而复始。

<u>叠加态周期转换理论划分了理性与非理性的行为边界,根据叠加态法则划定风险区域,构建出全方位的危机监测预警体系。</u>

1929年美国股市崩盘引发的大萧条和2008年美国金融危机是其中蔓延最广、破坏力最大的两次,它们都是资本主义自由市场制度放纵了人性弱点形成"超能力"叠加态后的高点回调所致,1929年的经济危机为诱发第二次世界大战制造了叠加条件。

《两次全球大危机的比较研究》一书中分析，在危机爆发之前，都出现了前所未有的经济繁荣，危机发源地的政府都采取了极其放任自流的经济政策。1929年大萧条之前，柯立芝总统就实行了以放任自流著称的经济政策，政府对市场经济的运行基本保持缄默，金融利益集团也对放松监管、推动金融自由化发挥了巨大影响。在此期间，新技术的推广和应用首先集中在电力行业和汽车行业，自由竞争使主要行业的产业集中度和垄断程度大幅提高，劳资对立由于经济繁荣得到一定缓解，而弱势的农业相对衰退，埋下了产业失衡、收入分配差距扩大和经济投机性增强等种种隐患。但不管怎样，经济的放任自流政策创造了著名的"柯立芝繁荣"。在2008年金融危机发生之前，在强大的产业和金融利益集团作用下，从克林顿到小布什政府都采取了经济自由化的政策，在某种程度上，其实际的经济放任程度和对监管的放松接近甚至超过里根政府的做法。在此期间，新技术的推广应用使信息通信产业和互联网经济得到快速发展，房地产业的繁荣出现，美国经济确实出现了人类社会有史以来最长久的繁荣，人们乐观地认为，由于互联网技术的发展，传统的商业周期已经不复存在。在两次繁荣期间，经济的自由放任和企业家创新精神的发扬互为补充，推动着经济的高增长，但也与后来危机的发生存在某种逻辑关系。

资本（财富）是一种存在先天叠加条件的汇聚量能，所以资本更容易形成叠加态。这种量能的叠加态具有两面性，既会加速科技的创新，又会导致危机的产生。

放任人性的弱点、忽略非理性两极是经济危机周期性爆发的本质原因，这是人性中的潜意识客观本能决定的。所以放任人性的弱点就等于放任资本（量能）横行无忌，结果是在无形中造成极端的"超能力"叠加态周期性转换。

（四）股市和经济都在叠加周期的极值间波动

"万物皆周期"，经济学家在试图寻找周期的真相。法国经济学家朱格拉认为危机周期大约为10年，而美国经济学家基钦认为经济周期大约为40个月，这比朱格拉周期的一半还短。康德拉季耶夫1925年提出，资本主义世界存在固定资产投资驱动的 45~50 年的经济周期。熊彼特 1939 年提出，技术创新驱动的经济长周期为 48~60 年。美国经济学家库兹涅茨则提出了时长为 20 年的经济周期。这些基于显性概率的大周期统计仅是度量了不同波动周期的两端，如同丈量从一个山顶到另一个山顶的距离，这种模糊的统计不严谨、不精准，无法作为量化指标准确解释经济周期。

前文中我们详细解构了周期的本质，周期之所以不可避免，而且必然在极端间转换，是因为人性中的潜意识本能。无论是任何领域中的群体还是个体，都无法逃脱潜意识的包裹，这是叠加态的自然形成特性决定的。当时空左侧具备叠加条件时，叠加态就会在适当的时空节点自然形成。

所以在任何一个完整的叠加态周期中，只要具备叠加条件，叠加态就是必然产物，随之释放量能的行为就属于潜意识本能的一环，故而叠加态坍缩导致的危机总是悄无声息地到来，在泡沫破裂之前，很少有人相信那是即将破裂的泡沫。

在这些破裂的泡沫中，有很多是次级别的泡沫，如同五浪时空结构中一浪和三浪产生后的回调，这些回调周期经常制造局域性危机。危害最大的是系统性危机，系统性危机由最大叠加态的坍缩形成。

以上所列举的周期理论数据都是在各种危机发生后开始测量，然后进行概率统计的结果，而且没有区分出次级别和最大级别的叠加周期。

以最大的正叠加周期（上升周期）为例，在叠加态区域，叠加过程制造出经济发展的"省力空间"，"省力空间"正是潜意识本能的最小阻力方向，所以也称"引力空间"。"引力空间"中一片繁荣，因为叠加量能的放大，经济呈现高速扩张和加杠杆的特性，人性开始进入"迷幻森林"。此时的经济表现（包括股市表现）是人类大脑中情绪叠加态的表象，投资端、消费端两旺，叠加态中顺应叠加方向大幅增加的波强制造出虚假的繁荣。根据前文论证过的理性在叠加态进程中逐步缩减的原理，企业家、金融家开始盲目乐观，企业追加投资，银行信贷扩张，居民消费信心膨胀，同时投机心态盛行，股价、房价飙升，直到多领域的量化指标刺穿极值上轨，达到"超能力"程度。此时，这一完整的经济叠加周期制造的社会财富——相当比例的流动财富，高位冻结于变现能力极差的房产和其他固定资产端,泡沫体达到极值,然后叠加态坍缩,股市暴跌,居民财富缩水,信心低迷,经济进入漫长的、不可避免的、以消费和货币政策收缩为主要特征的负循环周期,并在负循环中诱发实体经济危机及其他衍生危机。

长周期的叠加态坍缩后,财富的生成秩序开始混乱,直到危机结束,以财富为载体的量能再次集聚,重新开始一个有秩序的叠加态周期,如此反复。

事实上,就像股票K线所展示的那样,叠加周期没有时间对称性,在不同的叠加周期里,周期因为叠加条件不同而长短不同,就像物理学中的"背景独立理论"[①]一样,时空背景变化了,叠加周期就会相应变化,出现收缩或拉长,所以不能用固定的时间长短来度量,叠加周期唯一不变的度量标准就是基于叠加态法则的五浪时空结构。

在上述经济学家里,熊彼特的经济周期理论初步揭示了叠加周期中的两个阶段特征,他在著作《经济发展理论》中提到,革命性的创新推动了"第一波"——经济周期运动的第一阶段;接下来便是"第二波"。"第二波"从现象和质量上比"第一波"更重要,覆盖面更广,因此也更容易被观察到。

熊彼特认为"第二波"把藏在我们眼皮底下的各种初始刺激放大。其他经济学家也描述过这种放大效应,英国经济学家丹尼斯·罗伯逊就观察到了经济衰退前的加速现象并在著作《工业波动研究》中进行了详述。

在熊彼特提出的"第二波"中,放大效应与经济加速等过热现象都是波浪叠加过程中的"电梯效应",也就是"引力空间"效应,这是叠加态的典型特征。在熊彼特提出的"三个长周期"中,"第一波"和"第二波"是创新周期,"第三波"是衰退周期。那么问题出现了:如果"第二波"是叠加态,那叠加态左侧的叠加条件并不完整,缺少与"第一波"产生叠加的另一波浪。答案就是叠加态左侧存在更小的"初始一浪",也就是上一个叠加态坍缩见底后的反弹浪。

---

① 根据爱因斯坦广义相对论,时空几何没有固定的背景框架,与自然事物一样演进和变化,不同的时空几何描述不同的宇宙历史。

第三章　危机与历史的真相——潜意识中的时空之旅

如图3-22所示，左侧三浪为熊彼特周期的"第一波"，补五浪为熊彼特周期的"第二波"，右侧衰退周期结束后的反弹为初始一浪，此时，以衰退周期底部为分界，把右侧的"初始一浪"时空平移到左侧三浪下面，你就会看到完整的叠加态周期结构。一浪与三浪形成大周期叠加条件，补五浪中因为叠加波强出现经济放大和加速效应，叠加态坍缩后进入经济衰退周期。

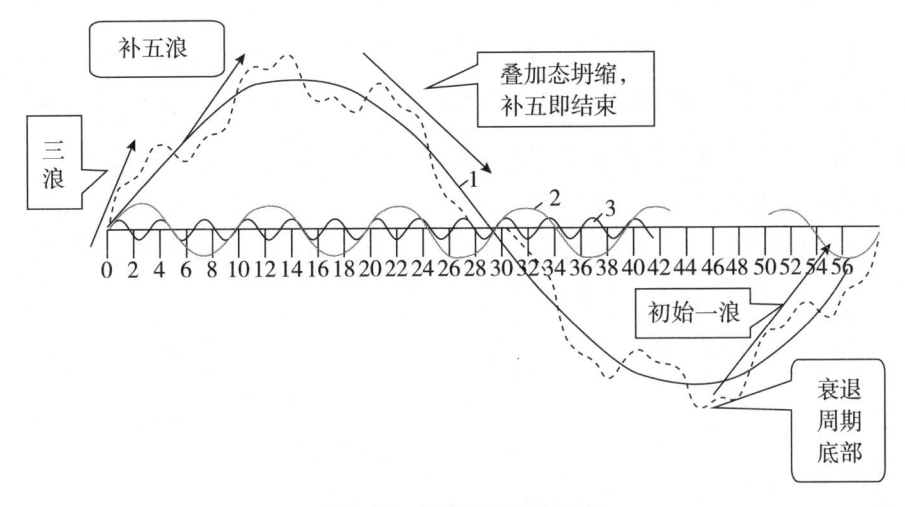

图3-22　熊彼特三周期分析

如图3-23所示，将右侧左移，五浪时空结构完美反映了叠加态周期转换。

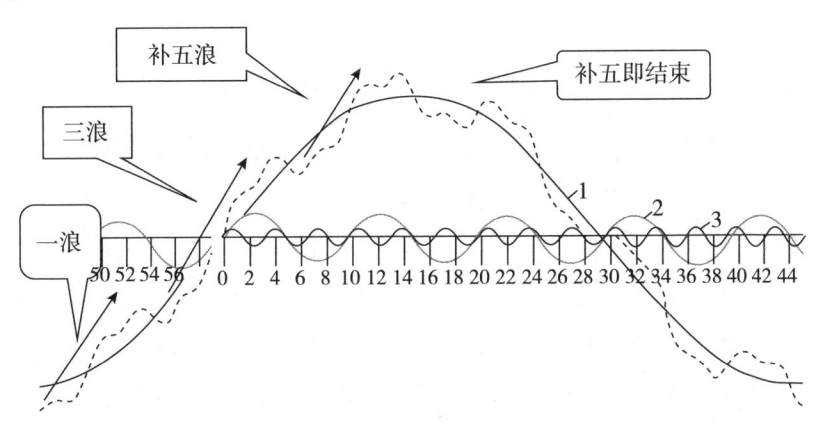

图3-23　右侧左移后的熊彼特三周期

熊彼特相信经济存在多个振动同时发生的现象，有强有弱。他认为多个周期的下降阶段趋于一致的情况将会导致经济萧条。由此可见，熊彼特提出的多周期模式非常接近叠加态理论。

基于叠加态的自然形成特性，危机的周期性发生似乎无解，就像一个理性至极的人也无法控制自己的所有情绪、无法察觉所有的潜意识一样。

如图3-24所示，实线表示《广场协议》签订前后日本房价指数走势形成的叠加周期。"卖掉东京可以买下美国"，这句话反映了叠加态的疯狂程度。《广场协议》签订前后，日本房价指数作为量化指标之一记录了当时的情绪叠加周期，叠加态超出极值上轨达到"超能力"程度，形成失控泡沫体，叠加态坍缩后日本经济进入"失去的十年"，巨量社会财富以高杠杆的形式高位锁定，在这十年里，日本经济持续疲软，几度创下经济负增长的纪录。

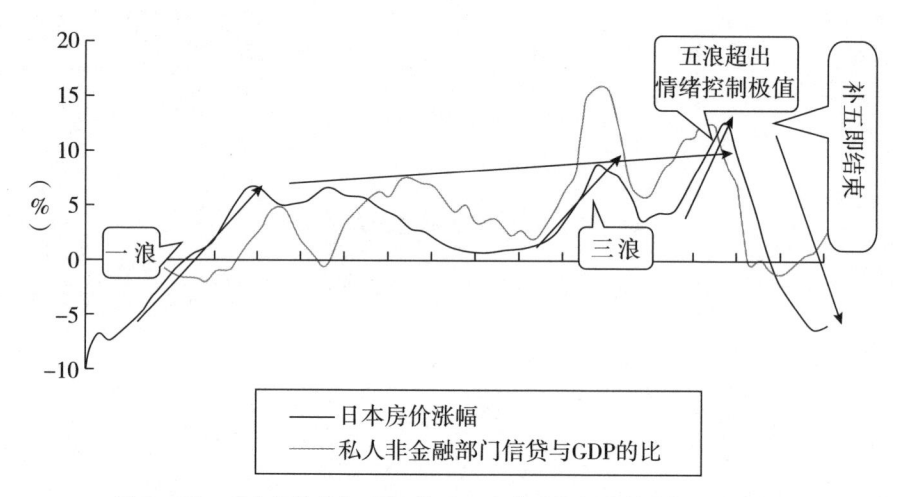

图3-24　《广场协议》签订前后日本房价指数走势的叠加态周期

资料来源：Wind，长江证券研究所。

叠加态的"省力空间"是一把双刃剑，因为波强的纵向增加，潜意识地制造出现实映像的扭曲和迷幻，给人以超现实的感觉，所以"省力空间"也可以称为"超现实空间"，在这个空间的尽头，通常是高位接盘者的梦魇。就像吉姆·罗杰斯在著作《危机时代》中所写：每一个泡沫的产生和破裂都会遵循相同的轨迹，人们陷入狂热，轻易地相信瞬间的美好就是永恒，直到迎来上天的惩罚方才梦醒！

"极端事件"，发生在"极"的两端。在大结构的叠加态周期转换中，如果任由潜意识肆虐，那么极端不可避免，长周期聚合的量能经过"引力空间"的放大和加速，最终聚合成两极的两个点，这两个点脱离了理性的空间，在正五浪时空结构中让你看到前景无限的希望，在负五浪时空结构中让你跌入无底的黑洞，感到崩溃和绝望。

举两个现实中的例子：《广场协议》签订之前高不可攀的东京房价就是正五浪时空结构的极值点；2020年4月20日美国原油期货WTI跌到不可思议的 -40.32美元，就是负五浪时空结构的极值点。这就是两种极端，好像整个叠加周期的所有能量，连同起伏展开的时空，最终都聚合成点，收缩成无穷。

即使危机发生后，人们回头看，也会总结出很多经验和教训，但如果不能深刻认识到潜意识本能的叠加态原理，不能有效规避人性中的潜意识本能弱点，那么无论如何总结，都避免不了危机在未来周期性发生，所以危机的发生具有周期性的确定性。

在这之前，股市作为先行指标结合其他各领域经济指标，经过反映情绪叠加周期的五浪时空结构理论分析，可以有效地提前预知泡沫的形成与即将出现的破裂[①]。

1. 美国股市的大叠加周期分析

图3-25为200多年来美国道琼斯工业平均指数走势。1837年大恐慌和1929年大萧条是美国历史上的大事件，这两个历史阶段在道琼斯曲线上留下了两道伤疤。时过境迁，现在这两道伤疤看起来并不是那么刺眼，但是对于当时的亲历者来说，绝对是刻骨铭心。

我们把1837年前的市场高点和1929年前的市场高点连成直线，这两个重要的高点都是由漫长的叠加周期末端的量能突变形成，这两点的连线就是

---

① 参考《逃不开的经济周期》，拉斯·特维德著，董裕平译，中信出版社出版；《危机时代》，吉姆·罗杰斯著，湖南文艺出版社出版。

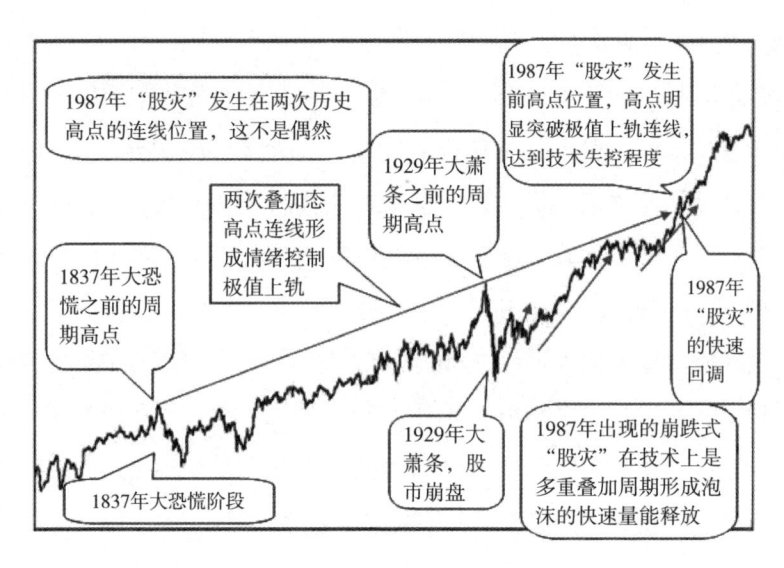

图 3-25 1800—2008 年道琼斯工业平均指数走势

阶段性的情绪控制极值上轨。我们可以看到，连线的箭头位置被上涨浪突破，技术上可以认定出现了疯狂的泡沫行情，泡沫即将破裂。同时在情绪极值上轨连线的右下方，三根箭头标示出了 1929 年大崩盘以来的上涨周期结构，1987 年的上涨突破同样是这个周期的叠加态阶段。

疯狂的上涨是必然的，只要存在符合要求的叠加条件，就会形成叠加态；崩溃的下跌也是必然的，超出控制极值的叠加态必然坍缩。

道琼斯工业平均指数走势忠实记录了美国历史上两次最大的经济危机。以这两次危机为分割点，我们可以把美国 200 多年来的股市走势解构成完整的大叠加周期：1790 年至 1835 年前后为一浪，即第一个叠加周期；1837 年大恐慌发生后的低点至 1929 年 10 月的高点为三浪，即第二个叠加周期；从 1932 年 7 月股市大崩盘后的低点起到现在为补五浪，即第三个叠加周期。

我们剖析 200 多年来的美国股市，就是要认清叠加态周期转换的波动真相。现在我们来分阶段拆解上图的叠加周期，看看基于叠加态周期转换理论的五浪时空结构法则是不是可以预测危机的发生。

图 3-26 为第一个叠加周期，从 1790 年开始，极值点出现在 1835 年前

后。这是一个清晰完整的叠加周期，图中标示了一浪、三浪和补五浪，每一浪又都是独立的小五浪结构。细心的读者可以看出，三浪的中间区域出现弹性形变，形成弧形张力结构，为补五浪积蓄了交易量能。连接一浪和三浪的最高点，形成情绪控制极值上轨，可以看出补五浪的高点刺穿了极值上轨，这是失控的信号，而后"补五即结束"，叠加态坍缩，进入不可避免的回调周期。

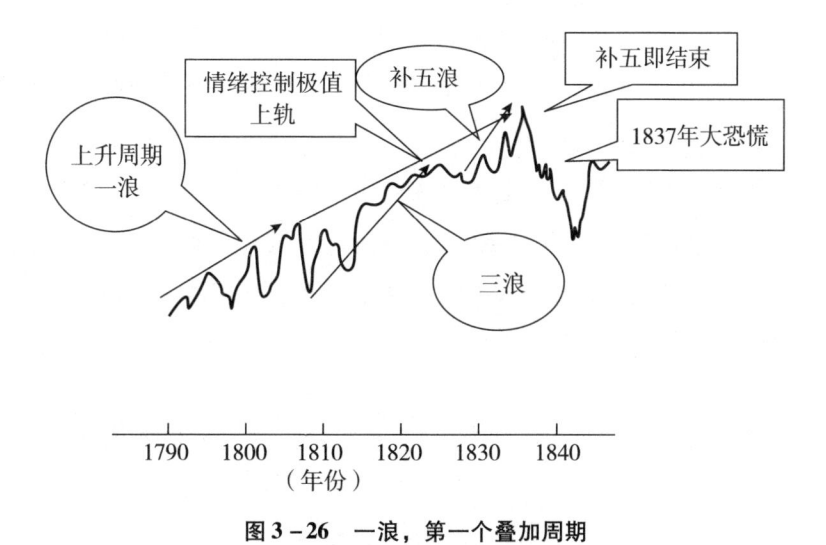

图 3-26　一浪，第一个叠加周期

当时的美国总统杰克逊认为滥发的纸币造成了投机和各种市场扭曲，在这个本应该回调存在抛压的周期里，政府出台了激进且不合时宜的《铸币流通令》。杰克逊的本意是打压投机，要求购买土地必须用金币或银币支付，如此一来，银行券的持有者开始要求换取金银铸币，这就大大收缩了社会上的流动性，引发了市场恐慌情绪。这种情绪与技术上的回调周期共振，加剧了恐慌，股市开始大幅回调，在道琼斯指数上留下第一条大裂痕。到1837年，全美90%的工厂破产停业，华尔街的商业活动几近枯竭，3/4的经纪商破产，美国进入了长达十年的萧条期，直到1848年出现加利福尼亚淘金热才开启经济复苏周期。

那么，1837年的大恐慌应该归罪于杰克逊总统吗？显然不是，杰克逊的错误只是在不恰当的节点刺破了泡沫，扩张了衰退周期的时空结构。在这之前，纽约、芝加哥的土地投机盛行，纽约的地价和房价高得离谱，芝加哥的土地价值在三年内暴涨了6400%[①]。第一个叠加周期前瞻性地反映了当时经济体长周期累积后的失控程度。

在第一个经济叠加周期中，情绪控制极值上轨结合"补五即结束"的五浪时空结构法则，对股市的崩盘预警前移。

图3-27为第二个叠加周期，从1837年大恐慌的底部开始，到1929年股市大崩盘结束，叠加高点出现在1929年10月，整体仍是五浪时空结构。图中已经标示一浪、三浪和补五浪，三浪区域出现弹性形变，左侧的叠加条件最终形成疯狂的叠加态——1929年的补五浪，补五浪大大超出了情绪控制极值上轨，形成大泡沫。为什么会出现大崩盘之前的疯狂上涨？因为存在叠加条件，叠加条件制造出"省力空间"，此波疯狂的拉升顺应了"省力空间"中的最小阻力方向。所以每一波疯狂的牛市都是有其客观原因的，只是因为叠加态的潜意识形成而让人觉得莫名其妙。

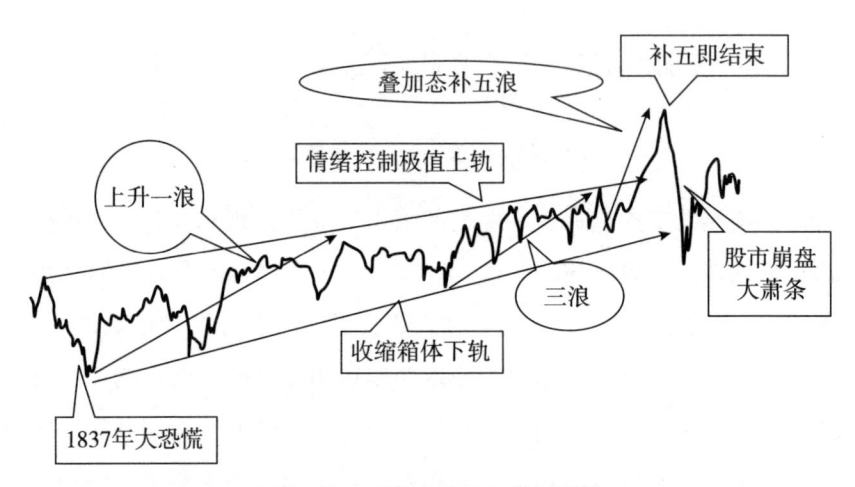

图3-27 三浪，第二个叠加周期

这个叠加周期中还有另一个技术特征。从图3-27中可见，1837年以来，情绪控制极值上轨与逐步抬升的箱体下轨形成了斜向上的收缩箱体，对这种箱体的上轨突破通常是"假突破、真回落"，这是因为突破浪就是叠加周期的

[①] 参考《伟大的博弈》，约翰·S.戈登著，祁斌译，中信出版社出版；《逃开的经济周期》，拉斯·特维德著，董裕平译，中信出版社出版。

末端，叠加态的急速坍缩形成大股灾。

这次股灾在道琼斯指数上留下了第二条巨大的裂痕，五浪时空结构法则的危机预警仍然精准有效。

1929年的大崩盘直到1932年7月才见底，然后开启了更大的叠加周期，由此可见，危机的前后经常出现情绪的两个极端——极度乐观和极度悲观。

第二次世界大战后美国重塑了国际秩序，用枪炮和美元以及领先的科技掌控了全球经济命脉，成为超级大国。从图3-25中可见，第二次世界大战后道琼斯指数曲线出现弹性形变，形成弧形张力结构，这个张力结构消化了时空左侧的两个极值高点连线（1837年和1929年股市崩盘前的两个极值点连线），意义非同一般，意味着内生动力突破了旧的叠加周期的束缚，就像螃蟹脱壳、蟒蛇蜕皮一样，一个更大的、全新的叠加周期开始重建。很明显，第三个叠加周期还在继续，到现在还没有结束。后文中会结合纳斯达克指数分析第三个叠加周期结束的技术标志，如果第三个叠加周期——最大的补五浪结束，将制造出更大的危机。

<u>因此对于经济危机，应该确认两个观点：</u>

<u>一是在长叠加周期的末端，当监测模型处于多领域失控状态时，危机会必然发生；二是当叠加态周期理论被有效认知后，危机发生的烈度可以人为消减。</u>

所以认识事物运动的叠加态周期转换本质具有极其重要的意义。

2. 1929年股市大崩盘始末[①]

第一次世界大战后，美国由债务国一跃成为世界最大的债权国，纽约也取代伦敦成为世界金融中心。美国经济的空前繁荣也使股市生机勃勃，民众的投机情绪被激发出来，入市炒股成为全民的投机行为，各大银行也为高杠杆的融资行为大开绿灯。这种群体情绪的叠加态出现在投机横行的股市中，并且达到超出控制能力的程度。

[①] 本节参考《伟大的博弈》，约翰·S.戈登著，祁斌译，中信出版社出版。

现在我们已经知道1929年10月前的大牛市行情其实是第二个叠加周期的一浪、三浪叠加阶段，本来就处于叠加态的"省力空间"，第一次世界大战带来的财富增长引发的投机情绪顺应"省力空间"得到了快速释放，将构建出道琼斯指数历史上第二个重要的，也是全新的极值点——386点。

约翰·肯尼斯·加尔布雷思的《1929年大崩盘》一书中记述了当时的社会现象：在地铁，人们纷纷指责地铁公司没有在车厢里装上电传打字电报机，人们在乘车途中无法炒股；在工厂，所有的车间都安放有大黑板，并有专人每隔一小时就用粉笔写上交易所的最新行情；在牧场，牛仔们通过高音喇叭收听电台的消息，实时了解行情；在出租车上，司机和乘客热情地讨论股票行情；在街上，擦皮鞋的小童向顾客介绍当天的热门股……

我们恍惚看到了之前人们炒作郁金香球茎和英国南海股票时的疯狂场景，当然，在2007年和2015年A股大牛市时也是如此，因为人性中的潜意识叠加本能没有改变，所以非理性行为遵循相同的形成方式。

1920年之前，美股一直运行于均衡的收缩箱体之中，情绪控制极值的上下轨左右着曲线的波动空间。1920—1929年，道琼斯指数出现一波突破箱体的疯狂拉升，根据人性的弱点分析可知，突然脱离均衡箱体控制范围的叠加态属于典型的非理性行情，就像大脑突然集聚出超常态的量能，释放就成了唯一的途径。如图3-28所示，从技术分析来看，1921—1923年形成上涨一浪，1923—1926年形成三浪，而后经过1927年的短暂回调，走出叠加态补五浪，补五浪的小5浪结构也十分明显，这就形成了多重叠加态，危机就发生在"补五即结束"的多重叠加位置。从图3-28中可见，从386点开始的下杀一浪跌速及跌幅很大，这就意味着打开了恐慌的负五浪叠加周期的大门，接下来就是惨烈的踩踏效应。剧烈的回调击穿了原来均衡箱体的下轨，这是悲观的情绪叠加态达到"超能力"程度所为，从高点386点跌到最低极值点41点，下跌的剧烈程度让人瞠目结舌。

在叠加态的失控位置，叠加量能开始分化，首先觉醒的群体意识到自己的愚蠢，于是反向操作，卖出筹码甚至加码做空。随着觉醒群体的扩大，市场再次出现极端踩踏效应，做多的狂热还未消退，疯狂抛售的恐惧感席卷而

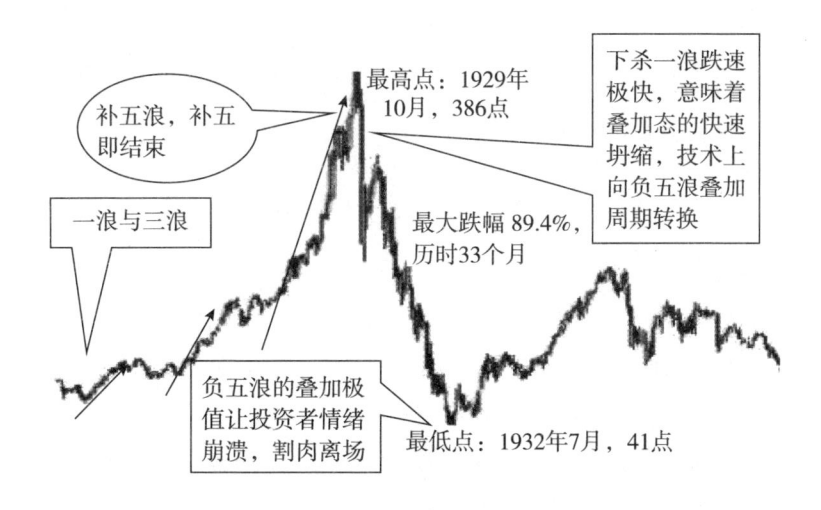

第三章 危机与历史的真相——潜意识中的时空之旅

图 3-28 1929 年大萧条前后的道琼斯工业指数

来，投资者的情绪进入另一个非理性极端。

极端高点是非理性的，极端低点同样是非理性的，这就是"超能力"叠加态制造的情绪的两个极端，要么乐观到极点，要么悲观到极点。在这两种情绪陷阱中，大脑的正确导致行为的错误，每一个极值点的出现都意味着反方向的叠加周期的重建。

如果把 1928—1929 年的这波来去匆匆的上涨行情遮盖掉，你会发现 K 线又回到了原来的均衡波动箱体，K 线的情绪恢复往日的平静，好像一切都没有发生，但事实上财富已经大腾挪。

在这场股灾中，无数人面临破产。或许有人在这种群体的疯狂中保持清醒，预感到将要发生的一切，但是他劝说不了失去理性的人，甚至是身边的亲人和朋友，因为处于情绪叠加态的大脑不会听进去任何劝告，而且只有在疯狂中买入和在绝望中卖出才是释放量能的唯一方式。

个体和群体的对手永远都是人性的弱点，都是隐藏在灵魂深处的潜意识本能。你或许会笑话交易者在极端时刻的愚蠢行为，认为自己会做得更好。但是如果把你的全部身家放进股市，你也会变成一个任由情绪摆弄的人。巴菲特之所以能淡定地长线持股，除了之前分析的客观原因，还有一个重要的原因——他的办公桌上没有电脑，他从不看上蹿下跳的行情，这很好地避免

169

了情绪扰动。

加尔布雷思在书中这样描写1929年大崩盘时的恐慌场景：

> 崩溃的高潮终于在1929年10月29日这天来到了，在大风暴来临前的星期二上午10点，证券交易所大厅里的大锣勉强敲响了。大量股票投入市场，不计价格地抛售，不仅是无数小公司的股票在抛售，大公司的股票也在抛售。交易所的情况十分混乱。开盘后半小时内，交易量就超过了300万股；到12点时超过了800万股；到下午1点半时超过了1200万股；鸣锣收场时，这一天的疯狂交易达到了极端，以1641万余股的最高纪录收盘。根据《纽约时报》的统计，50种主要股票的平均价格几乎下跌了40点。1929—1933年，虽然股市有所反弹，但反弹的力度一浪低于一浪，股票的平均价格下降了75%，纽约证券交易所各种股票的市值下降了450亿美元，道琼斯指数最低时跌至41点。

以"黑色星期二"为发端，这场史无前例的股灾从1929年延续到1933年，造成了美国股市、银行及整个经济体系的危机，形成了恶性循环的叠加态，并从美国波及全球，引发了遍及整个资本主义世界长达10年的大萧条，近5000万人失业，无数人流离失所，上千亿美元付诸东流，生产停滞，百业凋零，制造出了催生第二次世界大战的负面叠加条件。

如果说是股灾引发了这次深度的经济危机，显然言过其实。股灾只是倒下的第一张多米诺骨牌，主要原因是当时整个经济体都运行于经济结构所能承受的极值之上，处于巨大的泡沫状态，股灾只是刺破泡沫的那根针。但无论是股市、经济，还是历史，巨大叠加态的坍缩都必然会制造出危机。

在这次危机应对中，美联储无所作为，当时的胡佛总统领导下的政府昏招频出，采取了货币、财政双紧缩的经济政策，推行贸易保护，提高关税，这些愚蠢的措施如负薪救火，推波助澜，扩大了危机叠加周期的时空结构。危机蔓延，其他国家迅速跟随提高进口关税，1929—1932年，全球贸易量下滑了25%，经济持续低迷。蔓延的经济危机也沉重打击了德国。1932年，德国工业产量比1929年下降一半，统治阶级却征收新税，削减工资、救济金以及养老金，致使社会矛盾激化，最终叠加出群体人性之恶——纳粹党党魁希特勒借机上台，把人类文明引入了教训深刻的负面叠加周期。

无论是股市及其附着的经济体，还是更宽广的历史周期中的个体或者群体，只要出现极端行为或者发生极端事件，其时空左侧都必然存在被人们忽视的叠加条件。也就是说，在没有外部力量干扰的时候，任何符合要求的叠加条件，最终都会形成叠加态，或者说，任何符合要求的叠加条件，一旦遇到顺应叠加方向的触发因素，都会迅速形成叠加态。

尽管危机制造苦难，但是从道琼斯的大周期来看，每一次大危机的末端都是下一个繁荣周期的起点。就像人们的一生，总会受到命运的各种打击，有些人会意志消沉，但是不服输者大多会变得更好，他们重新集聚能量，在下一轮有序的叠加态里获得成功。

华尔街的危机还会重演，如果我们站在500年后回望现在，不远处，可能又会出现一个更大的危机，裂痕应该比1929年的还要深。当这些影响深远的危机事件发生后，人们会对惨烈的现象和倒霉蛋津津乐道，应对者也只能见招拆招，而最应该做的其实是认知叠加态周期规律，而不是开着刹车失灵的汽车冲下陡坡。就像古希腊哲学家郝拉克利特所说的"自然喜欢隐藏"一样，人们看到危机，应对危机，但危机如同冰山的一角，露出来的只是表象。所以，我们只有认真分析全周期链条——叠加态与使之形成的叠加条件，才能前瞻性地应对潜在的危机。

量能的叠加态周期转换在人类出现之前就始终存在于大自然中，并将一直存在下去，如同我们司空见惯的雨雪雷电、洋流潮汐、地震火山、旱涝四季，所有的辉煌和极端都是能量波形成叠加态时的表象，就像植物一点点吸收太阳光的能量，有序地积淀下来，在最合适的节点开出艳丽的花朵。在漫长的历史中，人类只看到叠加态的辉煌和坍缩后的凄凉，却没有看到叠加态周期转换的真相。

量能的叠加周期制造繁荣，同时孕育危机。繁荣与萧条是叠加周期的两极，它们纠缠互生，就像法国经济学家朱格拉所说：萧条的唯一原因就是繁荣。它让我们认识到，你想要最好的一面，就必须接受坏的一面，但要避免最坏的，就需要认清叠加规律。

3. 2023年硅谷银行倒闭危机

2023年，美国硅谷银行爆发倒闭危机，恐慌蔓延，储户纷纷将存在小银行的资产取出，转入安全性更高的大银行，投资者也开始抛售中小银行股票，瑞士信贷银行、第一共和银行、阿莱恩斯西部银行、齐昂银行、联信银行等股价暴跌，甚至诱发了一轮股市的短线恐慌。就像戈登在《伟大的博弈》中所写，一旦存款人开始怀疑某家银行的安全性并开始提取存款时，他们很快就会把该银行的现金提光，迫使其关门或者暂时停业，这当然会使其他银行的存款人也紧张不安，于是恐慌通过这种情绪的传染而扩散开来。恐慌，即使是金融恐慌，其本质上更应该是一个心理学术语，而不是一个经济学术语，它同时提醒我们，经济学本质上是研究市场中人的学问。

人心恐慌，市场就会反映出这种恐慌；人心疯狂，市场就会反映出这种疯狂。所以透过人性，才能窥见市场波动的叠加态本质。

下面我们来具体分析几只有代表性的银行股票K线。

我们已经知道，每一次大危机之后都会出现新周期重建，所以大利空的底部就是最好的周期转换判断节点。2008年次贷危机发生后，硅谷银行再次走出2000年科网泡沫破裂以来的负五浪。如图3-29所示，2020年新冠疫情大流行的利空底部恰好是大叠加周期补五浪的开始，单独分析补五浪，会发现它也是一个完整的叠加周期。

多重叠加态强化了"补五即结束"的调整深度，股价从2021年11月16日的最高点763.220美元开始回落，跌至发生倒闭危机停牌前的100美元，跌幅巨大。在始于2020年年初的新叠加周期中，以硅谷银行的历史最高价为分界点画一条竖线，那么竖线左侧是繁荣，右侧就是萧条；左侧是吹大的泡沫，右侧则是泡沫的破裂。

但是在危机事件发生前，总会有先知先觉者抛售，市场也会在危机发生之前为利空做好准备，提前指出叠加方向。

在这次危机中，阿莱恩斯西部银行股票也被大量抛售，股价短线暴跌严

第三章　危机与历史的真相——潜意识中的时空之旅

重。从图3-30中我们看到，危机发生前K线出现弹性形变，形成倒张力结构，指出向下的运动方向，好像已经提前知道将有不好的事情发生。

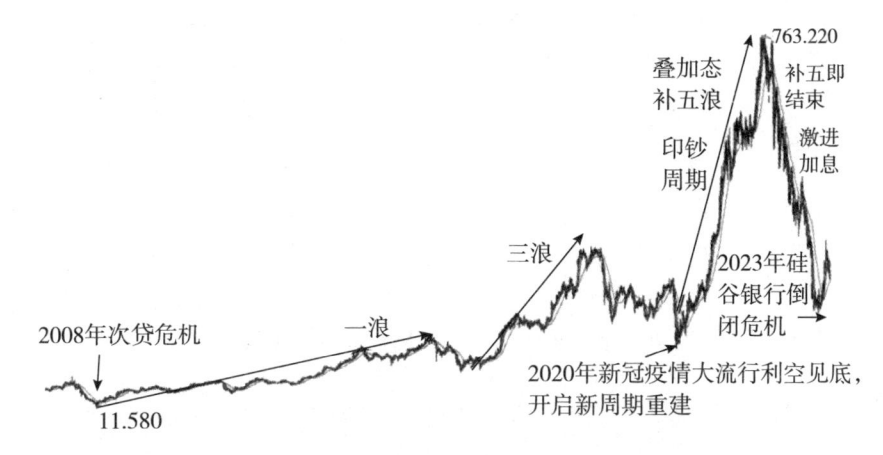

图3-29　SIVB（硅谷银行）2008年次贷危机以来的叠加周期

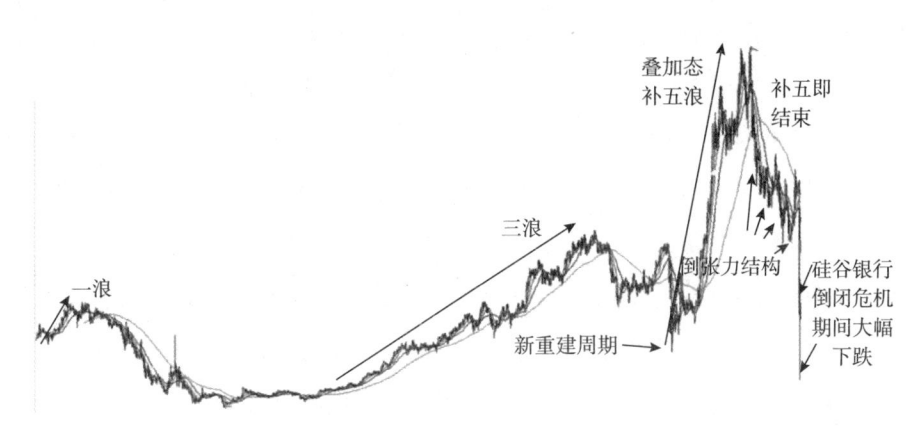

图3-30　WAL（阿莱恩斯西部银行）的大叠加周期

如图3-31所示，第一共和银行受到硅谷银行倒闭利空影响，股价短线暴跌，几天之内就从120美元跌得连零头都不剩。但是我们能清晰地看到，利空发生前，K线已经出现弹性形变，形成倒弧形张力结构，提前精确地指出向下的叠加方向。

在这次中小银行危机中，做空者大赚特赚，巴菲特在伯克希尔-哈撒韦公司2023年年会上表示：第一共和银行的问题在爆发之前就"显而易见"，内部人士持有的一些股票被抛售，谁知道他们是否有计划。

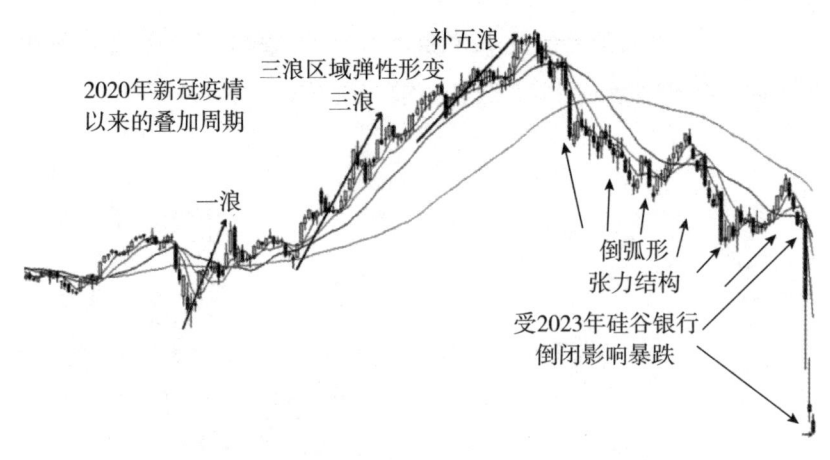

图 3-31　FRC（第一共和银行）周 K 线

倒弧形张力结构或许记录了这些内部人士的抛售行为，认真地解读 K 线，你会发现一切都有征兆，市场要么在为正循环周期制造叠加条件，要么在为负循环周期制造叠加条件，量能叠加周期不眠不休。

1907 年，美国也发生过较大的银行业恐慌，在信誉最好的银行门外，也聚集着大批焦急的存款人等待提现，银行和证券经纪业陷入危机。在接下来的平抑恐慌行动中，J. P. 摩根起到了决定性作用，他带领银行家迅速增加货币供给，当人们发现银行不存在任何提现危机时，挤兑现象结束了。所以这次硅谷银行倒闭事件发生后，其他银行迅速注资，保障了存款人的权益，恐慌就不会蔓延。一旦恐慌情绪开始蔓延，群体心理叠加，就可能导致无法收拾的局面。这时正确的做法就是迅速消灭叠加条件，以防形成最大的叠加态。

危机总会发生在补五浪结束之后，这是叠加态坍缩的必然结果，在股市和经济大繁荣的叠加态结束后，危机总会发生。就像伯南克等在《灭火》一书中引用列宁的话：有时候几十年里什么都没有发生，有时候几周里发生了几十年的事情。这是因为经济的叠加周期很长，但是叠加态坍缩造成泡沫破灭的时间很短。随着经济体量的增大，人们必须明白，其携带的量能同比例增大，而叠加后的量能更大，任何一个长叠加周期结束后的转换，都必然会制造出杀伤力不小的危机，所以，对危机的常态化监测与应对机制的制定就显得尤为重要。

4. 对"明斯基时刻"的叠加态解释

美国经济学家海曼·明斯基（Hyman Minsky）的"明斯基时刻"（Minsky Moment）理论广为人知。"明斯基时刻"就是资产价格崩溃的时刻。明斯基认为，当公司的现金流增加并超过偿还债务所需时，就会产生过度自信和投机的陶醉感，于是不久后，当债务超过了债务人收入所能偿还的金额时，杠杆比率上升，金融危机就随之产生，经济进入漫长的去杠杆周期。明斯基提出，金融体系在稳固和脆弱之间摇摆，这一摇摆过程是经济周期不可或缺的组成部分。现在我们知道，明斯基所说的"摇摆过程"就是叠加态周期的极值点转换，即从一个极端到另一个极端。明斯基所说的"投机的陶醉感"源于"省力空间"的时空扭曲效应，总结前文的论述，就是叠加效应对人性的理性干扰，对此我们已经有了深刻的认识。

在经济危机发生之前，造成群体误判的原因是叠加态超出情绪掌控极值时必然发生的大脑的正确导致行为的错误。群体参与并在潜意识中构建出叠加周期，而后沉迷于叠加态，在叠加态超出掌控极值后犯下大错。

反映叠加态周期转换的五浪时空结构对投资泡沫的预测十分精准，结合情绪控制极值理论，能够以量化的形式反映经济体的摇摆程度。

有人性的弱点就有波动，有波动就有或大或小的叠加态，有叠加态就要释放量能，累积形成多重叠加态时，其制造的超出控制范围的量能释放会突破极值，形成繁荣的顶点和危机的低谷，在不同方向的"省力空间"中，导致"好得不能再好和糟得不能再糟"，这是不加干预的自由市场经济会爆发周期性经济危机的根本原因，生产与消费上的经济学矛盾只是市场情绪结构失衡的表象。

历史和经济都在人类的情绪控制极值间波动，叠加周期或长或短，跨越时空，所有最大的繁荣都出现在"省力空间"之中。<u>在较大的处于上升期的经济叠加周期中，一定要注意"省力空间"的两面性，它是孕育危机的温床，同时制造虚假繁荣。</u>

从这个角度来说，"所有繁荣都孕育着自我毁灭的种子"这句话是有道理的。由于人性的潜意识弱点，人们注定在"省力空间"中盲目自信，昏招迭出，而且顽固偏执，并对自身的愚蠢行为毫无察觉。就像伯南克等在《灭火》中所写，即使是抵押贷款经纪人和华尔街的银行家，也在整个繁荣时期将自己的钱投资房地产，他们和抵押贷款支持证券的投资者一样陷入了狂热，雷曼兄弟的高管同样受到蒙蔽，最后次贷危机吞噬了雷曼兄弟。这有力地证明了情绪叠加态中的理性递减原理。

这就是人性的荒谬之处。在股市中，当大众看到叠加态中惊人的浪花而情绪激动时，往往意味着它不久就要坍缩。很多实业家经常说："创业难，守业更难。"这句话浓缩了叠加周期的精华。每家企业从创业到成功都是独立的叠加周期，其中最难的就是白手起家的一浪创业阶段，筚路蓝缕，以启山林。接着是曙光初现的三浪接续阶段，但仍然算不上成功。进入"省力空间"阶段后，忽感天时地利与人和皆占，企业利润大增，处于前所未有的叠加态。然而，由于"省力空间"中的超现实特性，此时很多成功的企业容易骄傲自满，归功于己，结果判断失误，顺应了叠加态坍缩的方向，最终归于沉寂。

在内生和外在的叠加态周期中，"省力空间"的两面性是所有企业值得警惕的成败分水岭。

5. 经济大国也难逃潜意识叠加周期

对于经济大国来说，右侧的行为也会被左侧确定。下面以经济大国为案例分析没有谁能逃脱潜意识叠加周期。

（1）美国债务危机演变

2023年4—5月，美元债务违约的可能扰动市场情绪，美国财政部长耶伦预计，美国债务危机最早在6月就会发生债务违约的情况。市场在这种担忧情绪的影响下，信用违约掉期（CDS）开始大幅波动。

如图3-32右侧圈中所示，随着市场对美国两党谈判的乐观情绪蔓延，短期美国CDS上涨温和回落。但是如我们所见，短期CDS已经开始叠加周期，随着两党博弈的进程，不管会不会发生实质性违约，这条曲线未来都可能会有创新高的一波大涨，因为市场已经形成符合要求的叠加条件，根据潜意识的自然叠加原理，右侧的叠加态已是必然。

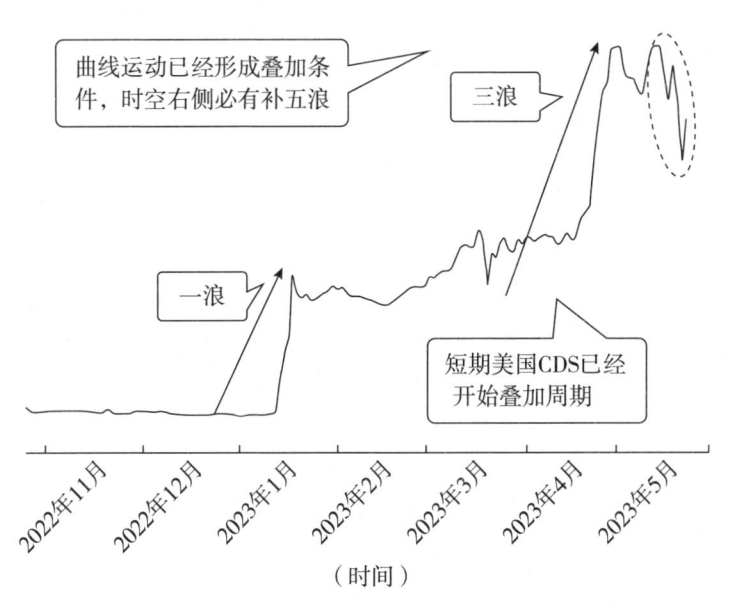

图 3－32　短期美国 CDS 走势（截至 2023 年 5 月 25 日）

事实证明，没有任何人和任何群体能够规避潜意识叠加周期，因为如前文所言，你可以有意识地监控潜意识，但潜意识无时无刻不在窥视你，你稍有懈怠，潜意识就会掌控你。所以即使是对美国这样的大国来说，当左侧的叠加条件形成，右侧的行为也会被跨时空确定。

从图 3－33 中可见，时空左侧叠加条件早已形成，2009 年形成一浪，2011 年形成三浪。根据时空重置原理我们知道，叠加条件十分完美，根据叠加态的自然形成特性，可以判断右侧必然存在潜意识中的叠加态。所以 2023 年的 CDS 曲线上涨在十几年前就已经被确定。这似乎有些荒谬，有些像宿命论，但是科学就是科学，除非你能反驳或推翻叠加态的自然形成特性。

图 3－34 是美国 1900 年以来的债务率增长图，同样证明右侧行为会被左侧确定。美国国会预算办公室（CBO）在 2020 年新冠疫情暴发前曾预测，2030 年美国债务率将升至 98%；而新冠疫情暴发后，其在 2021 年预测，2030 年美国债务率将保持 100%，2031 年将升至 107%，超过第二次世界大战时的水平。

图 3－34 左侧是从第一次世界大战起美国开始债务增长的叠加周期。在

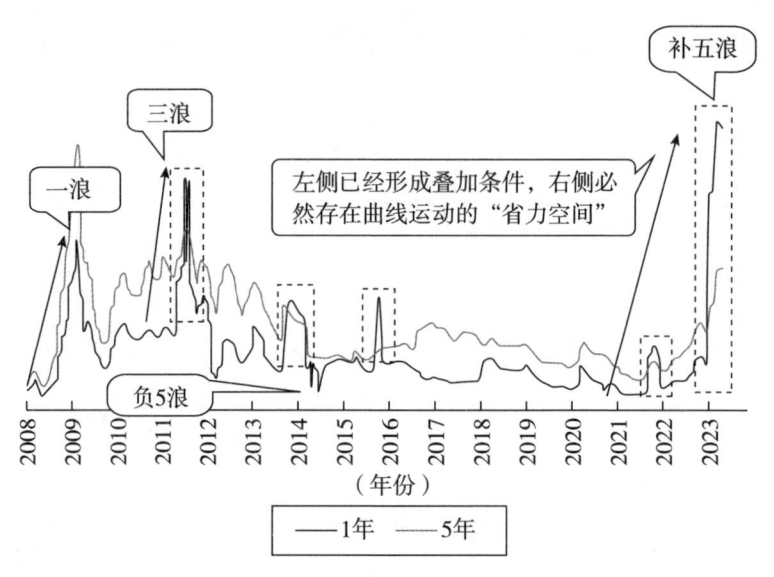

图 3-33 美国 1 年期 CDS 走势

资料来源：Bloomberg, Goldman Sachs Global Investment Research。

这个叠加态周期结构中，左侧为叠加条件（一浪和三浪），右侧为叠加态（补五浪）。第一次世界大战时的负债行为形成叠加条件的一浪，第二次世界大战时负债扩大，形成三浪，这样右侧必然存在（负债）行为的"省力空间"，也就是群体潜意识阻力最小的行为方向。但是叠加态终会坍缩，这意味着美债未来可能会发生实质性的违约行为。

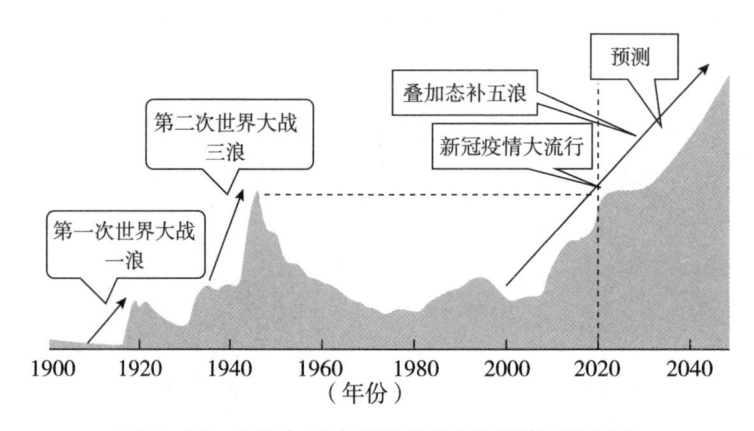

图 3-34 1900 年以来美国债务率增长情况及预测

只要具备符合要求的叠加条件，叠加态就会自然形成，而自然形成特性构成潜意识主体。既然是潜意识，就不可能被全周期地监控和唤醒。

(2) 日本央行无限量购买国债行为

2022年4月28日，日本央行表示，将无限量购买必要数量的日本国债，使其收益率接近于零。截至2022年6月，日本央行持有的日本国债份额超过50%，跨越了一个历史性的里程碑。

如图3-35所示，曲线整体表现为跨时空纠缠的叠加态周期结构。左侧一浪与三浪区域形成张力结构，因此右侧的行为模式处于左侧叠加条件制造出的"省力空间"之中，也就是说，数年以前，日本央行的右侧行为就已经被时空左侧确定。

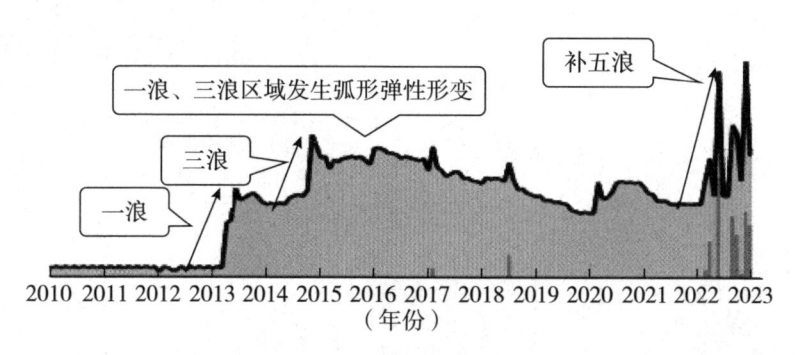

图3-35 日本央行购买国债操作周期

资料来源：Bank of Japan，Bloomberg。

(3) 俄罗斯卢布的贬值大周期

下面我们来分析卢布的贬值周期，继续验证匪夷所思的叠加态理论——左侧可以阶段性地决定右侧。

在图3-36的左侧，1998年俄罗斯金融危机（也称卢布危机）爆发，卢布大幅贬值，我们看到随后的几年里卢布的贬值曲线开始发生弹性形变，呈现圆弧形张力结构。前文中讲过，弧形张力结构是最好的叠加条件之一，说明后市存在继续贬值的"省力空间"。2008年全球金融危机爆发，卢布顺应弹性形变的方向进入冲动型（浪速快，剧烈）快速贬值周期，2008年的贬值浪在技术上是1998年开始的贬值周期的补浪，也就是说，1998年开始的贬值周期到 2008 年才技术上结束，形成叠加态周期结构的一浪。2014 年，石油价格下跌，高度依赖能源输出的俄罗斯经济增长放缓，股市暴跌，卢布继续贬值。此次贬值幅度远大于 2008 年，技术上形成了叠加态周期结构的大三浪，至此，叠加条件（一浪和三浪）已经具备。根据一浪和三浪位置时空重置理论我们知道，未来的叠加态补五浪，也就是卢布再次贬值的"省力空间"必然存在。

后来发生的事情震惊世界，受俄乌冲突影响，卢布顺应"省力空间"的方向迅速完成快速贬值的补五浪。根据叠加态理论可以预见，即使不发生俄乌冲突，也会发生其他危机事件使卢布完成跨时空的叠加态周期结构（认真观察可以发现，2014 年至俄乌冲突前，曲线又一次发生弧形弹性形变）。

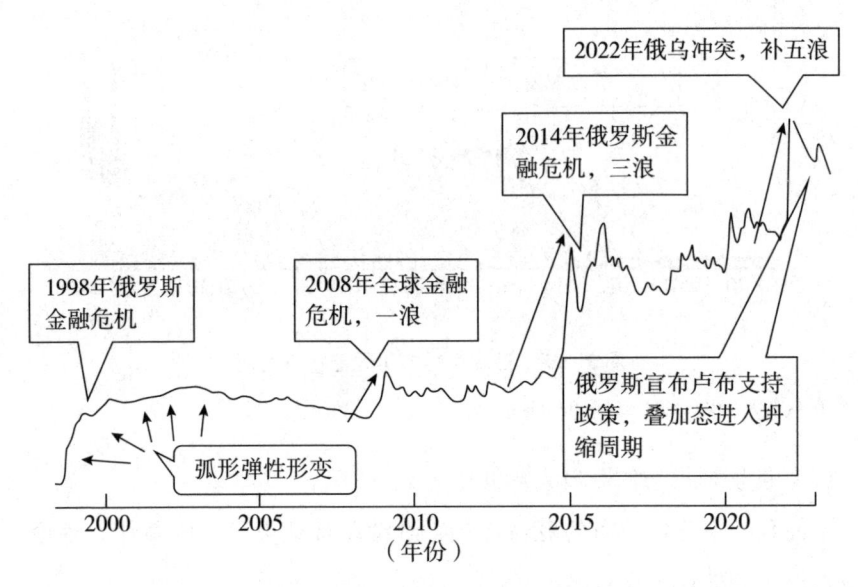

图 3-36 俄罗斯卢布贬值周期

从图 3-36 中可见，卢布贬值周期的补五浪一度接近一浪和三浪的连线，达到情绪控制极值上轨。这时候，俄罗斯宣布对俄"不友好"国家和地区购买俄天然气须改用卢布结算。本来在技术上就处于"补五即结束"的极值点位，即将坍缩，这时出台的卢布支持政策顺应了坍缩周期的方向，于是，卢布又开始进入阶段性的升值周期。

或许有读者会质疑本书是不是有意挑选了这些符合理论的证据，那么你可以自己寻找股市、期货、外汇、房地产的数据曲线，或者对某一个社会热点的关注度数据曲线，甚至如实记录你自己的情绪周期。只要数据真实可信，跨时空的周期足够长，你会发现，这些波动表现都逃不出叠加态法则。

潜意识中，叠加态被叠加条件确定，不管你相信不相信，这就是事实，即使你不相信，它也会发生，就像你不相信自己会做出某种反智行为，但事实上你确实做了，回首自己的一天，总会发现几件不同程度的非理性事件。你的行为最终臣服于潜意识。

<u>当你认知到叠加态法则的时候，只要用心观察，就会发现它无处不在，而且牢牢掌控着人的行为。</u>所以我们在经济周期、历史更迭、科学进步中总是能看到相同的互相纠缠的叠加态周期结构，这些时空结构既独立又互生。

6. 左侧决定右侧——2008年金融危机前夕的市场特征

20世纪70年代，洛伦茨发表了论文《可预言：一只蝴蝶在巴西扇动翅膀会在得克萨斯引起龙卷风吗？》，提出了蝴蝶效应，指在一个动力系统中，初始条件下微小的变化能带动整个系统长期的巨大的连锁反应。人们通常认为蝴蝶效应是一种混沌现象，说明任何事物发展均存在定数与变数，事物的发展轨迹有规律可循，同时也存在不可测的变数，一个微小的变化能影响事物的发展，证实了事物的发展具有复杂性[1]。

我认为，蝴蝶效应是一个完整的叠加周期，翅膀扇动形成了最初始的叠加条件，然后经过无数的正反馈叠加周期的波段放大，最后到达叠加周期的末段，制造出叠加态——龙卷风。当得克萨斯的龙卷风发生时，有没有人会去追踪那只扇动翅膀的蝴蝶呢？

如图3-37所示，美国房地产在2008年之前形成巨大泡沫，时空左侧存在符合要求的叠加条件，1975—1990年形成了一浪和三浪，由此可以预判时空右侧必然存在叠加态。在长达几年的叠加态波浪中，金融机构疯狂发放次

---

[1] 参考百度百科"蝴蝶效应"与"混沌现象"词条。

级贷款，扩大了叠加态波浪的时空结构，形成巨大泡沫体，直到量能放大的推升效应难以为继，最后迎来必然的大坍缩，并诱发全球金融危机。

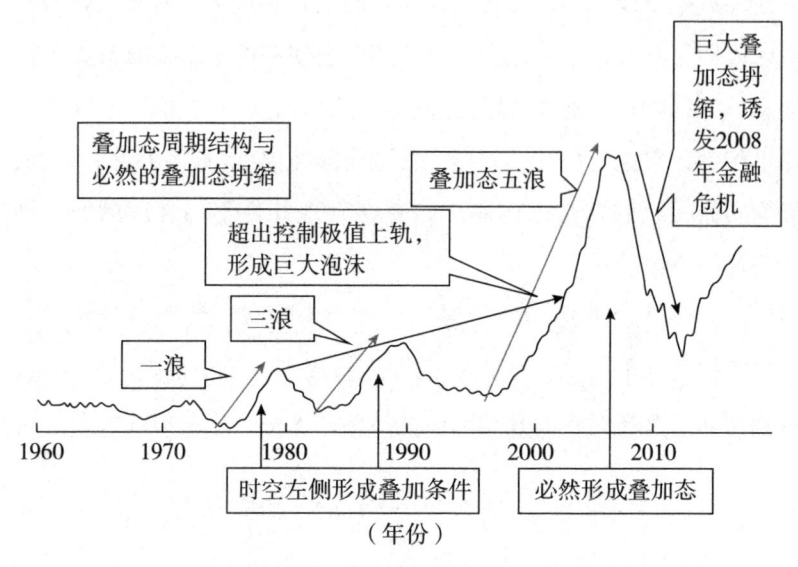

图 3-37　2008 年金融危机前夕的美国房地产价格走势

对于美国房地产周期来说，2008 年的大坍缩是系统性的，因为叠加态由左侧最大叠加条件叠加形成，也就是说，这场危机早已注定要发生。

我们再从率先崩塌的房利美股票中寻找技术特征。

从图 3-38 中可见，在 2008 年金融危机之前，房利美已经完成了巨大泡沫体的构建，补五浪的高点到达极值附近。危机总是发生在疯狂的叠加态后，房利美的五浪时空结构无言地证明了这些。

如图 3-39 所示，崛起于 2000 年的航运周期一直繁荣到 2008 年年初，这个新周期呈现出完整的五浪时空结构，一浪和三浪为叠加条件，补五浪是叠加态，2008 年金融危机作为全球最大的"黑天鹅"事件之一恰好爆发于叠加态的坍缩周期。

细心的读者可以发现，五浪时空结构中的一浪、三浪和补五浪都是清晰且独立的小五浪结构，因此可以说任何周期的波浪运动都会遵循叠加态法则。

从航运市场指数和前面的房地产价格指数可以看出，2008 年金融危机的

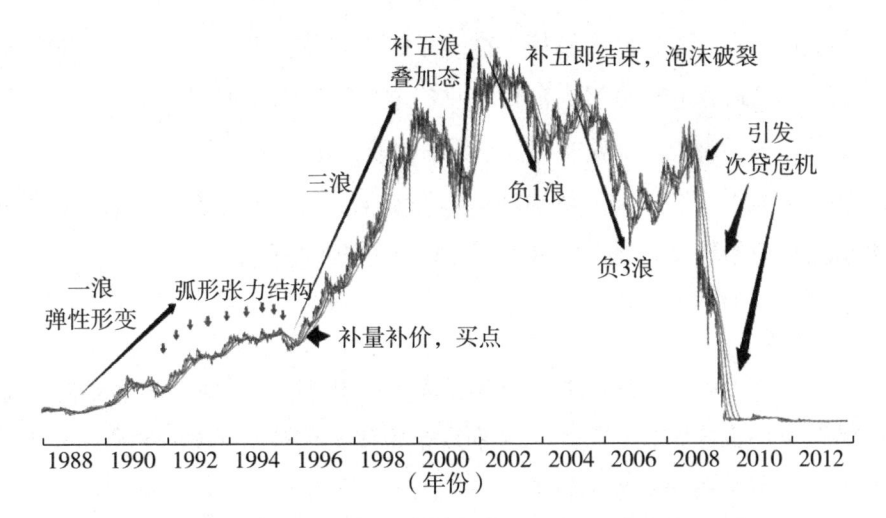

图 3-38 2008 年金融危机前后美股 FNMA（房利美）K 线

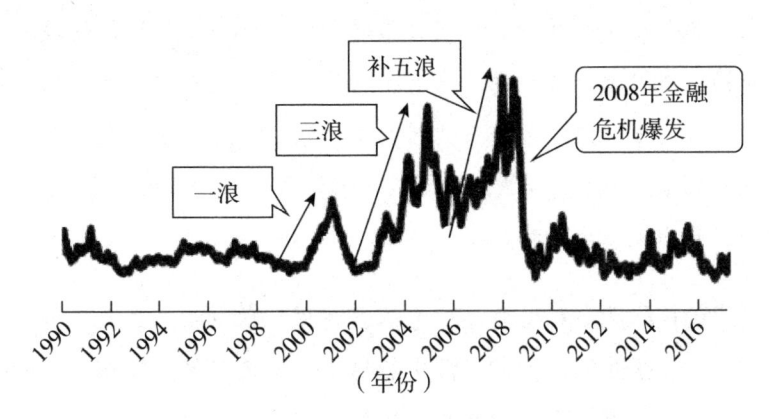

图 3-39 2008 年金融危机前夕的航运市场指数

资料来源：Clarksons，中金公司研究部。

背后是经济体系统性叠加态的坍缩，不是孤立的、偶发的、随机的，而是不可避免的。

7. 像索罗斯一样咬住"猎物"的咽喉

金融界历来有"盛世巴菲特、乱世索罗斯"一说，如果说巴菲特抓住了美国经济大趋势中好的一面，那么索罗斯一直在窥视世界经济体中坏的一面，他们一个是金融盛世的"大象"，另一个是泡沫乱世的"雄狮"。

183

在关键节点，索罗斯像雄狮一样，总能找到猎物最脆弱的时刻，然后猛扑上去，死死咬住它的咽喉。前面在讲到索罗斯狙击港股时，我们已经看到了索罗斯出击的精准性，这要得益于他独创的反射性理论。

很多人觉得索罗斯的反射性理论晦涩难懂，其实他讲得非常透彻，反射性理论的核心恰恰反映在市场中的"潜意识中的人性"。

2008年金融危机发生后，索罗斯在一次演讲中这样说：

> 我认为金融市场具有反射性特点，在某些时候，它们会与所谓的市场均衡相去甚远。尽管金融市场具有反射性特点，但是金融危机并不是常态，并且在非常特殊的情况下发生。通常来讲，市场会主动修正自身的错误，但是有些时候市场上会出现错误的观点或认识，这些错误的观点或认识会寻找一种方式强调自己的趋向，这种自我增强的过程可能导致市场远离均衡。除非能尽快消除这种反射性的互动，否则这种趋势将继续，直到它们错得离谱而被人们意识到。当上述情况发生时，当前的错误趋向难以为继，发生逆转。因而当这种自我增强的过程反向运动时，将造成市场灾难性下跌。

如何解读这段话中对反射性理论的表述呢？索罗斯认为人对现实的看法通常是局部的、扭曲的，所以人性中的易错性与市场彼此影响，且影响不断增强，直到市场偏离太多难以为继。比如牛市的最后阶段，投资者疯狂涌入买涨，在资金的推动下，市场果然连续大涨，这种信息正反馈到投资者脑中，增强了多头的信心，导致更多的人进入市场，形成更坚定的多头看法，于是市场再一次波段大涨，直到这种增强的力量衰竭，市场开始掉转方向。

索罗斯形象地描述了危机爆发前——情绪叠加周期末端的市场与人性的荒谬，这正是"省力空间"中的误判阶段，也是巴菲特口中的市场出错阶段，理性消减导致的错上加错阶段。市场与人性凝为一体，在叠加态中彼此影响而增强，在叠加态坍缩后又彼此影响而消减。

索罗斯认为，人类的认知存在缺陷，人类无法摆脱自己观点的羁绊，很难透过事物的现象、毫无偏颇地洞察本质，金融投资的核心就是要围绕那些存在的缺陷和扭曲的认识做文章。这非常正确，现在我们知道人类受制于随时随地都在起作用的潜意识，这些潜意识里隐藏着无穷多的叠加条件，无论何时触发这些叠加条件，都会形成程度不同的意识叠加，在叠加过程中，"省力空间"决定了行为方向，叠加态的极值点决定了行为质变达到的"温度"。

所以，索罗斯是对的，潜意识形成的叠加态让我们面对现实时，存在不同程度的狭隘、不同程度的扭曲、不同程度的片面和不同程度的偏见。当较大叠加周期的叠加态突破极值上轨，具备最佳坍缩条件时，做空无疑是最有把握的选择。

对市场来说，正是这种潜意识缺陷提供了交易机会。而索罗斯做的，就是在市场犯错的时候紧紧咬住"猎物"的脖子。无论是1992年狙击英镑声名鹊起，还是1997年横扫东南亚引爆亚洲金融危机，索罗斯一直在依靠反射性理论在市场中嗅探群体理性的潜意识迷失阶段，所以他的做空节点处于市场主体的叠加态坍缩阶段，在负五浪时空结构中推波助澜。

1997年亚洲金融危机爆发后，东南亚国家金融秩序极度混乱，索罗斯被指责是亚洲金融危机的"纵火犯"，金融界都认为他是这次金融风暴的始作俑者。

其实，在叠加态周期结构的末端，这些经济体露出了弱点，即使没有索罗斯的出击也会进入周期转换。但是索罗斯的组合拳打击行为如落井下石，推波助澜，让回调剧烈且失去缓冲空间，给东南亚经济体造成巨大伤害。

如图3-40所示，1997年亚洲金融危机爆发前的泰国经济已经过热。

如图3-41所示，半年时间，泰铢一路暴跌，受到索罗斯抛售影响的泰铢走势呈现出鲜明的负五浪时空结构。

假设市场主体也能够像个体一样做到瞬态感知，也可以有意识地监测和改造潜意识（当然这是不可能的），来监测市场的非理性行为，规避自身的非理性行为，在"有意识"对潜意识的观测中，"有意识"会导致叠加条件不完备，但是"有意识"一旦撤退，潜意识就会立即收复自己的掌控地位。一旦叠加条件完备，叠加态周期转换将继续。所以就很长的历史阶段而言，周期性危机的发生不可避免。

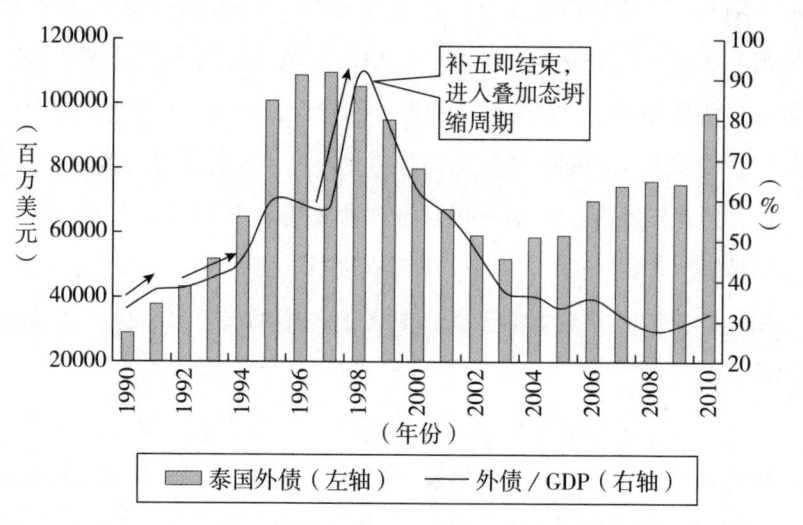

图 3-40　1997 年亚洲金融危机前后泰国外债占比

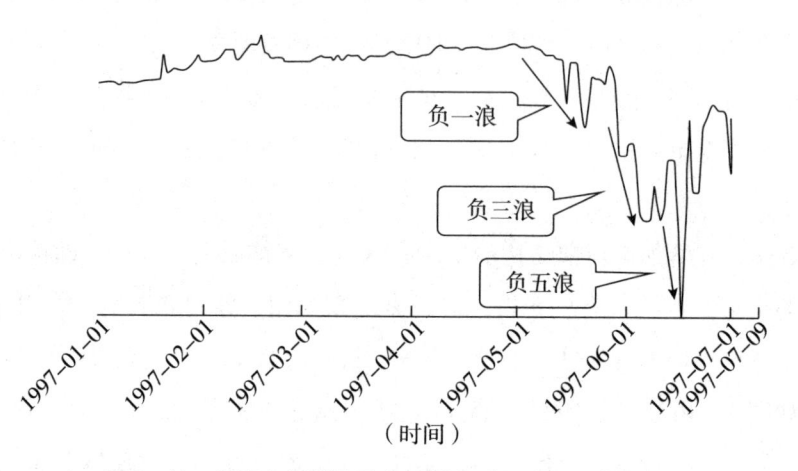

图 3-41　1997 年亚洲金融危机爆发时，美元兑泰铢走势

沉舟侧畔千帆过，病树前头万木春。潜意识的情绪叠加态周期转换形成两个极端区域，人们在两个极端不可避免地犯错，这也给别人带来机会，就像巴菲特在谈到市场永远存在机会时所说：给你带来机会的是其他人做蠢事，而且做蠢事的人大大增加了。

所以，由于有潜意识的叠加周期，市场永远存在好消息和坏消息，好消息是市场永远存在繁荣的机会，坏消息是任何人都会在潜意识中犯错。

8. "虚"与"实"的辩证

对于经济链条中的"虚"与"实",其实需要更精准的阐述与解释。

什么是"虚"?是股市、期市、泛在金融业,还是一切具有炒作性质的领域?

什么是"实"?指实体企业?专指制造业还是泛指各行业企业?

我认为虚与实既对立又统一,虚中有实,实也会产生虚,虚与实的本质区别在于所处叠加周期的波动频率不同。股市、期市及泛在金融业本身就是实体链条中不可或缺的一环,他们给予实体制造业更多的生存和发展活性,只不过这一环更容易波动,缺少这一环不可想象,创新型企业的叠加周期会大大缩短。

实体企业就一定是"实"吗?房地产是"实",新能源是"实",但在大叠加周期的末端一样会发生周期转换,进入坍缩周期。2021年之前房地产的疯狂炒作、2023年碳酸锂价格的崩跌就说明了一切,"实"过了头也会变成"虚"。

一些实体企业所在的行业被称为周期性行业,这个周期就是在不同的推动量能间演化的叠加周期。比如有色金属行业,经常在叠加周期的末端出现极端的价格。所以要辩证地看待经济链条中的"虚"与"实",精确论述"虚"与"实",对国民经济处于有利范围的"虚"就是"实",对所属领域即将产生伤害的"实"就是"虚"。要肯定"虚"的实在性,防范"虚"的失控性,警惕"实"的叠加性,防范"实"的变异性。

根据叠加态周期转换理论,任何"虚"与"实"都要纳入有效的大数据模型监测之中。对"泛虚"的概念要在适度放宽中强化监管,对"泛实"的概念要在鼓励创新中适度防范。对"泛虚"的适度放宽可以吸引社会资金,从而使其量能向"实"转移发展;对"泛实"的适度防范可以避免其在叠加态中投资失控,危害产业发展。

总之,一切应以利国利民、保持稳定和加快发展为宗旨,利用量能的有序性,摧毁量能的伤害性。

四、兴衰交替的历史真相

我们已经知道在叠加周期的叠加态阶段，大脑的正确会导致行为的错误，这就是泡沫总是形成在补五浪中的原因，而且这种现象并不只是表现在博弈激烈的股市中，它会表现在人性参与的任何领域，只是因为传导链条的不同而周期长短各异。

（一）不同级别的叠加态周期结构是社会波动的基本结构

历史上，在工业革命之前的农业社会中，屈指可数的繁荣阶段来自各朝代开国时的励精图治阶段及中兴阶段，开明的管理层制造出温和的情绪叠加态，轻徭薄税，政通人和，国泰民安，这种温和的叠加态让人们感到安全、幸福和适度的满足。由于自然经济的财富总量低，其经济波动也低，不具备发生内生性经济危机的条件，那些历史阶段的社会危机都源于天灾和人祸，天灾剥夺了民众的生存资源，人祸是情绪的非理性叠加导致的冲突和战乱。

工业革命以后，少数群体理性思维的叠加态制造了突破性的科学成果，从蒸汽时代到电气时代，再到信息时代，在历史的某个时刻，科学家群体形成具有"超能力"的理性叠加态。人类突破了对自然的认知，社会财富大幅增加，人类社会空前繁荣。当然，随着经济体的量能增大，波动幅度也开始加大，其量能的叠加和释放开始具有相当的破坏性，经济危机以及细分领域的深幅波动开始周期性发生。

这是因为社会的繁荣并没有改变人性的弱点，潜意识中量能向贪婪和欲望的方向释放。在奉行自由市场经济的资本主义社会中，贪婪和欲望的过度叠加制造了超出经济体承受能力的叠加态：过量消耗社会剩余财富，重复投资，生产过剩，银行坏账以及投机盛行。随着阶段性的泡沫破裂，必然到来的回调周期又会引发其他社会危机。

危机之后，人们恢复理性，开始周期重建，再次找寻量能叠加的方向，叠加的过程再次呈现周期性繁荣。而一旦达到"超能力"，叠加态又会诱发经济危机。

<u>我们无时无刻不处于叠加周期之中，每时每刻都在制造叠加条件。存在叠加条件，就必然会形成叠加态，所以从理性思维的角度来说，我们的科学发展不会停止；但是从情绪思维的角度来说，我们也无法摆脱周期性发生的危机。</u>因此，我们要认知叠加规律，增强确定性的危机意识，预测它，利用它，而不是等到大火熊熊燃起再去"灭火"。

叠加态的自然形成特性悄无声息地主导着一切，我们还远没有认知到它的两面性：一面是引领人类突破理性认知，拓展生存空间；另一面是引导情绪的叠加，形成过度的乐观与悲观。前者穿越时空，后者制造悲喜两极。即使我们意识到后者的破坏性，但它（自然形成特性）根植于我们的灵魂深处，一不小心，它就会跳出来掌控我们制造群体事件。所以人类经常阶段性地创造灿烂辉煌的文明，然后又在非理性的冲突和战争中毁掉它。

无论是股市、经济还是历史，其构建基础都是人性，都是潜意识中存在缺陷的人性。因为这种潜意识缺陷，不同的群体意识在各自的情绪控制极值之间波动，在各自的叠加周期中跨时空纠缠转换。

如图3-42所示，每一个朝代的领导者和决策者所做的决定，其背后都存在思考、讨论或纷争，无论是正确的还是错误的，都是对特定群体情绪的扰动。

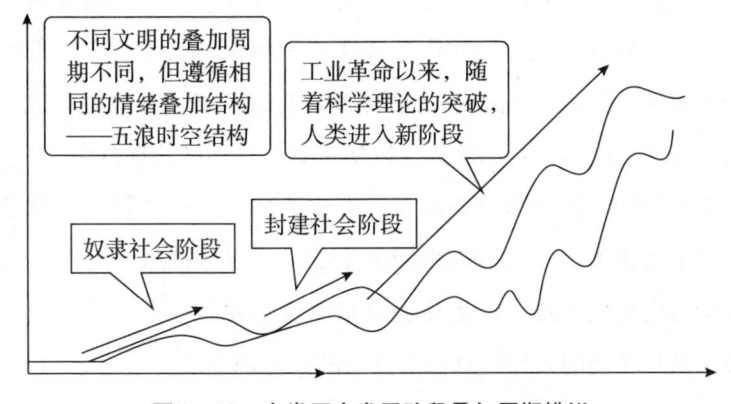

图3-42 人类历史发展阶段叠加周期模拟

其结果无论好与坏，都会开启一个新的情绪叠加周期——从反复的扰动开始，到叠加态制造的两极结束。

因此，叠加态周期结构是社会波动的基本结构。而且因为记忆的特性，人类社会始终遵循并终将完成跨时空的多重情绪叠加周期。情绪叠加周期的基本结构仍然呈现为五浪时空结构，跨时空的情绪叠加周期表现为多重叠加的五浪时空结构。

（二）人类时空之旅的真相

人类往何处去？之所以有此一问，是因为人类几千年来一直在潜意识的叠加周期中转换，所以尽管人类一路前行，但仍感到漫无目的。

我们不能从幻想中寻求希望和寄托，只能从规律中验证规律。如果用K线演示人类进化的历史，那么，我们穷其一生也不过经历了其中一小段，而对于漫长的叠加周期，如果缺乏想象力，我们则很难一窥全貌。

人类的进化因为潜意识的掌控而变得神秘。人类是几十亿年来地球物种进化的极值，处于物种进化的最高阶叠加态。这是几十亿年来量能反复叠加的必然，就在漫长进化中的某一个节点，理性萌芽意识悄无声息地突破了动物箱体，进化出了拥有理性思维的人类。既然突破了原来的动物箱体，那么生存和繁衍就不再是唯一目的，否则这种突破就失去了意义，所以在潜意识中，人类必然有更高阶的进化目的。

每一个重要的历史阶段，都是人类前行的脚印，都是大叠加周期中的小叠加周期。拉长来看，从原始社会到现在乃至将来，人类历史演进的大五浪时空结构的波动缓慢而迟钝；缩短来看，无论东西方，每个历史阶段的朝代更迭波动却快速且剧烈，叠加态周期转换主导了极端的波动方向。

具备叠加条件，就会形成叠加态；根据叠加态，也能倒推叠加条件。根据五浪时空结构法则，我们可以推演未来的人类发展曲线，有一点是可以确信的，无论历史如何演进，都无法逃脱情绪叠加结构，因为情绪叠加结构的根基是进化极其缓慢的人性以及藏身其后的潜意识本能。

如果向时空右侧继续推演图3-42的曲线，工业革命以来人类的觉醒曲线量速远大于之前的所有历史阶段，已经成为大觉醒周期的新一浪，进入全新的情绪叠加周期，但这并不代表前途一片光明，当这个觉醒一浪的顶部叠加态出现后，在本应出现的回调周期中，全球是进入情绪化争斗周期而加剧深幅回调（见图3-43），还是能携手让一浪曲线发生弹性形变，形成张力结构，为大三浪打下基础（见图3-44），这确实考验全人类的智慧，因为必须规避群体的潜意识本能弱点。全人类如能携手应对问题和矛盾，平缓度过调整期，发展曲线弹性化，为未来构建"省力空间"，利于苍生社稷。如应对不当，则会进入剧烈波动模式，在深幅回调中容易诱发负循环的叠加态——极端非理性制造的危机或战争。

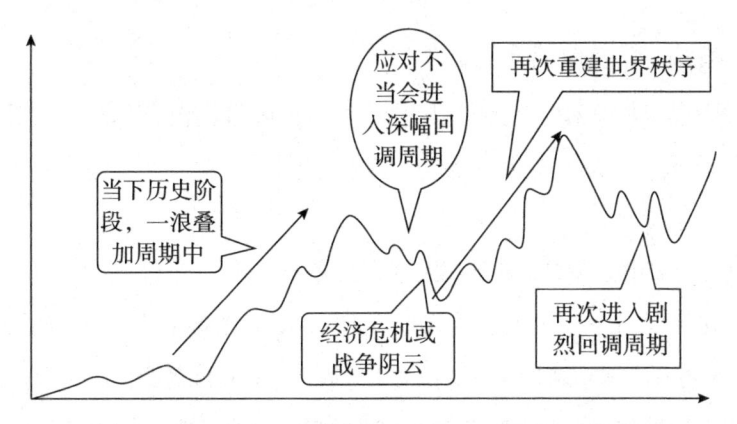

图3-43 人类历史发展推演曲线1：剧烈波动模式

平缓度过模式更加美好，但是人性的弱点让我隐隐觉得，剧烈波动模式发生的概率更高，因为人类还没有学会规避自身的潜意识本能弱点。

虽然不同国家群体的觉醒有早有晚，虽然前行之路波折不断，但人类群体的认知觉醒周期已经开启，新的叠加周期正在构建，这意味着世界再也回不到从前，全球化、理性化、人性化将成为新周期中的大势，可谓势不可当，顺之者昌，逆之者亡。

行文至此，好像又要揭开一个秘密：在历史的极值上轨连线的下面，是无数不停转换的情绪叠加周期和理性叠加周期，这些周期遵循五浪时空结构法则，不停形成叠加态，并在达到"超能力"时制造突破的极值点。其间因为群体的思考和沉淀，会使次级叠加波浪出现弹性形变，形成很多张力结构，

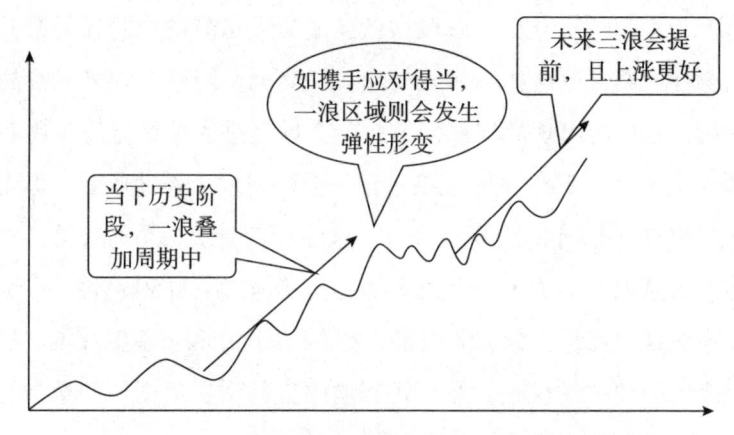

图 3-44　人类历史发展推演曲线 2：平缓度过模式

为下一个叠加态的突破积蓄量能。

人类的潜意识本能——遵循五浪时空结构的情绪叠加周期，其潜在目的都是为了突破，它表现在资本市场中，表现在理性思维中，也表现在历史周期律中。

在理性思维中，叠加态补五浪是为了认知的突破、理性思维的进化和制造新的认知极值点。当这些新的极值点形成链式反应，不断催生"省力空间"，人类就会据此不断占领未知领域，科技就会飞速发展，生存空间就会无限拓展。

在历史周期律中，不同国家和地区的群体总是先制造叠加条件，而后在量能放大效应中创建新的历史极值点，然后进入回调周期，为下一个叠加周期积蓄量能。当然不是每一波叠加态都会达到"超能力"，但不懈的努力终会成功，过去的数千年历史说明了一切。但潜意识中，人类又会在极端情绪的叠加周期中耗费时间和量能，争吵打斗不休，造成了进化过程中的时空延展。

人类在潜意识的情绪叠加周期中徘徊，又在潜意识的理性叠加周期中前进。如果没有搞懂这些，人类就会被潜意识捉弄，如同在虚幻中生活，慨叹人生如梦，不知道生存的意义是什么，不知道终点在哪里。人类遵循叠加态法则穿越时空自有其目的，这个目的就是不停地进化、突破，有意识地改造潜意识，最终进入全面理性的境界。

人类走在进化之路上，向这个大周期的极值点走去，在这个叠加大周期的最大极值区域，人类终将成功地突破潜意识弱点，并破解自然界的奥秘。

这就是人类时空之旅的真相！

（三）每个历史阶段（叠加周期）都存在"省力空间"

1. 再谈历史波动结构

人们经常谈论世界的不确定性，认为唯一不变的是变化，唯一确定的是不确定性。现在我们知道了变化的规律，根据叠加态周期转换理论，我们至少可以发现两个确定性：一是进化方式的确定性——以叠加态周期转换的方式；二是阶段表现的确定性——具备叠加条件时在"省力空间"中的方向确定。

原来人类世界同浩渺的宇宙一样，从没有脱离量能的波动规律。

桥水基金创始人达利欧的《原则：应对变化中的世界秩序》被基辛格、比尔·盖茨盛赞为"我们这个时代的必读之作"，达利欧致力于历史周期律的研究，试图找到永恒普适的规律以鉴当下和未来。

书中展示了一张公元1500年以来大国兴衰演变的曲线图，是历史大五浪时空结构的片段。从图3-45中可以看到，中国是公元1500年前后最富有、最强大的国家。中国在1840年左右衰落，但接着，历经漫长的负五浪调整之后，中国开始了一个极其强劲的崛起周期。

达利欧在书中写到，他研究并探查了这些大国兴衰背后的原因，这些原因几乎始终是相同的，这也意味着其中蕴含一些永恒普适的规律，知晓这些规律对于我们具有重大意义。

达利欧把每个国家的兴衰周期分成三个阶段（见图3-46），分别是上升阶段、顶部阶段和下跌阶段。

上升阶段是国家建设的繁荣时期，通常在一个新秩序建立之后到来，而新秩序通常出现在战争之后。在这一阶段，国家根基强大，因为债务水平相对较低，国民的财富差距、价值观差距和政治鸿沟相对较小，人们有效地合作，创造繁荣；教育和基础设施良好；领导者强大而有能力；世界秩序和平

对帝国相对地位的粗略估计

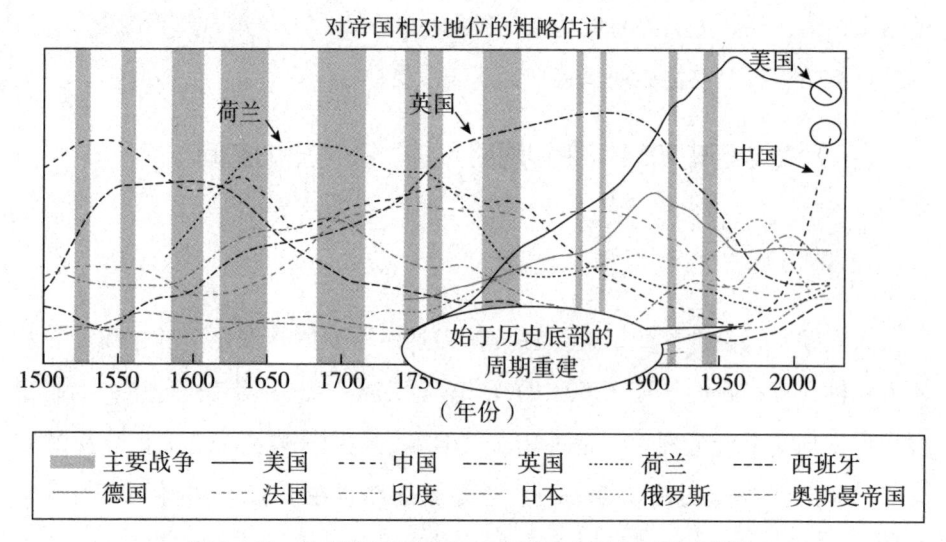

图中标注：荷兰、英国、美国、中国、始于历史底部的周期重建

图例：主要战争　美国　中国　英国　荷兰　西班牙　德国　法国　印度　日本　俄罗斯　奥斯曼帝国

图3-45　达利欧展示的1500年以来大国兴衰演变曲线

资料来源：《原则：应对变化中的世界秩序》，瑞·达利欧著。

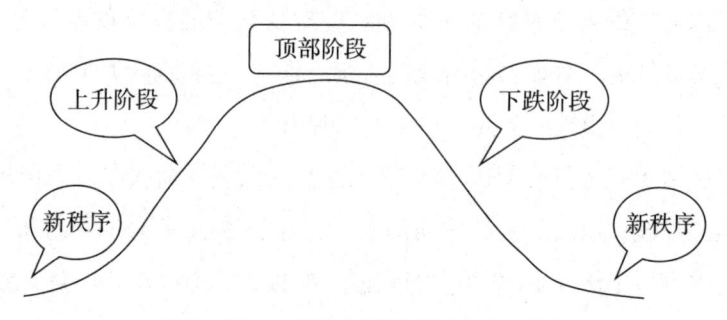

图中标注：顶部阶段、上升阶段、下跌阶段、新秩序、新秩序

图3-46　达利欧分析的大国兴衰三阶段

有序，由一个或多个主导性的世界大国引导。

随后是顶部阶段。这一时期的特点是放纵，表现为高负债，财富、价值观差距和政治鸿沟巨大，教育和基础设施的质量下降，国家内部不同群体的民众之间存在冲突，由于扩张过度的帝国受到新兴竞争对手的挑战，国家之间发生争斗。

最后是下跌阶段。这是一个令人痛苦的争斗和重组的时期。争斗和重组导致在新的内部和外部秩序建立的过程中，出现冲突和变化。这为下一个秩序、下一段新的繁荣建设时期奠定基础。

在达利欧看来，大周期的发生通常始于某个新秩序，要么是内战导致某一方掌权,出现国内新秩序,要么是国际战争导致国际体系变化,出现新的世界秩序。达利欧在书中研究了500年来9个大国的历史,总结出了一些基本规律:世界进步的轨迹是呈螺旋式上升的,大国的发展总是在和平与战争、繁荣与萧条、统一与分裂的极端状况之间周期性地循环。达利欧也认为驱动这些周期的是不变的人性,因为人们倾向于极端化,从而超过平衡点,出现过度而导致反向走势,在朝着一个方向的走势中潜藏着导致反向走势的要素。

历史学家汤因比在其巨著《历史研究》中同样描述了文明的周期性:人类各文明的存在和发展具有基本的一般性规律,犹如一个有机体,每个文明都会经历起源、成长、衰落和解体四个阶段。不过,文明的这种周期性变化并不表示文明就会停滞不前,在旧文明中成长起来的新文明会比旧文明有所进步。文明兴衰的基本原因是挑战和应战,文明如果能够成功地应对挑战,那么它就会崛起;反之,如果不能成功应对挑战,那么就会走向衰落。

达利欧与汤因比的总结进一步验证了情绪叠加周期理论以及叠加态出现后的极值转换——从一个极端到另一个极端,汤因比在书中强调了新周期叠加态的突破性。

通过大量的实例与翔实的数据,达利欧在书中描述出了大国兴衰周期的存续结构及新周期的基本重建规律,已经距离其寻找的普适规律很近了。这些实例与数据为历史与经济的情绪叠加态周期转换理论做了很好的注解和例证。

<u>几千年来,基于知识和智慧的持续叠加以及叠加态的突破特性,人类的进化行为中有一个鲜明的特性:后来者总是在超越前人。</u>所以前人曾经达到的高度总有一天会被突破,就像竞技场上没有永远的世界纪录保持者,这种赶超特性表现在经济、历史和其他存在人类情绪的领域,赶超意味着争夺,所以前行中伴随着波动。

但是前人的高度是在叠加态中形成的,所以后人也必须凝心聚力,利用前人的叠加条件、形成叠加态才能突破。<u>当这样一个大历史阶段推动群体的认知智慧和所有努力达到上限时,便无力再推动新的叠加态形成,此时虽处辉煌的顶点,但量能衰竭造成迅疾回落,历史就进入了长周期的整理和回落阶段,直到新的认知群体产生。</u>新的思维力量崛起,经过新老博弈纠缠交替,

于是，又一个长周期历史推升阶段开启。

在这些长周期的交替转换进程中，潜意识中形成的叠加周期驱赶历史从正五浪时空结构转换到负五浪时空结构，并且周期性地出现叠加态的极值点，所以历史不仅会呈现出兴衰周期，而且经常从一个极端到另一个极端。

2. "省力空间"具有两面性

在单场景的股市中，K线把这种浓缩的历史周期纠缠循环表现得淋漓尽致。所以大小周期、长短各异的波浪叠加结构是所有社会波动的基本结构。

又因为存在记忆和传承，所以形成了跨时空纠缠的五浪时空结构。处于叠加态的历史阶段存在发展的"省力空间"，因为制造出叠加条件后，叠加态自身具备自然形成特性，这个特性制造出未来发展的"省力空间"，所以有些历史阶段的主升浪的上升趋势难以阻挡。同样，如果不慎具备了负循环周期的叠加条件，那么有些回落趋势一样难以避免，因为负循环周期中也存在"省力空间"。

每个国家的大重建周期中，都存在宝贵的"省力空间"，它建立在历史和前人制造的叠加条件之上，是重建周期的战略机遇期，是创造历史极值的最佳时机。创造新的历史极值非常重要，因为每个历史极值点都会为后人创造叠加条件，这就是历史的传承。

在这些"省力空间"中，领导力量极其重要，领导力量对时空结构和人性弱点的认知决定了其情绪方向。如果领导力量在叠加态中善于引导和推升，就会制造出持久的历史极值区域，并让极值区域弹性化，制造未来新的"省力空间"，那么正五浪时空结构就会扩大、延展。

同时，要深刻认识"省力空间"的两面性。在"省力空间"的尽头，将不可避免地进入回调阶段，此时的应对方式更为重要，在各领域中制造积极向上的弹性局面，就是其中至关重要的一环。

3. 历史叠加周期的跨时空纠缠

在人类的进化周期中，前人为我们构建了大周期的叠加条件，我们在为后人构建更大的叠加条件，这就是不同历史阶段中人类真正的历史使命。

第三章 危机与历史的真相——潜意识中的时空之旅

历览大国的兴衰周期，你会发现叠加态的神奇之处。一个国家的历史走势会对未来产生深刻的影响，而且历史越久远，对右侧的预测性推演就会越准确，这不仅是因为一个国家的群体精神基于记忆传承具有跨时空传递叠加的特性，还因为有优秀文化、民族韧性构建的弹性叠加条件，这同根据五浪时空结构法则推断股票 K 线未来的补五浪原理相同。

历览全球大国争雄，胜就胜在"省力空间"，败就败在极值区域，这同危机总是发生在补五浪结束之后是一个道理。有序的力量被加速是更可怕的力量，叠加态的坍缩是必须加以高度重视的研究课题。

中国作为唯一没有断代的文明古国，拥有人类群体最辉煌灿烂的文明史，这本身就说明了文化的韧性和强大的生命力。同股票 K 线走势一样，只要历史上出现过两次以上繁荣的极值点，未来的多重叠加态就必然会产生。叠加态本来就具有自然形成的特性，历史上的叠加态周期为未来构建出了发展的"省力空间"。在约 1800 年以前，中国在多个历史周期中屹立于世界之巅，构建出多个发展的极值点。所以对于中国来说，不管 19 世纪的时空割裂有多深，一旦完成修复，那么新的崛起周期就会势不可当，这种推演结论是基于反复被论证的周期叠加理论得出的。

前人栽树，后人乘凉，后人乘凉的时候也不忘给下一代栽树。在历史的纠缠循环中，给下一代栽下最好的树就是创造历史极值的同时使发展曲线弹性化，构建出未来的"省力空间"。

中国历史上的很多朝代都出现过辉煌的顶点，每一个耀眼的王朝都有独立的叠加周期，同时因为对历史的继承借鉴和超越而跨时空纠缠。历史叠加条件必然形成历史叠加态，而失控的历史叠加态又必然迎来坍缩。叠加态中社会井然有序，叠加态坍缩后社会混乱无序。历史上的农民起义为什么大多失败？因为它们都处于重建新周期的一浪阶段，要对抗上一个叠加周期的惯性趋势，而上一个叠加周期的残余量能会集中打压试图重建的新周期，所以初始一浪必定会经历失败，但并非毫无意义，它为新周期构建出了叠加条件。

新周期的顶点是又一个叠加态的极值区域，这些极值点的连线就是这一历史阶段的极值上轨。战国末期秦一统天下，突破了之前六国的极值点连线，制造出疆域的极值点。但理性的认知没有跟上，秦朝第 15 年就轰然倒塌，又回到了极值之下，这 15 年是秦朝的叠加态区域，完整的叠加周期应该从公元前 770 年秦襄公建立秦国算起。秦朝之后的汉唐宋元明清各朝代基本处于秦国的极值之上，虽有突破但空间有限，这是因为科学理性的叠加态没有出现，所以这些王朝的顶点连线也形成了群体阶段认知的极值上轨。

由于叠加态中的理性递减原理，越是在历史的转折点，大多数人越麻木，因为潜意识对量能释放方向的控制导致唤醒的难度增大，这种现象在世界历史中反反复复。因为叠加条件基于左侧的认知形成，所以这种潜意识本能造成了历史局限性。

当海浪开始叠加的时候，海水无法选择是否参与；当绳波开始叠加的时候，绳子无法规避；当历史的波浪开始叠加的时候，每个参与者同样无法置身事外。所以在这些不同方向的叠加态中，随波逐流是大势所趋。这就是历史的诡异之处，叠加条件的构建让叠加态的形成成为历史的必然，即使一部分人很清醒，但由于叠加条件已经存在，他们无法阻止叠加态的形成，更无法阻止其坍缩。

任何一个独立或孤立的量能体系，无论是个体的、群体的，经济上的、宗教上的还是政治上的，也无论维系其存在意义之链条有何异同，都会遵循最大的系统性叠加周期运行，呈现出发生、发展、巅峰到衰亡的表象。这些独立的量能体系有独立的波动极值，也就是维系其量能体系的纽带，当接受外来扰动时，外来扰动只会与固有的波动极值叠加，产生消减和强化。所以，无论涉及个体、群体，任意一个独立且相对封闭的量能系统，都会遵循叠加态周期转换法则运行，任意一个开放且不断吸纳量能的系统，也会遵循叠加态周期转换法则运行，只不过时空结构因扰动因素产生变化，被压缩或延展。

世界秩序与国家秩序属于不同群体的周期重建，不同群体的情绪叠加周期此起彼伏，跨时空互相纠缠，在各自的情绪极值之间循环，形成了波澜壮阔的人类文明史。随着时空的无限延展，眼前最大的叠加周期总是会嵌套进更大的叠加周期之中，变成叠加条件，犹如四季构成一年，一年隐入世纪，世纪又退缩向久远的过去，而这无比漫长的一切又都会被时光揉成一团，最终变成从遥远的未来时空回看时的一个点。

第三章　危机与历史的真相——潜意识中的时空之旅

叠加态周期转换理论极其重要，结合五浪时空结构法则和曲线弹性形变理论，我们就可以找准自身的时空位置，推断未来大小周期的演化方向，通过构建叠加条件加速叠加周期，或者为更长远的未来构建"省力空间"。

五、用五浪时空结构法则全方位构建危机监测体系

（一）五浪时空结构法则具有普适性

随着社会分工的精细化，经济链接愈加复杂。不同经济领域的主体构成不同的叠加周期，只要基于精准的数据绘制出图表，就可以用五浪时空结构法则跟踪监控各细分领域的波动状况，根据叠加态规律预测未来的走势，制定前瞻性的风险预警机制和应对策略。

前文和《股市法则与跨时空纠缠》一书中列举了大量案例，充分说明了五浪时空结构法则结合张力结构形态在股市、期市及外汇市场中的预测功能，我们在此列举不同领域的案例，来印证五浪时空结构法则的普适性和有效性。

如图3-47所示，2021年8月—2022年3月，欧洲天然气走出了完美的

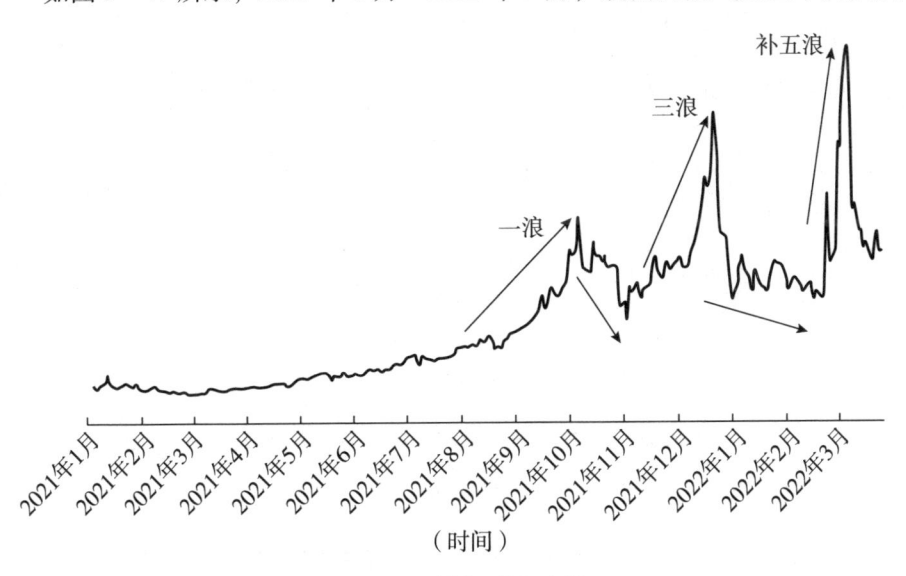

图3-47　欧洲天然气走势

资料来源：卓创资讯，安信证券研究中心。

五浪时空结构。我们首先对图表左侧一浪、三浪位置进行时空重置，这样就可以看到量速大的三浪事实上形成了对一浪的追赶浪。俄乌冲突助力天然气价格完成了补五浪。前面说过，叠加态本来就存在自然形成的特性，自然形成的特性制造时空右侧的"省力空间"，当遇到突发事件扰动情绪顺应"省力空间"时，就出现了2022年3月前后的这波急速补五浪。补五浪后快速回调，因为是叠加态后的高点回落，所以"补五即结束"。

从2022年5月起，天然气价格又开始重建叠加周期，并且在5月至7月形成中继型张力结构，明确了向上的最小阻力方向，但是已经靠近箱体极值上轨，预测未来再次大幅回落不可避免。

图3-48是1827—2019年全球商品贸易总额与GDP的比的增长曲线。世界贸易格局的演变隔空交织，但每一个新重建周期都是完整的情绪叠加周期——五浪时空结构，并且遵循五浪时空结构法则跨时空纠缠。

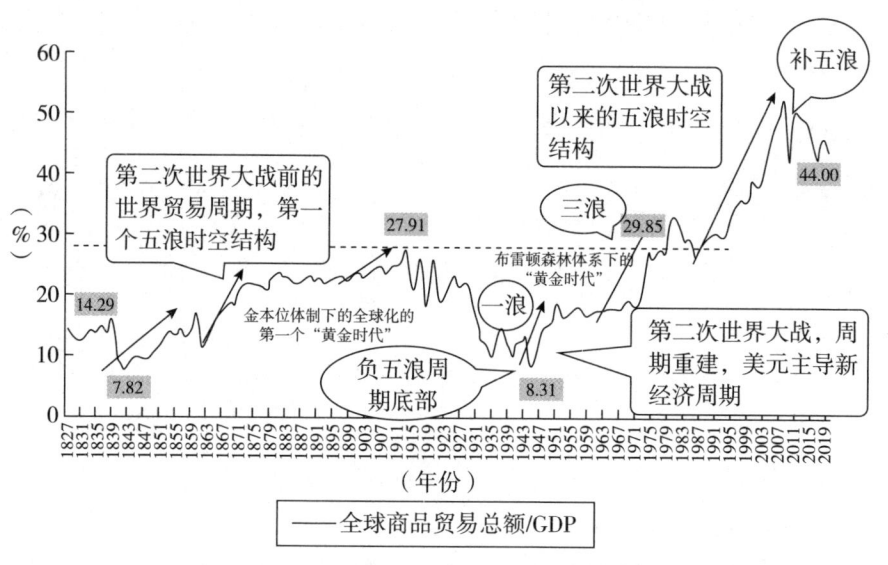

图3-48　1827—2019年全球商品贸易总额与GDP的比增长曲线

资料来源：Fouquin and Hugot，中泰证券研究所。

如图3-49所示，疯狂的房地产投资使海南GDP曲线的补五浪大大超出了左侧一浪和三浪连线构成的极值上轨，形成失控的泡沫体。

图3-50是完美的五浪时空结构，其中补五浪的高点明显越过了一浪、

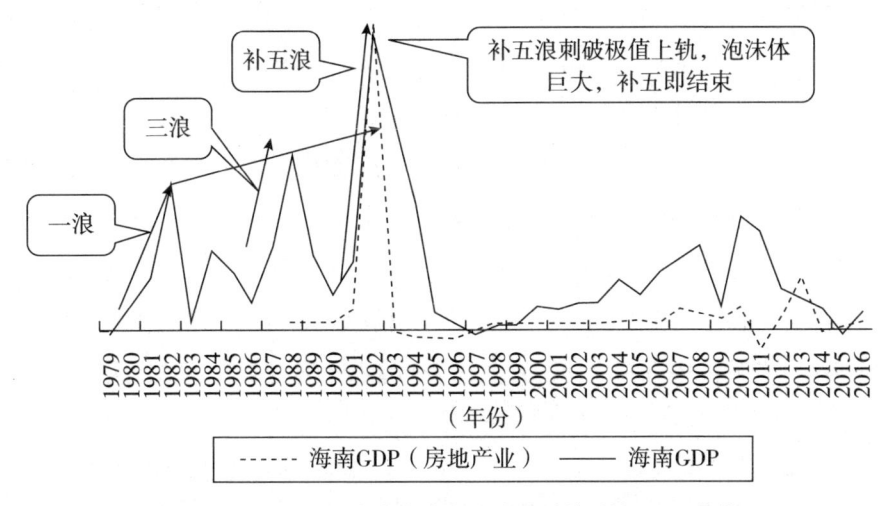

第三章 危机与历史的真相——潜意识中的时空之旅

图 3-49 1993 年海南房地产泡沫破裂前后的 GDP 曲线

资料来源：Fouquin and Hugot，中泰证券研究所。

三浪的连线，说明曲线超越了情绪控制极值，达到非理性程度，构建的泡沫体巨大。从图中可见，"补五即结束"后的回调幅度非常惊人。

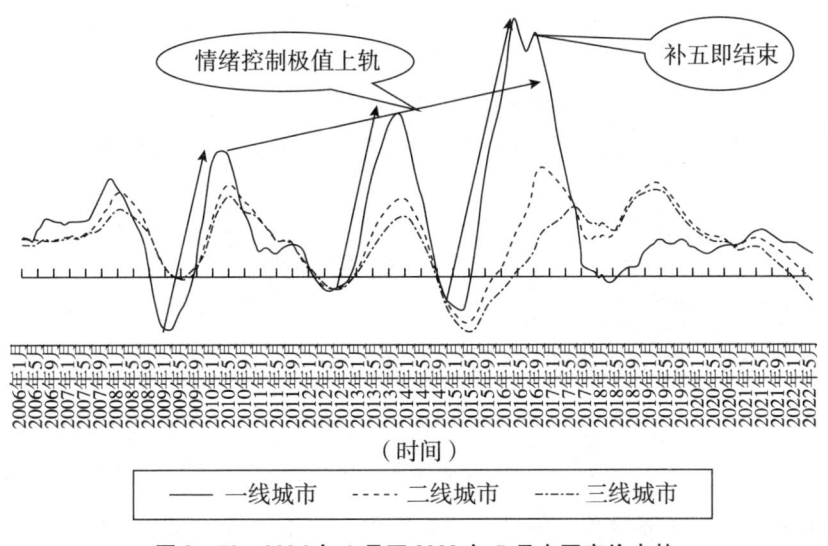

图 3-50 2006 年 1 月至 2022 年 5 月中国房价走势

2020 年以来，多晶硅价格大幅上涨，但是 2022 年以来，多晶硅价格见顶后大幅回落，从 2022 年 8 月 31 日的 30.3 万元/吨跌到 2023 年 6 月 28 日的

6.4万元/吨，跌幅和之前的涨幅一样惊人。用传统经济学中的供给端和需求端理论来解释这种匪夷所思的周期转换现象显然是无力的，同样的，一般均衡理论也无法解释这种现象。

如图3－51所示，左侧的上涨周期曲线显现为五浪时空结构，我们知道这是叠加态周期结构，一浪和三浪为叠加条件，五浪是叠加态。因为"一三指方向，补五即结束"，叠加态开始坍缩，正五浪时空结构开始向负五浪时空结构转换。从图中可见，坍缩周期显然还没有结束，因为负五浪时空结构的叠加态——负五浪还没有出现，这意味着多晶硅的价格跌势尚未结束。

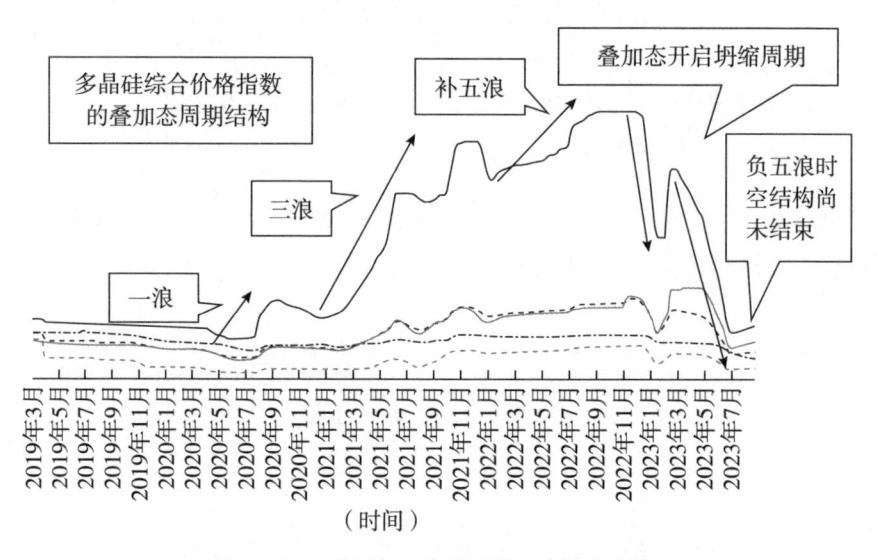

图3－51　2018年以来多晶硅综合价格指数

资料来源：Wind数据库。

2022年开启的价格坍缩对于很多多晶硅生产商来说不啻于"黑天鹅"事件，企业利润大幅回落甚至开始亏损。再从图示分析，左侧上涨周期的叠加态中，量能放大效应带来了供给端加速投资的非理性行为，这种行为制造了远远超出需求的市场供给，就像朱格拉所说，萧条的唯一原因是繁荣。

现实生活中，我们在碳酸锂周期、猪周期、钻石周期、中药材周期、艺术品投资周期中反复看到这种暴涨暴跌现象，商品价格在或长或短的叠加周期中从一个极端运动到另一个极端，而在这两个极端位置，绝大多数人都会

第三章　危机与历史的真相——潜意识中的时空之旅

<u>犯错，这种诡异现象令人迷惑不已。</u>

<u>叠加态中的量能放大效应以及叠加态的自然形成特性是制造这种现象的"元凶"，前者借量能突变之手开启非理性的大门，后者让我们在不知不觉间走向非理性。</u>清醒之后，我们后悔不迭，多数人跟随潜意识做出了错误的选择，在极端高位买入，又在极端低位卖出，或者在极端高位没卖出，在极端低位又不敢买入。就如前文所说，这不是哪个人的错，这是潜意识缺陷下整个人类的宿命。

综上，本书中大量列举了毫不相干的经济领域的数据图表，印证了以五浪时空结构构建的预测模型在监测及预测上的普适性与准确率。数据图表是不同群体在不同领域内的情绪叠加周期反映，自然遵循情绪叠加规律，所以构建五浪时空结构数据模型体系，可以实现跨时空、跨行业、跨领域的跟踪分析预测功能。

如果有翔实精准的数据且数据采集的起始间隔足够长，我相信，未来经济领域和社会活动的结构性趋势都可以纳入全方位的监测和预警体系，我们可以对未来的发展演化规律进行跨时空的阶段性预测。

由于潜意识缺陷，我们似乎无法拒绝叠加态中的过度繁荣，但可以依托五浪时空结构法则构建全方位监测体系，对"省力空间"后即将出现的巨震做出预警，警惕高杠杆的经济体和金融实体提前收缩，就能有效降低回调周期的危害性。

在经济领域中，要重点关注在国民经济中举足轻重的领域，认真分析左侧存在的最大的叠加条件。前面总结过，最大的危机都孕育在最大叠加态的"省力空间"之中。

我相信五浪时空结构法则和张力结构形态在不同领域的应用、分析、预测上还有很大的拓展空间，比如企业发展、人口增长、气候变化、降水周期等预测，因为情绪叠加周期本质上就是自然界的量能叠加周期，所有的波都是传递量能的方式，五浪时空结构作为量能叠加周期的最小结构，应该是大自然量能波动的普适结构。

图3-52是太阳辐射光谱示意图，与图1-30中1720年前后南海公司股票走势非常相似。你可能会觉得这是巧合，但是究其本质，太阳辐射光谱本

质上反映了量能的叠加周期，一样遵循五浪时空结构法则，这种超级量能的叠加形成了光。这两张图本质上都反映了量能的叠加周期。虽然两张图中传递的量能有天壤之别，但是遵循相同的叠加态法则。

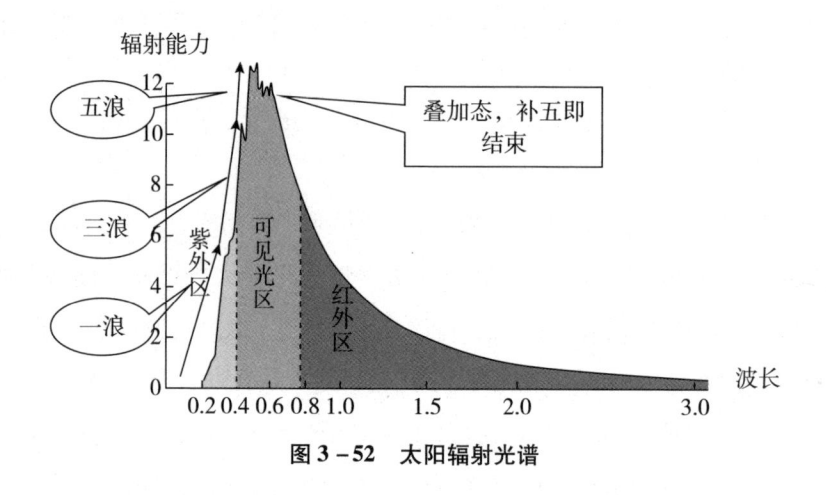

图 3-52　太阳辐射光谱

所以说能量的循环才是宇宙生生不息的真相，其共同遵循的五浪时空结构就是不同程度的量能叠加周期的表象。

（二）观测别人，清醒自己

在情绪的叠加周期中，叠加态会让人情绪激动，达到"超能力"程度就会造成极端非理性。在经济周期的正循环中，叠加态造成经济过热，而达到"超能力"的叠加态则会导致失控。根据五浪时空结构法则，在泡沫的形成过程中，如果资本推波助澜加大杠杆，则会吹大泡沫，使其超出极值，造成严重的破裂后果。反之，如果适时疏导冷却，就会改变泡沫的形成结构，使泡沫变小，处于温和的可控状态。

根据五浪时空结构法则，在同一个跟踪模型中，如图 3-53 所示，在符合叠加态形成的条件下，叠加态本身就具有自然形成的特点，如果此时又有超量资金兴风作浪，推波助澜，如果不加干涉，右侧的补五浪就极可能大幅超越极值，形成极限泡沫体，这样泡沫破裂的后果就非常严重，回调幅度极大，而且容易衍生出其他领域的危机。

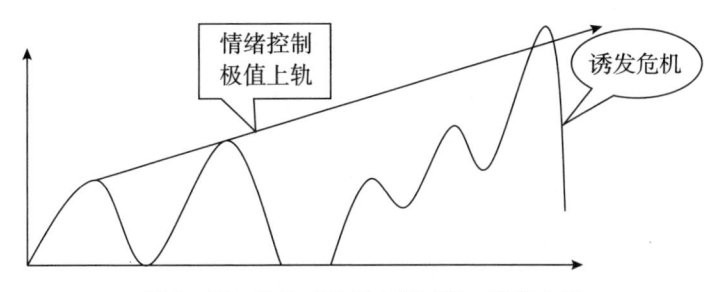

图 3-53 泡沫破裂后大幅回调，诱发危机

如图 3-54 所示，虽然存在叠加条件，但如果在叠加态的"省力空间"中适时加以干涉，有计划地收缩金融杠杆，冷却叠加情绪，改变浪形结构，那么泡沫体就会远离极值，始终处于温和可控的状态。但事实证明，在繁荣时期试图采取反向行动会受到巨大阻力，相比之下，人们更愿意在暴雨后修缮房屋。

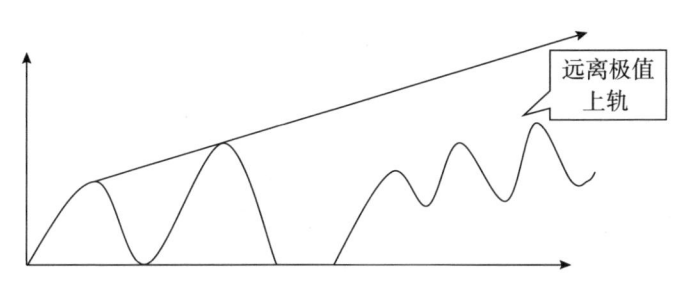

图 3-54 适时加以干涉，温和可控

依托精确的数据构建图表，根据五浪时空结构法则，就可以预判泡沫的形成区域，预估泡沫体的大小和极值位置，大幅降低泡沫破裂的负面影响。

另外，要根据五浪时空结构法则跟踪分析其他国家的经济数据，预判他国各个领域可能出现的"超能力"叠加态诱发的危机，采取相应对策，利用他国的"超能力"叠加态，坚决规避自己的"超能力"叠加态诱发危机。

第四章
通向自由和繁荣的阶梯

如果说理性思维是实践自由的工具之一，那么量能放大效应就是通向自由和繁荣的阶梯，这个阶梯由独立自由的思维构建出的叠加态周期结构制造。

一、天才如何形成？

——理性叠加周期中的开创性

过去是走过的路，而未来遥不可及，所以人类喜欢回头看，乐于模仿过去的东西。我们固执地相信很多古老的认知，认为人性无法改变，其实只是因为改变得太慢。事实上，从奴隶社会到今天，人性已经开始发生转变。

人类的自私本性与生俱来，说明在大脑潜意识中，量能的分配偏重情绪方向。哭泣也是人的本能之一，之后才能学会用语言沟通，这说明根植于动物箱体的情绪叠加态远远早于理性的叠加态，非理性的叠加态属于人类群体的潜意识本能，而理性的叠加态必须经过引导才能产生。如果能引导量能向理性思维的方向汇聚叠加，那么量能必然向理性思维的方向释放，人性的进化过程就会加速，人类的未来就会无限光明。

在人类的大脑中存在两种不同的链式反应——极端情绪和理性思维[①]的链式反应。前者制造喜怒哀乐；后者主导绝对的理性。前者制造波动，起伏不定；后者穿越时空，十分平静。

我们可以本能地将量能浪费在情绪叠加周期中消耗一生，也可以引导量能集聚于理性的叠加方向开创未来。

---

① 亚里士多德把人的灵魂分为两个部分：一是非理性灵魂，其功能是本能、感觉、欲望等；二是理性灵魂，其功能是思维、理解、认识。亚里士多德认为真理和知识只有通过理性的思考才能获得。

（一）理性思维的叠加制造量能放大效应

我们已经知道叠加态中的"超能力"现象，在负面情绪波的叠加态中，这种强大的"超越自身能力"的量能叠加导致的失控行为是人类非理性举动的根本原因。但是，叠加态中的"超能力"现象只会干坏事吗？不！这要看我们怎么利用它。

事物具有两面性，叠加态的"超能力"并不是只会干坏事，如果能正确利用叠加态中的"超能力"，它就会帮助我们办成原本力所不及的好事。这正如火药的发明一样，它可以用来制造炸弹，在非理性冲突中杀伤同类，也可以用来开山铺路，造福世人。

1. 理性思维的交汇和碰撞催生"灵感"

要更好地利用叠加态中的"超能力"，就要引导宝贵的量能向理性思维的方向集聚，向理性思维探索的方向释放。只要沿着正确的方向，理性思维的波浪叠加就会制造出理性的叠加态。这种理性的叠加态一样具备"超能力"现象。

每个人都存在认知上轨，它是我们的思维阈值，上轨的上方就是我们无法理解的空间。当思维无法突破上轨时，我们的认知就停留在上轨以下。学习会拓宽认知空间，但基于种种原因，上轨总会存在一个无法突破的极值。

如果不能利用叠加态的突破性，我们将终生难以理解很多处于现有认知范围以外的事物。也就是说，在人类的非理性行为中，叠加态的"超能力"具备巨大的破坏性；而在理性应用中，叠加态的"超能力"就具有非凡的开创性。在非理性情绪的叠加态中，大脑的正确会导致现实中行为的错误；而在理性思维的叠加态中，大脑的正确会加速现实中行为的正确，它会帮助我们突破认知上轨，开创新的认知空间。

笛卡儿的名言"我思故我在"强调的就是有意识改变的主观性和思考的独立性，正是这种理性思考的独立性才使人与众不同。

独立而逐次深入的思考形成波幅不同的思维波浪，这些符合条件的波浪产生叠加，最终形成思维叠加态，这种理性思考的叠加态存在的阶段性"超能力"，使思维上升到平常达不到的高度，因而具备了非凡的突破性和创造力。它会在产生突破的同时瞬间提升大脑的认知能力，超常态量能的释放效应就像突然打开了一扇封锁很久的门，人们在门外看到了最想看到甚至难以想象的东西。

通过叠加结构可知，构建叠加条件要付出艰辛的努力，而滑入叠加态的"省力空间"却很省力。据说古希腊科学家阿基米德就是在洗澡时福至心灵，突然想出了测量皇冠体积的方法，因而惊喜地说："Eureka！"Eureka（尤里卡）是古希腊语，意为"我想到了""我有办法了"，从此，人们把通过神秘灵感获得重大发现的时刻叫作"尤里卡时刻"。正是人类历史上诸多非凡的"尤里卡时刻"，才使人类拥有了那么多天才的发现、发明和创造。

通常人们认为这种弥足珍贵的灵光乍现可遇而不可求。为什么会有灵光乍现？西方一些心理学家研究认为，这是长期的知识积累和实践造成的意识突破，现在普遍认为是苦思冥想后捅破临界点的顿悟。这些解释是对的，但没有从根本上认知到灵感的形成机制。根本原因是思维形成叠加态，叠加过程中的量能放大达到"超能力"程度后击穿了临界点，提升了认知阈值。

近代以来，站在历史叠加条件的基础上，西方的科学家群体在认知自然规律上取得了惊人的进步，这就是群体性的叠加态突破现象。当贴近认知极值的思维叠加态形成，量能放大效应就会必然形成认知突破，因为叠加量能的释放只有一个方向——顺应叠加方向解决压制认知的极值问题。

爱因斯坦在自传笔记中写道：我毫不怀疑，在大多数情形下，我们不用通过词语思考，思考在一定程度上甚至是无意识的。否则，我们怎么可能有时对某种经验完全自发地感到"惊奇"呢？当一种经验和在我们心中已经相当固定的概念世界相冲突时，这种"惊奇"似乎就会发生。每当我们强烈地感受这种冲突，它就以明确的方式反作用于我们的思维世界。在某种意义上讲，思维世界的发展正是"惊奇"的连续迸发[1]。

---

[1] 参考《不断持续的幻觉》，史蒂芬·霍金编评，黄雄等译，湖南科学技术出版社出版。

在这一点上，与爱因斯坦同时代的杰出物理学家海森堡的观点更进一步，他说，在人类的思想史中，最具决定性的发展通常发生在两条迥异的思想路线相会之处，一般而言都是如此。这些不同的思想可能根植于不同的文化、不同的年代、不同的环境、不同的宗教传统。所以，如果这些路线相遇了，或者说，如果这些思想彼此间至少有某种关联的话，就会发生真正的相互反应。于是，我们可以预期，随之而来的是崭新且有意义的发展①。

海森堡和爱因斯坦的表述正是理性思维在叠加周期末端形成意识突破的最好注脚，海森堡的言语简直是叠加态周期基本结构的精确表述，叠加条件与取得结果的叠加态一目了然。

<u>当量能方向集中于理性思维时，叠加态中的量能放大效应就会帮助人类在科技上取得突破；当量能方向集中于情绪思维时，叠加态中的量能放大效应就会让人类从一个极端走向另一个极端。</u>

我们可以说，人类似乎过于低估自己的思维突破能力了，绝大多数人都白白浪费了宝贵的思维突破能力，一生局限在不愿触碰的箱体之中，自愿置身于狭隘的人生观之中，认为追求成功就是追逐财富，富贵就是圆满的人生。将思维能力用于资本争夺之中，其实只是动物性精神的升级。相比于争名夺利的群体数量，人类中致力于思维突破的群体太少。

或许大多数人没有意识到被闲置的思维能力正是改变自己的秘诀，只不过需要把获取的量能组合成符合要求的叠加条件。

人类的思维突破仍处于自然形成状态之中，低效且缓慢。如果人们学会利用叠加态法则，改变常规的学习和思维模式，构建符合要求的叠加条件，大批量生成叠加态的突破效应，那么人类的科学技术就会迎来飞跃时代。

2. 认知"创造性"的自然形成机制

叠加态法则下没有圣贤，没有任何观点包打天下，没有任何高点可以久居人上，没有任何权威不可超越，没有任何箱体不可突破，一切都存在无限

---

① 参考《牛顿传：破界创新者》，迈克尔·怀特著，陈可岗译，中信出版集团出版。

的可能，而且都会加速。

未来，人类会分为两类：一类是从不想主动突破箱体思维的原地踏步者；另一类是主动利用叠加态法则不断迭代前行的意识突破者。前者只看见和相信现实，因循守旧，而后者志在开拓进取，会在此起彼伏的叠加态中看到前者看不到的东西。

诺贝尔经济学奖获得者埃德蒙·费尔普斯在著作《大繁荣：大众创新如何带来国家繁荣》中问：什么样的内部结构注入激发了现代经济的活力？新创意的产生又是由哪些因素推动的？他得出结论：现代经济把那些接近实际经济运行、容易接触新商业创意的人，变成了主导从开发到应用的创新过程的研究者和实验者，而科学家和工程师往往被召集过来提供技术支持。现代经济在过去两个世纪的推动力就是这一经济体系——由经济文化与经济制度构成的体系。这一体系才是现代经济的活力之源。

如何解释创新的源泉？创新包含改进、突破和颠覆，意味着对前高点的刷新和超越，这显然不是容易的事，因为前高点就是在无数的努力中形成的。那么，此时能够内生性挑战前高点的只有量能放大效应，也就是独立的系统性叠加周期末端形成的叠加态中的力量。因此，新的创新产生后，总会独领风骚一段时间，因为挑战周期需要时间，从构建新的叠加条件到形成叠加态需要时间。

回想过去，留声机、唱片、录音机、磁带、MP3、MP4都曾经风靡一时，然后在某一时间节点被创新产品代替。产品在思考和钻研中迭代创新，科研人员在此起彼伏的叠加周期中灵感迸发，或者灵光乍现，解决技术难题，超越前人高度。

量能放大效应对所有人都是公平的，关键是如何让它在需要的时候出现。按照叠加态法则有效地组织理性思维能力，不断形成叠加条件，就是获得这个神奇力量的秘诀。马斯克曾说，永不放弃的人是不可战胜的，因为永不放弃的人一直都在利用量能放大效应。

叠加量能制造空间拉伸，思维叠加态的超能力因为处于"省力空间"而具有必然的突破性。如图4-1所示，叠加态在制造出追赶浪的基础上自然形成，它总会比我们付出的最大努力还要高出一截。在我们的探索过程中，总会高出的这一截往往是大脑突破固有认知的关键，也是人类在认知自然规律上不断突破的关键。

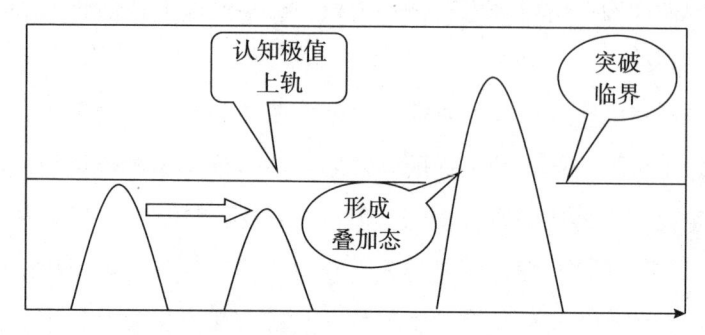

图 4-1　叠加态形成，突破固有认知

也就是说，<u>叠加态中的量能放大具有极强的杠杆效应，对于一切存在极值上轨的思维领域，只有制造叠加条件，形成具有"超能力"的叠加态才可以突破。</u>

所以叠加态的突破性无可替代，几千年来我们一直在潜意识地依赖它，否则，我们将仍然被禁锢在动物箱体内无法理性地进化。比如我们站在一棵苹果树下，树上有一个熟透的苹果，我们想摘下它，周围却没有任何工具可用，我们只能用尽全力跳起来，但还差一点点才能够到。这时我们可能会想，如果有一个凳子就好了，就能摘到苹果。这个苹果就好比你费尽心力探索的问题答案，具有"超能力"的叠加态增加的高度就是你需要的"凳子"——我们依靠自身能力制造出"凳子"，有了这个思想的"凳子"，我们就可以摘下科学的果实。

我们在学习和生活中也会遇到不同程度的"顿悟"和"开窍"现象。在反复思考探究一些难题或某些事物的过程中，陷入困境的我们突然灵光乍现，这种现象就是思维形成的叠加态在我们不知不觉中制造的"超能力"所为。恍然大悟后，我们的大脑通常会有十分轻松和快乐的感受，那是因为叠加态的量能得到了释放。

当我们的思考方式制造出符合产生叠加态"超能力"的条件时，认知的极值就在叠加态"超能力"的突破下一点点提高，平凡也就因此变得不平凡。牛顿、爱因斯坦等科学伟人的非凡成就是在叠加条件基础上，或者在前人独立思考的基础上再次深入思考产生的叠加态。

很多科学伟人之所以硕果累累，就是因为不断产生的叠加态不停制造出开创性的"超能力"，新的突破性认知形成了更强烈的追赶浪，具备了时空右侧更大叠加态的形成条件，这样的思维突破互相链接，引领他们进入常人难以企及的认知空间。一窍通时百窍通，这是理性思维叠加态达到"超能力"产生链式反应的结果（见图4-2）。

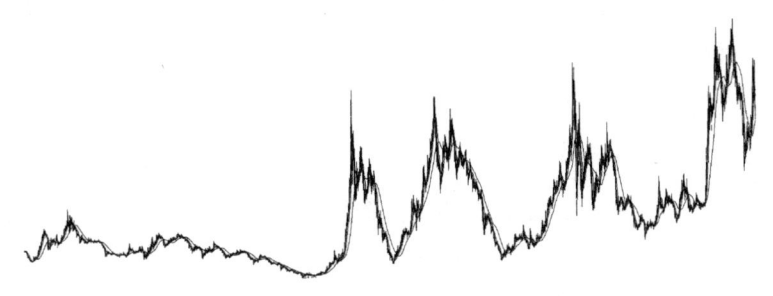

图4-2 思维的链式反应像K线一样不断刷新认知的高点

可以说，是理性思维叠加态的"超能力"使人们突破了固有的认知，是这种"超能力"的链式反应造就了诸多科学天才。

批量的科学成果就是"超能力"形成链式反应后量能释放的结果，这种释放的结果——对自然认知的不断突破同样让大脑产生轻松和快乐的感觉。直到个体无法做到更深层次的思考或者改变了方向，更大的叠加态不再具备形成条件时，链式反应终结，"超能力"阶段才会宣告结束。而后人会继承前人的思考，在前人的探索高点之上深化，思维的叠加态就会跨时空再次产生，新的科学成果就会继续引领人类前行。

我坚信，人类的大脑结构大致相同，只是因为个体境遇的不同，量能的叠加方向不同，无意中形成的思考方式不同。对于无意中形成了"叠加态思维"制造出"超能力"的人，我们称为"天才"。因为量能放大效应突破了认知极值，思维的叠加态让他们的思维达到常人无法达到的高度，理解了常人无法理解的规律，看到了常人无法看到的事物。

科学上的开创性成就是在理性思维的叠加态制造的"超能力"下产生的。工业革命以来，人类文明的突飞猛进得益于群体理性叠加态达到"超能力"带来的创造力突破，西方的科技进步得益于专注理性思维的群体——科学家群体的诞生。无论是针对个体还是群体的认知极限，唯有叠加态能实现突破和超越。

<u>掌握了思维"超能力"叠加态的形成机制，我们就可以通过有序构建量能叠加周期，利用叠加态中的量能放大效应，加速科学探索的突破进程。</u>

（二）形成制造"超能力"的思考方式

不能认知和改造潜意识就会故步自封，原地打转。改造思考方式的过程就是我们常说的大脑开发过程，是激发潜能的过程，因为我们平常达不到"超能力"的高度。

认知极值的突破是在潜意识中形成的。在认识到叠加规律之前，我们虽然在思考，但是没有形成叠加条件，很多思考处于分散无序状态，只是在概率极低的思维耦合中形成少量的叠加态。

那么我们能否改造自己的思考方式，改变叠加态的自然形成模式，制造出思维的"超能力"呢？答案是肯定的。认知规律、利用规律，只要具备基础的理性思维能力，掌握叠加态的形成规律，就能制造出思维叠加态的"超能力"，加速认知突破。

根据五浪时空结构法则可知，符合要求的"超能力"叠加态生成要具备以下三个必要条件（见图4-3）。

一是保持一致的方向。保持一致的方向才能形成线性叠加，如果方向不一致，那么努力将白费。

二是一次比一次更努力，更深入地思考。如果每次付出的努力和思考的深度都相同，那么叠加态也不会形成，因为不具备叠加条件。必须一次比一次更努力，思考更深入，才会形成一波强于一波的追赶浪，制造出叠加条件，集聚突破量能。如果能贴近临界点制造出叠加态，那么突破就是必然。

三是保持适当的时空间隔。在技术上，根据五浪时空结构法则，需要保持一定的时空间隔，当苦思不得其解的时候，我们就要把思考的事情暂时放

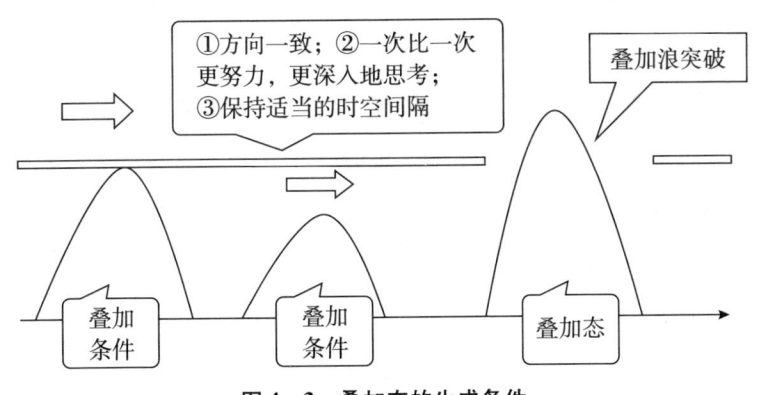

图 4-3　叠加态的生成条件

一放；如果不保持时空间隔，那么再努力也是一次性努力，仍然形成不了浪与浪之间的叠加态。逻辑上，保持适当的时空间隔会促进大脑对目标思绪的重新整理，补充上一次被忽略掉的信息，有利于下一次对认知的叠加突破。

从五浪时空结构可知，从第一次制造出针对目标的思维波浪，到超越极值的叠加态形成，至少要经过三波的努力。如果要形成链式反应，就要继续沿着原来的方向努力下去。

<u>根据叠加态的形成规律，创造叠加条件，反复尝试，形成叠加结构，就能顺应"省力空间"有意识地制造出思维的"超能力"，超常态叠加的量能会激发大脑寻找量能释放的路径，因为量能释放方向顺应叠加方向，所以唯一的途径就是去解决以前无法理解的难题。这时就会迎来必然的灵光乍现时刻。</u>

作家余华在一次讲座中讲了《活着》的创作经历，这段经历证明了思维叠加态形成的神奇过程。余华在创作时一度遇到困难，因为思维卡壳，不知道主人公的命运该往哪个方向发展，于是创作停止了一段时间。后来，他突然有一天摸到了灵感的开关，顺利完成了创作。余华说这个灵感的开关是一种感觉。

其实是因为前期苦思不得其解，停了一段时间后，前期的思维形成了叠加态，叠加的量能必须顺着叠加的方向释放出来，所以叠加态达到"超能力"导致思维突破，产生了灵感。

因为叠加态的自然形成特性，所以灵感经常突如其来。难题一旦解决，量能顺利释放，人就会感觉如释重负。

余华在被问到如何写作时曾说，写作时的思绪就像一个水龙头一样，摸到开关的方式其实很简单，就是你不断地写，写这一段不对就再换一段，开关肯定会被你摸到的。

这种写作的试错过程就是寻求次级别的思维叠加态形成的过程，写作的灵感来自叠加态量能的释放。

很多经典的作品在完成创作回头看时，作者自己也会吃惊，因为有些情节的发展和精彩之处是自己当初没有设想到的，很多灵感的闪现完全出乎意料，这就是思维叠加态形成链式反应的功劳，它不停地打开一扇扇从未开启的大门，引领创作者走进神奇的突破空间。

凡·高在给弟弟的信中曾经这样讲述绘画艺术：什么是绘画？一个人该如何走进绘画？那需要穿越一道无法解开的铜墙铁壁。那道铁墙仿佛就在你的感知和能力之间。如何穿越这堵墙？用锤子敲打无济于事。我认为，（要想成功）必须冲破这堵墙，然后才能游刃有余地打磨它。

凡·高用铜墙铁壁来形容技艺的天花板，说出了穿越潜意识认知极值之难，只有历经无数磨难开启叠加态的"超能力"才能突破，所以寥若晨星的大师级作品才弥足珍贵。

文章憎命达，困顿出大家。文王拘而演《周易》，仲尼厄而作《春秋》。在中外文化艺术史上，杰出的大师很多命运多舛，或怀才不遇，或穷困潦倒，或仕途失意，或情感受挫，跌宕的命运打开了情感的天空，情感的叠加释放出震撼世人的艺术穿透力和感染力，这与理性思维的叠加方向不同，所以文化艺术大师有别于科学家，要想在这个领域不同凡响，就要准备付出情感上的牺牲。

再回到理性的叠加方向，即使掌握了形成叠加态的思维方法，也不能就此以为科学上的前沿突破如此轻而易举。每个人的固有认知不同，只有接近人类认知极值的思维叠加态才会产生重大的科学突破，所以谁距离极值近，谁就容易取得成功，这种科学前沿的原创突破注定属于极少数人。对于我们来说，努力使思维形成叠加态是一种好的学习方法和不断超越自己的技巧。

努力学习的目的并不是进入好的大学，也不是毕业后找到好的工作，努力工作也不应该仅是为了更好地生存，而是利用所有条件最大限度贴近人类的认知极值，然后在叠加态中突破，进入从未涉足的思维时空，这才是人类进化之路。那里有未知的风景，这才是学习和工作的真正意义！

现实生活中，非理性叠加态总会被别人触发，在潜意识间形成，但是理性叠加态的形成条件只能靠自己的努力去制造。一旦形成制造条件，突破也会在潜意识中出现。你不能指望一次就会成功，只有坚持不懈，善用叠加态，不断刷新认知高点，一旦达到"超能力"，形成链式反应，就走进了通向成功的"省力空间"。

知道了叠加原理和形成规律，人类就可以改造自身的思考方式，改变学习方法，让自己的思维具备开创性，养成理性思维习惯，加速对自然规律的认知突破。

人生最美好的事莫过于欣赏未知的风景，如果我们努力制造出思维的叠加态，使之达到"超能力"发生链式反应，就会超越自己。当我们在未来回首往事时，会看到一路提升的自己。

二、量能放大效应是创新的源泉

没有量能放大效应，就没有任何主动的（内生性的）创新突破，人类会一直茹毛饮血，故步自封。

叠加态中的量能放大效应是大自然的神秘馈赠，而形成叠加态周期结构是获得它的唯一途径，借此我们获得内生性的突破力量，这种突破力量是持续性的、源源不断的，获得它的前提是我们能够持续地构建出叠加条件。

（一）自由市场经济的发展原理——有效利用量能放大效应

有效地构建叠加条件，利用量能放大效应是推动事物发展的最优路径。如何才能做到有效？当然是有人尽其才的竞争环境，这个环境就是充分的自由市场经济。每个自由的个体都有不同的先天叠加条件，这取决于其遗传基因、身份、知识储备和性格等，不同的先天条件会在自由竞争环境下形成多元化的叠加态，从而最广泛地利用量能放大效应形成突破。

1. 人类的理性思维具有无限的突破性

人类与动物的最大区别就是突变出了自由的理性思维，实现了意识突破的自由。哈耶克说过，在自由的状态下，每个人都能够运用自己的知识去实现自己的目的。亚当·斯密则说，只要不违反公正的法律，那么人人就都有完全的自由以自己的方式追求自己的利益。

工业革命以来，西方国家（包括日韩）之所以发展迅速，就是摸索到了自由市场经济这条路，就是因为潜意识地高效利用了叠加态的量能放大效应，在不断的科技突破中利用普通的生产要素制造出超越他人的产品。这些产品在持续的量能放大效应中不断改良，在国际贸易中能够兑换更多的货币，创造出丰厚的利润。

有效利用量能放大效应，就是充分发挥自由个体的叠加周期。每个人都是理性思维的拥有者，都是独立叠加周期的潜在构建者，都能在各自擅长的领域制造出不同程度的量能放大效应。在一个良序竞争的自由市场经济体制下，独立而自由的个体会充分利用自身的先天叠加条件，根据自身条件选择成为服务领域的从业者，或者企业生产线中一个娴熟的产业工人。无论学历高低，在充分竞争环境中，这些从业者都要做得越来越好，否则就会被淘汰，或者转换到其他赛道。总之，这些从业者总会想方设法找到适合自己的方式生活下去。当他们积累了资本和经验后，其中很大比例的服务领域从业者会走向创业之路，拥有自己的小微企业——理发店、商贸公司和餐馆等。那些产业工人中的佼佼者也会被提升为管理人员，竞争机制给了他们出人头地的机会。所以，竞争机制让大多数人最终走向自由和富裕之路，并且实现个人价值。

这些人服务于或者构建出无数的小微企业，每家小微企业都是一个有效而独立的量能体系，遵循特有的叠加态周期结构运行。一旦走上竞争之路，这些数量庞大的小微企业努力构建叠加条件，充分利用量能放大效应，绞尽脑汁提高创新能力，拿出具备市场竞争力的服务和产品。

在一个良序竞争、能力可以充分施展的社会中，叠加态周期结构会广泛形成，量能放大效应也得到前所未有的高效利用。在量能放大效应的突破下，超越和颠覆成为常态，创新层出不穷，更好的企业脱颖而出。不断拥有更好的企业才是社会不断繁荣的根基。

这些最初的小微企业产生的波动荡漾开去，并在更广泛的领域传递量能。随着资本的积累，一些小微企业脱颖而出成为大企业，这时候，整个国家范围已经形成良性的经济波动环境，开始构建独立的系统性的叠加态周期转换结构。

在这个过程中，因为经济波动的表面积加大，传递波动的"绳索"——货币需求量呈指数级增加，政府开始加足马力提供适应经济波动的货币总量，这就是市场经济体制下的繁荣周期。

2. 金字塔叠加结构与一国的繁荣程度密切相关

在畅通无阻的环境下，一个国家参与自由市场经济的群体基数决定了叠加态周期结构（竞争企业）的数量，有效的叠加态周期结构数量又决定了有多少量能放大效应出现，然后在上一层叠加浪的基础上构建出新的叠加态周期结构，一层层堆叠上去，就像埃及金字塔一样，居于金字塔上层的是在叠加态竞争中胜出的排名靠前的大企业（见图4-4）。

一些发达国家的经济发展就得益于自由市场经济，遵循了大自然的竞争法则：只有跑得快才不会被吃掉，只有不停超越才能生存得更好。私有经济企业拼命构建叠加态周期结构，为生存发展而竞争，而要做到这些只能依赖持续的内生性突破，因而个体和集体的量能放大效应都得到了充分的利用。政府要做的就是确保市场的良序竞争。

良序竞争的结果就是在金字塔的顶端出现一批顶尖科技企业，这些企业的产品可以换取廉价生产资料。

其实量能放大效应对任何人都很公平，只要愿意，任何人都可以持续利用。但是对于多数个体来说，只有制度环境适宜，并且在竞争的倒逼作用下，才能高效地利用它。

```
        自由市场经济发展的高度

                  △
                 △▽△
                △▽△▽△          堆叠方式：
               △▽△▽△▽△         叠加态周期结构
              △▽△▽△▽△▽△
             △▽△▽△▽△▽△▽△

        参与自由市场经济的群体基数
```

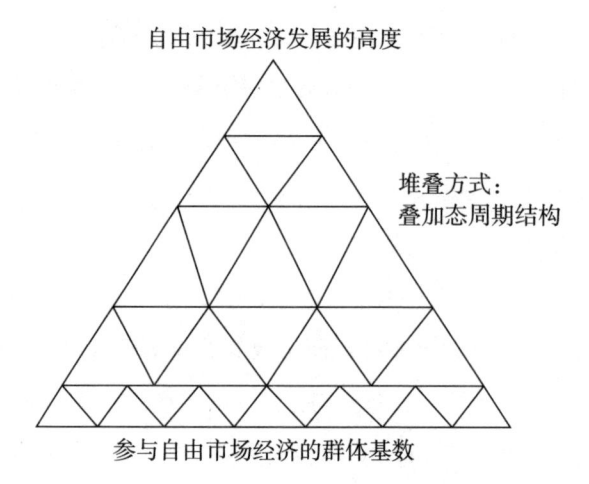

图4-4　完全市场经济叠加态周期

只有通过有效的叠加态周期结构，才能形成量能放大效应，就像双缝干涉实验一样，必须打开竞争的双缝。比如相邻的两家理发店，为了竞争会打价格战，会想方设法改进手艺，在这个过程中，思维被高效调动起来，组合成叠加态周期结构形成量能放大效应，催生出各种策略和创新灵感。最后，竞争使消费者得到了更好的服务。这就是竞争的好处。

参与自由竞争的群体基数最终决定了金字塔的高度。中国改革开放以来，释放了一部分自由市场经济的空间（以国有经济与民营经济占比推算），因为人口基数大，参与构建有效叠加态周期结构的人口数量相比世界上其他国家来说是巨大的，所以形成了经济发展的奇迹。如果我们继续市场化改造，再释放出一些空间，经济会更加繁荣，因为又释放出了巨大的堆叠空间，所以在国有经济和集体经济等领域，中国还有巨大的开放空间。

如图4-5所示，不完全市场经济中仍有很大开放空间。充分竞争机制下，金字塔的底面积增加，自由市场经济的发展高度也会增加。

群体受教育程度决定了叠加态周期结构的质量。受教育程度决定了贴近科技和产业创新前沿的概率，当一个国家民众的受教育程度普遍很高，那么其拥有的潜在叠加态周期结构的质量就会大大提高，在这个基础上实行充分竞争的自由市场经济，量能放大效应就会不断提升整个国家的产业高度，直至达到和金字塔底面积契合的高度。

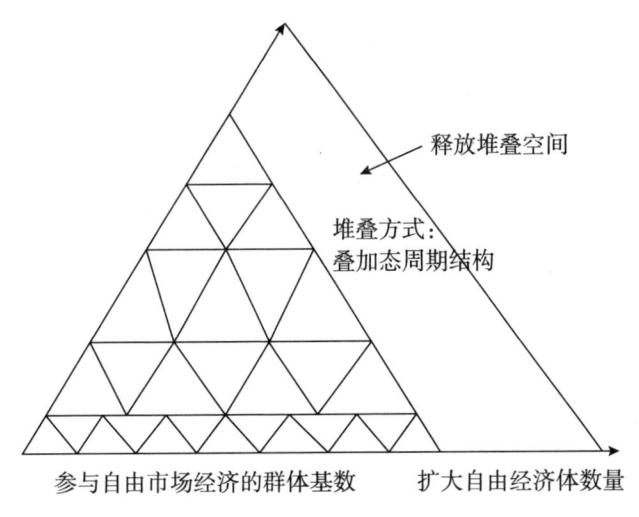

图 4-5　不完全市场经济会留下财富空白

3. 僵化的量能体系需要打开自由竞争的"双缝"

总之,有效参与自由竞争的经济体越多,量能放大效应就会越大,最终推动经济达到更高的高度。以中国为例,经过量能放大效应的提升和层层堆叠,在金字塔的高点区域,就会必然诞生一大批全球领先的高科技企业。而且根据叠加态法则可知,金字塔高点批量出现尖端科技企业是量能放大效应逐级突破的必然结果。

那么,是不是具备先行优势的发达经济体永远不能被超越?并不是,每一座森林都会长出巨树,各国的资源、人口、环境、文化迥异,各有优势,这些优势就是不同的叠加条件,最关键的是允许其自由生长,同时给予充足的阳光。

创新为什么在充分竞争中被激发?因为竞争无形中构建出叠加条件,虽然并不全是有效的叠加条件,但是在巨大创新基数的基础上,还是有很多成功者脱颖而出,成为出色的创新型企业。叠加态周期结构出现在所有深入思考的领域,包括哲学家和科学家的思维,他们的思想与历史碰撞,然后形成自己的想法并日渐深入,这里面存在互相纠缠的叠加结构,灵感推升着思维的高度,最后实现必然的超越和颠覆性创新。

如果为全球经济体构建叠加三角（见图4-6），我们就会发现率先实行自由市场经济的国家成了发达国家，处于叠加三角的顶端；实行不完全市场经济的国家处于中层，随着市场经济的开放程度提升。如果一个国家市场经济的开放程度不够，或者根本就不存在市场经济，那么就等于浪费了量能放大效应，国家经济就会长期低水平波动，贫穷落后就会如影随形。

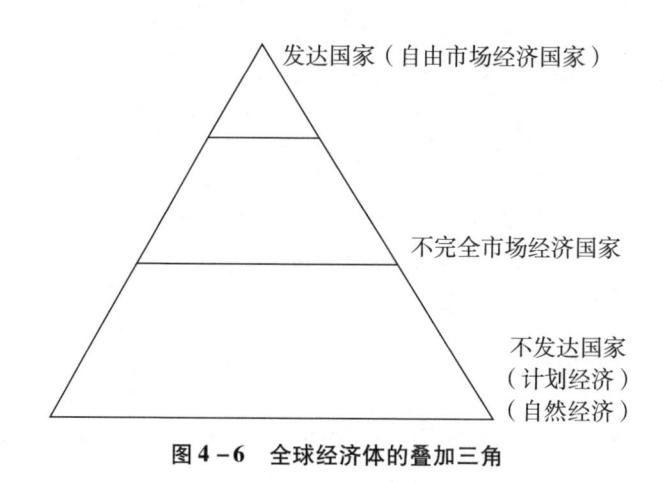

图4-6 全球经济体的叠加三角

总之，<u>量能放大效应是人类能够获得的神奇力量，但是需要搭建最基本的有效结构才能得到它。自由市场经济体系潜意识地利用了它，创造出人类的文明奇迹，所以谁能最大效率地利用它，谁就能走向繁荣。</u>

（二）企业生命周期中的叠加态原理

1. 每个独立的叠加态周期末端都有导致系统性坍缩的力量

大自然设计出精巧的叠加态周期结构，使量能的传递得以顺利进行，这一体系通常遵循如下规律：<u>在充分竞争的自由市场经济体系下，处于波谷的个体可以充分利用自身叠加条件构建不同的叠加态周期结构，不断利用量能突破效应提升到波峰位置，而已经处于波峰位置的却会在系统性叠加态中走入极端，迎来坍缩周期，甚至滑落到新的波谷位置，但由于财富积累，新的波谷位置远远高于上一个波谷位置。</u>

系统性叠加态就是指由时空左侧最大叠加条件形成的叠加态，这个最大叠加态中的量能放大效应通常逼近极值，所以最容易导致决策失控，这种自然的力量几乎能让任何周期都走向极端，然后坍缩，给后来者创造机会，比如诺基亚、柯达等很多曾经如日中天的企业被后来者颠覆。这种坍缩通常是系统性坍缩，也就是说无论如何努力，都无法构建出新的叠加条件，内生性的力量无法突破自我、超越自我，那么周期就宣告终结。但如果企业能做到正确地自我认知，规避集体情绪失误，并且不停开创新的叠加周期，那么就能延伸扩大叠加态周期结构，成为更长时空周期上的延续型企业。

2. 企业在构建自身叠加态周期结构的过程中的突出技术特征

在这个过程中，所有创新个体都会在不停突破的过程中构建出相对独立且符合自身特性的系统性叠加周期，并在叠加周期末端的系统性叠加态中迎来最大的量能放大效应，而这通常是导致失控、孕育危机的力量。

在这个过程中，企业自身的独立叠加周期会与行业周期，以及国家、全球的宏观叠加周期互相纠缠，并在某些重叠阶段呈现出较长的非理性繁荣和非理性萧条的极端现象。<u>所以叠加态周期结构既是创新突破结构，又是系统性的危机坍缩结构。</u>

在这个过程中，因为科技持续突破，量能持续增加，社会发展整体呈现出底部不断抬高、高位不停刷新的螺旋上升趋势。事实证明，只要先驱者和后继者贴近产业和科技的前沿，有效利用量能放大效应，那么创新就会源源不断地发生。

在这个过程中，量能放大效应始终牢牢掌控着一切，它是驱动波谷逐级抬升并颠覆波峰的力量，也是波峰从极端走向坍缩的主谋。

在这个过程中，随着波动的推进，在波峰与波谷的位置吐故纳新，每个自由个体都存在提升的机会，人类社会波段性地呈现出繁荣的极大值。

当然，我们必须确保存在一个公平、公正、自由的市场竞争环境，这就是政府和法律的职能。

3. 市场决策应该服从谁？

一直以来，举手表决、少数服从多数是民主决策的重要形式，但是，这种措施是否一贯正确？从叠加态理论的角度来看，这种决策方法至少不科学，特别是在面临重大抉择的关键时刻。因为在长周期的叠加态中，情绪量能放大效应会掌控群体的大多数，此时，群体进入方向误判模式，量能释放的方向开始背离现实。此时，少数服从多数恰恰是错误的，少数或许就是真正的清醒者。

民主的阶段性决策失误错误在企业的经营决策中时有发生，这种失误正是造成系统性坍缩的原因之一。这一阶段，人性因为潜意识中被叠加态控制而变得偏执。

叠加态坍缩是叠加周期的必然结果，所以经济危机的发生不可避免，但是可以建立"非情绪监测机制"，防患于未然。就像唐太宗评价魏征时所讲：以史为鉴，可以知兴替；以人为镜，可以明得失。这就是旁观者的作用，当个体处于叠加态中做出非理性行为时，旁观者可以及时予以提醒。

亚当·斯密也认为"不偏不倚的旁观者"极为重要，通常也称为"无偏观察者"，他在《道德情操论》中这样写道：按照完美概念上的谨慎、严格意义上的正义和合乎道德的仁慈这些准则行事的人，可以说是具有完美品德的人。但是，只靠拥有这些美德，并不能造就完美之人。人自己的冲动和激情非常容易把自己引入歧途，这些冲动和激情有时引诱他、有时促使他违背在清醒和冷静时坚持的一切行为准则。因此，正确行为的保障来自充分发展的有意识纠偏机制下的自制力，这种自制力犹如人心目中"不偏不倚的旁观者"。这个旁观者超然而客观，可以使人避免陷入妄自尊大或者妄自菲薄。

很显然，当我们处于潜意识的叠加态中时，如果身边有一个"不偏不倚的旁观者"，我们就会在及时的提醒下恢复冷静和理性，减少很多犯错的机会。

同理，企业也需要"不偏不倚的旁观者"。企业作为一个集体，无论是多大的企业，都有在特定条件下落入"情绪陷阱"的风险，集体头脑发热容易造成决策失误。这时就需要理性的、可以信赖的旁观者,而同一群体中的人又因为利益相关而无法做到"不偏不倚",如同自己很难监督自己的潜意识一样。

要做到"不偏不倚"很难,如果旁观者是人类,那么很可能因为情绪感染而被冲动的决策者说服,其他情绪的干扰也会影响其客观性,所以要做到"不偏不倚"必须不带感情,而只坚持特定的科学法则。这就需要科学有效的"非情绪监测机制",即根据叠加态周期转换理论对精确的数据图表进行科学解读。

4. 市场经济并非完美,但却是最佳选择

那么自由市场经济就是完美无缺的吗?解决不了周期性的危机问题,似乎说明自由市场经济存在缺陷。1929年始于美国的全球大萧条让人们开始怀疑自由市场经济。

根据叠加态周期转换理论,我们现在明白不同程度的经济危机是叠加周期末端的必然现象,是量能的坍缩效应,是符合自然规律的,如同对于正常传播的波动来说,我们没有理由指责波峰导致了波谷,这种观点无可指摘。但是对于从波峰跌下来的个体、群体来说,确实会遭遇凄惨的经历,但是意图使人类始终生活在波峰区域,这种想法不现实。即使科技在叠加态法则下加速突破,但是历史的发展仍有其独立的叠加周期,周期转换才是历史前进的动力。所以从这一点来说,市场经济并非完美无缺。

理性的现实就是:没有任何办法避免危机,要享受繁荣,就必须承受相对的萧条;想要最好的,就必须接受坏的,但是要尽力避免最坏的。

市场经济虽是有效的,但经常在长周期的叠加态位置失控。因为叠加态的自然形成特性,人们并不会觉得身处叠加态,而且量能放大效应已经掌控了人们的行为,人们并不会认为自己正在做出非理性决策,相反,系统性叠加态中的非理性繁荣让他们对"正确决策"充满信心。那么,能否有理性的旁观机制,在群体的失控行为中给予必要的提醒和警示,比如设立系统性叠加周期预警机制,在叠加态形成区间对群体非理性行为给出警示,虽然不可能唤醒所有人，但至少会降低损失。

那么，假设所有企业都据此构建了有效的预警机制，都在做长周期的低买高卖，是不是就不会有非理性行为了？叠加态就不会形成了吗？

我们来举个例子。一群狼蹲在兔子洞口等待，洞里有一群饥饿的兔子，足够这群狼饱餐一顿。看到有狼在洞口，兔子还会出来觅食吗？当然不会。假设只有这一个洞口，对于饥饿的兔子来说，觅食行为关乎生存，属于最小阻力行为，也就是叠加态行为，但是意识到危险之后，叠加态会被有意识地压制而延展。也就是说，当市场主体都意识到将要出现叠加态行为时，叠加态行为不会出现，比如生产者和消费者都处于绝对理性，生产者绝不追加投资，消费者绝不追高买入，则本应出现的叠加态波浪就会消失。

那么，叠加态周期理论失效了吗？

现在想一下，如果兔子一直不出来觅食，狼群还愿意继续等待吗？当然也不会。这时候，情绪叠加周期开始起作用，会出现两种情况：第一种是有些狼对不知道何时出现的结果忍无可忍，选择离去，直到情绪控制极值开始掌控最后一匹狼，这时候，兔子成功地等到了出来觅食的机会，原来的叠加态重现，只不过缺少了捕食者；第二种是有几只兔子实在耐不住饥饿，在叠加情绪的掌控下做出非理性行为，冒险出洞，被坚持到最后的狼捉住，丢掉了性命。

也就是说，叠加周期一直在起作用，不过在情景变化中改变了方式而已。当企业以及消费者的观察和等待行为没有结果，负面情绪的叠加周期就开始起作用，直到最坚决的信徒产生怀疑，这时理性再一次被抛之脑后，潜意识行为卷土重来，最后叠加态周期涛声依旧。

这种推理和双缝干涉实验一样。当观察者出现，叠加态就会消失；当观察者离开，叠加态立即重现。

人类群体会全部觉醒成为理性的观察者吗？

根据矛盾的对立性，人类群体全部彻底觉醒永远不可能实现，你永远不可能唤醒所有人，即使你唤醒了处于波峰的人，还会存在处于对立的波谷的人，反之亦然。即使你能够唤醒一部分群体，但是群体行为的传导很慢，第一次工业革命已经过去几百年了,可是到现在仍然有很多国家没有实现工业化。

而且叠加态的自然形成特性造成了人类群体的潜意识缺陷,因此人类总是不知不觉地走进叠加态,不知不觉地被叠加量能掌控,一旦陷入其中,就陷入了程度不同的情绪控制或精神控制,只要叠加量能没有释放完毕,就会对理性的劝说免疫,毕竟对于大脑来说,没有任何事情比释放叠加量能更重要。因此几千年来,人类世界没有改变的是吵吵嚷嚷、矛盾重重,人类一直不知不觉为叠加情绪所控,然后又不知不觉释放着叠加能量。

充分利用量能放大效应是通往自由之路,尽管一样存在危机,但相比之下,确是唯一的光明大道。

附录

天道之光

千古龙飞地，
华夏帝王乡，
周期吞六合，
循环破八荒。
叠加人胜天，
反轮恶作伥，
兴衰在人性，
哭笑贻大方。
历史如潮涌，
独尊唯太阳！

后记

一生就是永恒

　　在"叠加态"系列的两本书中,我把对人性、股市、经济、历史的认知,把我这些年付出巨大努力获得的最好的东西,全部拿了出来,毫无保留。特别是这本书,写作的初衷只是想补充第一本书中遗漏的技术细节,谁知道最后写了这么多。和书中提到的余华写作的例子一样,我也不知道这些东西从哪里咕嘟咕嘟冒了出来,而且越发让我觉得重要,好像不小心打开了收藏已久的酒坛子,在我脑中芳香四溢。现在明白了,我的思维也进入了"超能力"的叠加态,在这里,量能放大效应让我发现并领悟了以前根本看不到、看不懂、看不透的东西。

　　如果说叠加态周期转换理论需要像所有的科学发现一样反复实验和观察,那么十几年来,几乎每一天,我都在做这样的事情。波动的股市和记录在书中的哲学、经济、历史案例就是我的"实验室",我同时用自己的所作所为检验难以改变的人性,像神农尝百草一样体验苦痛。遍翻人类历史巨著,你会发现,历史事件在验证叠加态周期转换理论。能量的波动周期作用于自然,在人类出现后又潜入衍生领域，只不过在股市的 K 线中得到忠实的记录和量化，于是我发现了它，读懂了它。现实世界中，人们其实在不断验证这个理论，包括我、你、他，只不过我写出了验证结果而已。

数学家丘成桐在《大宇之形》中写道：寻找钻石的时候，幸运的话，你还能附带找到其他的宝石。我没有找到第二块宝石，却发现第一块宝石越擦越亮，光芒是如此耀眼，以至于照射出了遥远的未来的方向。

叠加态——本书的核心，简简单单三个字，却比我几十年来学到的一切加起来还重要百倍！

对人生来说，

如果进入正循环的叠加周期，你在叠加态中得到的会比想象中更多。

如果进入负循环的叠加周期，你在叠加态中经受的会比想象中更难。

在这个世界上，拥有知识并不必然会成功，在高等教育普及的时代，掌握利用知识构建成功的方法才更为重要，就像即使拥有足够的黄沙、水泥、钢筋，如果不懂建造方法，也不能建造出高楼大厦一样。只有集聚认知量能，制造有序的叠加条件，让量能进入叠加周期，才能在叠加态的放大效应中获得成功。只有全方位地利用叠加态思维，才能在拥有知识的基础上制造叠加条件，让分散的量能集中而有序，最后在层层叠叠的"省力空间"中领略精彩绝伦的人生。当然，还要学会控制自己的情绪行为，当量能没有错误的释放出口，唯一的出口就只能是正确的。

只有构建出叠加条件，才能走进"省力空间"。

只要构建出叠加条件，就必然会出现"省力空间"。

未来，真正的稀缺品是在认知自然的基础上全方位掌握叠加态法则，树立正确的时空观，让毕生的量能有序地形成叠加条件，最后在叠加态中绽放。要极尽、充分地利用量能放大效应，它会在有限的系统中形成无限放大的效应，产生神奇的、必然的突破力量。

要形成大波动周期的时空结构，就要在正确的方向上勇于尝试，敢于"折腾"。好的股票是左侧存在叠加条件的股票，好的人生也是左侧存在一次次正向的尝试和一波波起伏的人生，这样才会制造出一个个极值点，为更大

后　记

的叠加态的形成创造条件。

<u>量能放大效应既能通过结构性周期提供源源不断的创造力，又能系统性地塑造出生命周期的辉煌阶段。</u>

所以阅读这两本书之后，如果你仅仅获得了货币财富，并非我愿；如果你悟透了叠加态周期转换规律，思维能在不断演化的时空结构中自由驰骋，那么成功就是必然的奖品。

世上的风景万千种，但再奇丽的风景也美不过大脑中的风景，思维的力量叠加出的风景是别人无法领略的，在你追寻梦想的道路上，它能洞察未来，穿越时空。生而为人，只有拥有自由而深入的思维才会让今生不虚此行。

意识到这一点，你会突然看穿一切：叠加态存在定数，当定数成为条件，未来的叠加态又因为突破而成为变数，变数最后又会成为定数，无休无止，纠缠互生。当你站在大时空的角度回视苍生，你会发觉狭隘的人生观可笑至极，遐思时穿透未来的寥廓带来的享受远非功名利禄可比。但是没有一个真理能让所有人觉醒，因为认知链条的局限，在进化之旅中，多数人埋头走路，少数人仰望星空。

看透了人类进化的未来路径，我们所能认知的，就不再局限于短暂的一生，未来的几千年就像提前看过的一部电影。

那么，我们将来会带着满足离去，一生的存在就是永恒。

对，就是这样！

致谢

　　特别感谢中国财富出版社的编辑，他们付出了大量的心血和时间来修改、完善这本书，使它比我想象的更好。

　　感谢我的家人，对我的梦想给予几乎无限量的容忍和支持，我永远深爱他们。

　　感谢我的朋友们，他们对我的写作进程一直予以关注。特别感谢周二岗，如果没有那几年的相伴，这两本书的写作会推迟很长时间，甚或不会出现。真诚感谢王士河大哥，他在我面临困局的时候毫不犹豫地出手相助，并且时刻不忘把我的人生拉回正轨。

　　最后感谢我所经历的一切，无论好的还是坏的，都化为生命的营养。

　　由于本人学识所限，书中难免出现错漏，还请亲爱的读者指正，并请读者原谅。